日本経済史

永原慶二著

目　次

はじめに——対象と視角

「日本経済史」の対象

「日本経済史」という題名の書物は数多いが、その内容を見ると、大別して二つのタイプがある。一つは、その主要な対象を日本資本主義の歴史に置いて、その理解に必要なかぎりでごく簡単に明治以前にもさかのぼるタイプである。もう一つは、原始古代から現代に至る日本経済史の諸段階について、とくに近代に重点をしぼるのでなく、それぞれの時代の解明に独自の意義を認め、諸時代をいわば均等的に取り扱っているタイプである。

このような二つのタイプの「日本経済史」が存在することには、それ相応の理由がある。経済学の主たる対象は現代の経済(資本主義経済)にあるのだから、経済史もその認識を深めるためのものでなければならず、その意味では資本主義経済の歴史こそ経済史の主たる対象である、と考えれば、おのずからに第一のタイプが選ばれるであろう。しかし経済学がその主たる対象を現代の経済にしぼっているからこそ、経済史はむしろ原始古代以来の経済発展の全過程を独自にその対象とすべきである、経済史は「広義の経済学」の一環であり、現代の経済に対象をしぼる「狭義の経済学」の中にだけ閉じこめられるべきではない、と考えれば、おのずからに第二のタイプが選ばれるであろう。

この二つの考え方はそれぞれに意味をもっており、一方が是、他方が非とされるような性質のものではない。二つのタイプはともに研究され、学ばれることが望ましい。本書はそうした考え方に立った上で、第一のタイプに比べて第二のタイプのものには、単独の著者によって一貫した視角から叙述されたものがほとんど存在しない現状や、著者自身の専攻などの条件を考慮して、後者のタイプを選択した。

しかしそれにしても、本書で取り扱われている範囲が資本主義の成立期までであって、それ以降現在に至るまでの時期が扱われていないことについては、あらかじめ断わっておかねばならない。本書は、第二のタイプを選んだからといって、その叙述を資本主義の成立期までで打ち切ってよいなどと考えているわけでは決してない。第二のタイプでも、当然現在までが考察の対象とされなければならないことはいうまでもない。けれどもここでは紙幅の点からしても、内容の面からしても、資本主義の本格的展開から現在に至る、やや広い意味での〝現代日本経済史〟は、別に一冊が設けられた方がよい、という理解に立っているのである。そうした意味で、本書は前近代経済の史的展開と資本主義の成立までを、直接の対象としているのである。現在に至る日本経済史の総過程をどこで二つに区切るかについてはさまざまの考え方があろうが、著者としては、前近代の経済過程が、近代経済史の展開をどのように用意し、またどのように規定したか、という観点から、本書で採用したような区切り方をすることが、学問的にも一つの根拠をもつと考えたのである。

本書の視角　ところで、本書のようなコンパクトな形で日本経済史の長期にわたる総過程を考察・叙述しようとすれば、諸時代の経済現象の何もかもを網羅的に記述することはとうてい不可能であり、かつまた史的認識の方法としても妥当でない。そこで長期の歴史過程の認識においてはしばしば行われるように、本書でも、歴史的な諸時代＝諸段階を設定し、それぞれの段階の経済社会の構造を具体的であると同時に極力理論的な形で把握し、ついでその段階から次の段階への移行過程を明らかにすることに重点をおくこととした。史的認識には一貫した視角から長期の歴史過程を系統的に考察することが絶対に欠かせないのである。そうした意味から本書が〝一貫した視角〟とするものは、およそ次のような諸点にある。

第一は、諸時代の経済的生活の基礎をなす社会的生産の態様、すなわちさまざまの生産様式のタイプ＝経済制度(ウクラード)の複合体としての「経済構造」の把握である。人間の行う個々の生産活動は余りにも多様である。その多様な姿を可能なかぎりありのままに追究することは基礎的研究としては欠かせないことであるが、本書のような通史ではその次元まで下降することは不可能である。むしろそれをふまえ、それに規定されて存在する諸ウクラードとその相互間の構造的関連を明らかにすることが、社会的生産の態様を大筋においてとらえるもっとも有効な方法であると思われる。たとえば明治以降の社会には機械制大工業やマニュファクチュアのようなそれ自身に発展段階差をふくんだ資本制ウクラードとともに、寄生地主制下の半封建的ウクラードや独立の小経営(小営業)ウクラードも併存する。そうした諸ウクラードは、生産力のどのような水準に規定されて存在するものであるのか、それぞれのウクラードは相互にどのような比重とどのような有機的・構造的関連をもって存在しているのか、という問題が当該経済社会の在り方を決定するもっとも基本的な位置を占めている。

第二は、社会的分業の展開とその編成形態の問題である。生産力の水準は基本的にはウクラードとして現われるが、半面より具体的には社会的分業の展開として立ち現われるものである。もっともプリミティヴな社会においても男女間分業や一定の地域間分業は存在するが、生産力の発展はかならず社会的分業の深化という形をとる。交換・市場・都市・交通などの諸問題は、産業分化の問題とともにこの観点から統一的に把握することが可能である。しかもそのような社会的分業は支配体制の要求に適合する特定の社会的・政治的編成形態をとるものであるから、それは単に自然成長的な経済発展の問題としてだけ処理されるべきではない。〝幕藩制的分業編成〟〝幕藩制的市場構造〟などといえばおのずから明らかなように、それはすぐれて社会的・政治的な問題でもあるのである。その意味でこの視角は、生産力および経済政策の問題であると同時に、当該経済社会の構造的・質的特徴を解明するカギでもあるといわなければならない。第三は、所有と階級の問題である。とりわけ基本的生産手段(土地・資本など)の所有の在り方は、階級関係の在り方を規定する基本要因であり、経済的には剰余の分配・収取関係を規定する基本的契機である。この問題はいうまでもなく、第一に指摘したウクラードの問題の別の側面にほかならないが、直接の生産過程ではなく、支配・収取関係や支配体制・身分編成・階級闘争など経済過程と政治的支配とのもっとも重要な接点となるものである。〃律令制的土地所有〃〃幕藩制的土地所有〃などという概念は、こうした視角から設定されたものということができるだろう。ここではそうした理解に立って、所有と階級の問題を経済と政治の基本的媒介環として位置づけてゆきたいと考える。

第四は、より具体的な国内政治史・国際関係史と経済史とのかかわりの問題である。歴史的諸現象の中では経済的過程が比較的に人間の意思から独立し、偶然に支配されることの少ない分野といえるのであるが、それでも内外の政治的契機によって、経済の在り方もつねに大きく影響を受けていることはいうまでもない。経済発展の原理的・法則的な問題を追究する経済史理論では、これらの問題は捨象されるといってよいのであるが、一国経済史はそもそもその具体性・特殊性の把握を主たる課題としているから、そうした政治的契機は経済史認識にとっても不可分離の問題である。それらは単なる非経済的・外部的な契機として処理されるべきではなく、一国経済史の認識はいやおうなしにそれを包みこんで進めるほかないのである。経済史の発展法則といわれるものも、そうした現実的な歴史展開の根底に貫通しているはずのものであるから、政治的要因を捨象したり、〝法則性〟の攪乱要素としてだけ処理することは、一国経済史の認識方法としては正しくないであろう。

以上四点に要約したところが、ここで日本経済史を見てゆく場合の基礎的視角である。もとより諸時代についてかならずこの四つの視角の順序に従って考察を進めるというわけではないが、まず念頭におくつもりである。それは一言でいうなら、日本経済史の展開を可能なかぎり、法則性と特殊性との両面から統一的かつ一貫した形で把握するための基準である。日本の経済史をめぐる研究の中では、たとえば〝荘園制社会は家父長的奴隷制社会である〟というように、一つの経済社会の認識を、基本的ウクラードの把握に収斂させてとらえることを究極目標とする傾向が根強く存在する。もとより基本的ウクラードの確定は経済史認識にとってもっとも大切な事柄であるが、そのような基底還元的な方向だけでは、豊富な内容をもつ具体的な日本経済史の総体把握が十分な形で達成されないことも明らかである。

研究史上の争点と文献

そこでまえおきはこの程度にして本題に進むのであるが、その前になお一つ断わっておく必要があるのは、研究史上の争点をめぐる問題である。いうまでもなく、学問には研究史があり、争点がある。日本経済史の諸分野でも、大小さまざまの問題をめぐって多年にわたる研究成果と論争が積み上げられてきている。本書のような通史においては、それらを広く学び、ふまえることなしには叙述は不可能である。しかし、その細部に立ち入って研究史上の典拠や争点を紹介してゆくことは紙幅の面からもとうてい不可能である。そのため本書では、研究史の到達点や論争点を自分なりに受けとめ、設定した視角と論理展開に従って叙述を進めることとし、細部の事実の根拠についてはいちいち注記せず、ごく基本的な論争点のみを各章の末尾に一項を置いて、本文との関連で言及することとした。多数の先学たちの研究成果をいちいち明記せず、自説を述べる十分な根拠を示しえないのは学問的手続としては不十分であり、また残念でもあるが、この種の書物の性質上やむをえないこととして許していただきたいと思う。

終りに日本経済史の通史および関連講座・叢書類と研究案内的文献の若干を示しておく。この種の文献は網羅すれば莫大な数に及ぶが、ここでは紙幅の関係で比較的手に入りやすく、かつ本書がなんらかの形で恩恵を受けたものに限って示すものである。（なお、各時代に関係するものは、その章・項で随所に示した。）

〈1〉 通史

正田健一郎・作道洋太郎編『日本経済史概説』有斐閣、一九七八年。
塩沢君夫・後藤靖編『日本経済史』有斐閣、一九七七年。

石井寛治『日本経済史』東京大学出版会、一九七六年。

矢木明夫『日本経済史概説』評論社、一九七四年。

山口和雄『日本経済史』筑摩書房、一九六八年。

正田健一郎・速水融『日本経済史』世界書院、一九六四年。

中村吉治『日本経済史』日本評論社、一九五七年。

古島敏雄『日本農業史』岩波書店、一九五六年。

〈2〉 講座・叢書類

彌永貞三・永原慶二・古島敏雄・楫西光速編『日本経済史大系』全六巻、東京大学出版会、一九六五年。

地方史研究協議会編『日本産業史大系』全八巻、東京大学出版会、一九五九―六一年。

『体系日本史叢書』山川出版社、一九六四年―。土地制度史ⅠⅡ、産業史ⅠⅡⅢ、流通史ⅠⅡなどがふくまれている。

岩波講座『日本歴史』一九六二年版全二三巻(一九六二―六四年)、同一九七五年版全二六巻(一九七五―七七年)。

歴史学研究会・日本史研究会編『講座日本史』全一〇巻、東京大学出版会、一九七〇年―七一年。

門脇禎二他『体系・日本歴史』全六巻、日本評論社、一九六七年—七一年。
原秀三郎・峰岸純夫・佐々木潤之介・中村政則編『大系日本国家史』全五巻、東京大学出版会、一九七五—七六年。

〈3〉 研究案内

井上幸治・入交好脩編『日本経済史学入門』広文社、一九六七年。
社会経済史学会編『社会経済史学の課題と展望』有斐閣、一九七六年。
遠山茂樹他編『日本史研究入門』全四巻、東京大学出版会、一九五四—七五年。
岩波講座『日本歴史』一九六二年版の『別巻1』および同七五年版の『別巻3』。
前掲『講座日本史9 日本史学論争』。
歴史学研究会編『現代歴史学の成果と課題』全四巻、青木書店、一九七四—七五年。
史学会編『史学雑誌』の毎年五月号に特集される年間研究動向。

第一章　農耕の開始と階級社会の成立

1　視点

岩宿旧石器の発見を起点とする戦後考古学の劇的発展は、洪積層に遺物なしとする戦前の常識を完全にくつがえし、今日では日本列島各地から出土したおびただしい数の旧石器遺物を確認するに至っている。しかし、日本経済史の原初的様相を多少とも具体的にとらえようとすれば、それが可能なのは、今日のところやはり、ほぼ九〇〇〇年以前（始期は確定的でない）から始まると考えられている縄文時代以降であろう。

縄文文化は、土器・磨製石器・弓矢を随伴する点では、人類文化史上の新石器文化に該当する。しかしそれは、農業・牧畜を欠いていた点で、人類の新石器文化の中では特異な存在であり、とくに中国大陸ではすでに紀元前三〇〇〇年頃から農牧三体の生産活動が展開していたことを念頭におくと、この縄文文化の孤立性と後進性とは否定すべくもない。

そのような特質をもつ縄文時代のきわめてゆるやかな発展が大きく転回をとげるのは、紀元前三—二世紀頃から導入された稲作と鉄器の使用開始によってであり、これを契機に、人々の経済生活は、食糧の採集段階から食糧の生産段階に進み、同時に発展の速度を早めてゆく。それはまた日本列島社会が長い孤立を破って、中国・朝鮮を中心とする東アジアの政治・文化圏にくりこまれてゆく過程でもあった。

農耕の開始は、剰余生産物を生みだし、私的富の掌握者を出現させることによって、階級の成立をうながすこととなる。しかし三世紀頃までの弥生時代の社会基盤は、なお原始共同体の最終段階たる農業共同体におかれており、厳密な意味で階級の成立を論じうるのは、四世紀初め頃から始まる古墳時代以降である。そして国家の成立ということになれば、さらに下って五—六世紀のことである。

本章は、2節で弥生時代、3節で四—五世紀の古墳時代前・中期、4節で六世紀の古墳時代後期を主たる対象とするが、それらを通じて稲作と鉄器の導入を梃子《てこ》として展開する東アジア世界の辺境にあった日本の階級社会の成立過程と構造的特質を、経済過程に即して解明することが主題である。

〔参考文献〕

以下、各章とも章の全体にかかわるものや時代史一般の理解にかかわるものを1節の末尾に掲げる。

杉原荘介他編『日本の考古学』全七巻、河出書房、一九六五―六七年。
石母田正・井上光貞他編『古代史講座』全一三巻、学生社、一九六一―六六年。
竹内理三他編『古代の日本』全九巻、角川書店、一九七一年。
豊田　武編『体系日本史叢書10　産業史Ⅰ』山川出版社、一九六四年。
日本歴史学会編『日本考古学の現状と課題』吉川弘文館、一九七四年。

2　農耕の開始と農業共同体

稲作の開始

紀元前三―二世紀頃まず北九州に出現した弥生文化は、水稲・大陸系磨製石器・木製農具・鉄製利器・貯蔵用の壺と煮沸用の甕を基本型とする土器および紡錘車などを構成要素とし、先行する縄文文化とはその性格が画然と異なっていた。それらは一括して、稲作農業と切り離せない文化要素であるということができる。

農耕の始源については、すでに縄文晩期に原初的畑作が行われていたこと、さらに稲作も始められていたらしいことが、従来から推定されていたが、最近の福岡県板付遺跡における縄文晩期系の夜臼《ゆうす》式土器と共存する水田遺構の発見は、その推定を確実な資料によって裏付けることとなった。それはたしかに稲作―弥生文化という定説に修正を迫るものである。しかしそれにしても、弥生文化と呼ばれる右のような一連の文化要素が、先進地域である中国・朝鮮において成立しており、それらがほぼ一括的に北九州に導入されたことは疑いなく、縄文晩期水田遺構の発見はその事実までを全面的に否定するものではない。

そうした意味をもつ稲作＝弥生文化の伝来経路は、華北の畑作農業と、揚子江流域およびシナ海沿岸の稲作農業という中国農業の二元的展開を前提とすると、後者から直接北九州に導入される可能性と、後者から朝鮮南部を経て導入される経路とが考えられるが、今日のところ、朝鮮南部を経由した可能性がもっとも大きいと見られている。朝鮮南部の支石墓に随伴する磨製石鏃が、北九州の弥生前期の板付式土器といっしょに出土することは、両地域の密接な交渉を示唆するものである。おそらく、朝鮮南部から北九州に渡来してきた人々が、日本列島への稲作の最初の伝播者であったであろう。

しかし、稲作導入当時の日本列島は、ほとんどが森林におおわれた未開の大地であったから、水田適地は限られていた。弥生遺跡の分布や水田土壌の検討によって、初期の水田は、海退によって形成された海岸平野の低湿地や大きな河川が形成する沖積平野の低湿地を切り拓いて造られたことが知られる。そこは用水路の開削が必要でなく、生い茂ったアシやマコモさえ切り拓けば比較的容易に稲作に利用することができた。そしてさらに、水田は自然湧水が利用できる細長い浸蝕谷＝谷地《やち》《やと》に向けても開かれていった。谷地型地形は狭少ではあるが、概して各地で発見が容易であった。

平地部の湿地や軟弱な谷地の水田は、木製の平鍬や鋤で耕作し、直播田として使用することができた。木製農具の材料や水田の土留めに用いる材木などの伐採には、太型蛤刃石斧が用いられ、穂首刈の収穫にも磨製の石庖丁が用いられた。しかし工具や鍬の刃先に鉄が用いられた可能性もすでに十分存在した。

稲作＝弥生文化は、北九州への伝来以来、一世紀にみたないうちに、伊勢湾沿岸を東限とする西日本一帯に広まった。だが、中部・関東・東北地方南部など東日本への普及は、それより相当におくれて、弥生中期以降のことであった。稲作＝弥生文化の東進がおくれた原因は単純ではなかろうが、西日本に比べて東日本には、狩猟・漁撈の対象となる天与の獲物が豊富であったこと、なかでも捕獲が容易であった鮭資源の豊かさが、かえって稲作への対応をおくらせたとする解釈が有力である。阿武隈川中流域の弥生中期に属する鱸沼《すずきぬま》遺跡では、沼に臨む丘陵の先端に集落を設け、沼沢地の一部を水田に利用するとともに、沼での漁撈と山地での狩猟を並行的に継続していた事実が認められるが、そうした採集経済と農耕＝生産経済の長期にわたる併存も東日本の自然条件に規定された特徴であった。

農業共同体　稲作農業の開始は、集落の構造変化を呼びおこす。縄文時代の集落にも長期の間にはゆるやかながら発展があり、その規模は次第に大きくなる傾向をたどっていたが、後期になっても四、五人を収容する竪穴数箇から十数箇、したがって人口にすればせいぜい四〇—五〇人が限度であった。それと比べると、弥生時代の集落はいちだんと規模が拡大しているとともに、単位集落の複合的構造が出現する。著名な登呂遺跡は弥生時代後期に属するものであるが、水田址の北側に位置する住居址は東西二群に分れており、東群だけでも一〇箇の竪穴と二つの高床倉庫が確認される。しかもその水田総面積が二万三〇〇〇坪（約七・六ヘクタール）、田圃の数は四〇枚以上、一枚の田圃に要する土留めの矢板は四八〇枚程度と推定されるから、それを可能にした労働力の量からすると単位集落はこの二つの他にも存在したと考えなければならない。登呂の集落は、若干数の単位集落の複合として成立しているのである。

そうした複合的構造をもつ集落は縄文時代には認められず、稲作農業の展開に規定されて成立した存在であり、これこそ農業共同体と呼ぶべきものである。登呂の水田の広大さ、そこに投入された杉材の伐採と割板の作業量、木器をつくるための鉄製利器はあってもノコギリのような利器がまだ出現していないという技術水準などの諸条件を併せ考えれば、ここでは大量の労働力の結集と編成が不可欠であり、それが農業共同体の成立を不可避としたと考えられるのである。

しかも注意すべきことは、農業共同体の下部の小集落＝一定数の竪穴集団が、それぞれに倉庫をもっていることが示すように、それぞれ一定の独立した生産機能を担っていたらしい点である。おそらく、登呂の一〇箇の竪穴からなる東住居群は、一つもしくは二つの世帯共同体を構成し、日常的な農耕作業の単位として機能していたであろう。したがって世帯共同体は、農業共同体に内包された個別経営の原生的形態であり、春から秋にかけての通常的農耕作業を行うのに必要な木製農具などを所有する主体であったと思われる。登呂出土の日常的農耕具はすべて木製である。しかし耕地の造成や木器の製作に欠かすことのできない鉄製利器は農業共同体の所有として、その首長の手によって管理されていたであろう。また耕地の分配・再分配も、おそらく農業共同体によって行われていた。したがって、ここにおいては、基本的生産手段の農業共同体的所有が主要な関係であり、世帯共同体＝個別経営の所有主体としての自立性はまだ萌芽的な水準にあったのである。

しかし、現実の農業共同体の在り方は、決して固定的なものではない。福岡県春日市須玖《すぐ》岡本遺跡は、二〇〇基もの甕棺を出土し(このうち数十基が同時期のものと見られる)、福岡平野の中でも特別に大規模な共同墓地であるが、その中には大量の銅鏡・武器・ガラス製勾玉などの装身具を納めた甕棺の支石墓があり、ここではすでに農業共同体首長が、他の成員から突出した地位を備えていたことがうかがわれる。ところが、この須玖岡本遺跡の南東一キロメートルほどの位置にある伯玄社埋葬遺跡からは銅鏡も青銅器製武器もまったく出土していない。この事実は、いわば親《おや》共同体ともいうべき須玖岡本から、子共同体集落を分出させた関係を暗示しており、そこに農業共同体の発展・分出とその連合の動きをうかがうことができる。弥生時代中期以降、生産が高まり、人口が増加し、農耕社会としての安定性が強まるとともに、農業共同体は新たな耕地と集落をつくりだしつつ、このような変動を生みだしているのである。

この親《おや》共同体の首長は、すでに共同体連合＝小国の王としての性質をもちはじめており、須玖岡本の首長墓の主は、その場所柄、五七年に後漢の光武帝に朝貢した倭の奴国王に擬する考えも有力である。この段階に至れば、自然的条件、鉄製利器の入手条件、人口の大小などに規定されて、農業共同体間の優劣が生じ、共同体間の連合と闘争が反復的にひきおこされ、やがては邪馬台国に見られるような政治的統合が形成されるのである。近年、弥生時代中期に出現する高地集落の存在が注目され、それが軍事的防塞としての性格をもつものであることが明らかにされつつあるが、これも農業共同体間の闘争と政治的統合の過程を示すものである。

手工業と交換

農業共同体間の闘争とその優勝劣敗の動きは、根底において手工業や交換の支配と深くかかわっていた。世帯共同体が保有する木製農具の多くは、カシなどの堅い材を選んで自らの手でつくり、石鏃のような打製石器も多くは自製した。しかし福岡県今山産の硬質の玄武岩を素材とする太型蛤刃石斧は集中的に生産され、中期には大分・佐賀・熊本県の一部にまで供給されており、交換の広まりがうかがわれる。

弥生文化を縄文文化から区別する上で決定的な役割をもった鉄器は、『魏志』東夷伝弁辰の項に「国、鉄を出す、韓・濊・倭、皆従って之を取る」とあることからもうかがわれるように、弥生前期ではすべて朝鮮から伝えられたもので、国内ではまだ生産されていなかった。しかし中期には朝鮮から導入された鉄素材を加工して、ヤリガンナ・ナイフ・斧・鎌・戈・鏃などが鍛造されるようになり、後期に入ると鍬先も造られ、その量も飛躍的に増加する。弥生後期に属する熊本県(玉名郡)下前原遺跡が鉄の精錬滓を出土していることなどから見て、おそらくそのころには鉄素材の生産も可能になっていたと思われる。後期には東日本でも石器が消滅しているが、それは鉄器の普及と表裏の関係をなしていると思われる。

青銅器は銅剣・銅鉾にせよ銅鐸にせよ、主として祭祀用であって、実用性をほとんどもたないが、その鋳造には高熱の獲得とその統御の技術が必要であり、それはすべての金属工業の基礎をなすものであった。そのような意味をもつ青銅器の国内鋳造も中期以降進展し、北九州や大阪湾沿岸では、その鋳型が発見されている。茨木市東奈良の遺跡は青銅器生産に従事した技術者の集落址であり、ガラス製の勾玉の鋳型やフイゴの羽口なども併せて出土している。

これらの事実を併せ考えると、手工業のうち専門技術を要したのは主として金属工業であり、その分野においては専門技術者の存在が推定される。しかしその技術はもっぱら朝鮮・大陸から導入されたものであり、鉄の国内生産や青銅器の国内鋳造が行われるようになった段階でも、技術者は朝鮮・中国からの渡来人であった可能性が高い。その場合、それら技術者をまず掌握できたものは、朝鮮・中国との交渉をもちえた有力な農業共同体連合の首長＝王層であろうし、さらに拡大された場合でも、技術者たちは首長層の強力な統制下におかれ、共同体の抱え職人といった存在形態をとらざるをえなかったであろう。

金属工業のほか、地理的条件に規定された社会的分業としては製塩がある。すでに縄文時代の東日本、とくに霞ケ浦沿岸や東北地方の松島湾沿岸では製塩が行われ、塩の自給ができない山間地域に供給していたが、弥生時代には瀬戸内海島嶼を中心に、多数の鉢形土器に濃縮した海水を注ぎ、これを加熱して塩をつくる方法が広まった。これは地域間分業の端緒形態にほかならないが、そこにおける交換もおそらく首長層の手を通じてしか行いえなかったであろう。

〔**参考文献**〕
近藤義郎「弥生文化論」(岩波講座『日本歴史1』一九六二年版)。
佐原　真「農業の開始と階級社会の形成」(岩波講座『日本歴史1』一九七五年版)。

この節はとくに右二論文に負うところが大きい。

3　階級の発生と首長制的支配の進展

階級の発生　倭の奴国王に擬せられる須玖岡本の親《おや》共同体の首長は、同時に共同体連合の首長＝王でもあり、すでに他から卓越した私的富を掌握していた。それはすでに階級が発生しつつあることを示すものであるが、ここではなお、首長のみが富を蓄えているのであって、親《おや》共同体の成員間でも、また伯玄社遺跡に見られるように従属共同体の内部でも階級分化は生じていない。このことは、階級発生の経路を示唆するものである。

階級発生の経路には一般的にいって二つの道がある。一つは農業共同体の首長層が、その共同体の公共的諸機能の統御権能を私物化することによって、共同体成員に対する搾取者＝階級支配者に転化する道である。この場合には、首長層のみが、その立場を利用して性格転化するのであり、そこでの首長層の共同体成員に対する関係は首長制的支配と呼ぶべきものである。もう一つの道は共同体成員間の階級分化によって支配・被支配者が形成される道である。共同体内における剰余生産物の増大、個別経営の自立性の進展、個別経営間の格差の増大といった筋道を考えれば、後者の道が生産力の発展に基づく自生的な階級形成の経路である。しかし、社会の発展にはつねに不均等性があるから、共同体の外部に展開する先進的な文明＝生産諸力をとり入れやすい条件が存在する場合には、それを導入・掌握することに成功した共同体の首長層が優越的に階級的支配者に転化するとともに、立ちおくれた周辺共同体を服属させ、王権を形成することになる。

二世紀末の「倭国大乱」を経過して成立したといわれる三世紀の邪馬台国は、まさしくそうした過程をたどって形成された共同体連合の発達した姿を示すものである。そこではすでに

「大人」と「下戸」という身分階層とともに、「生口」と呼ぶ奴隷も存在していた。しかし「生口」が、共同体成員の一般的階級分化によって出現したものかどうかは疑わしい。おそらくそれは政治的統合の過程で、被征服共同体から獲得した奴隷であり、また私的に所有されるものではなく、クニとして征服共同体が保有したものであっただろう。また「大人」は「下戸」「生口」に対して、邪馬台国の原初的な支配機構に連なる人々であり、「下戸」とは一般の共同体成員をさすと思われる。そう解すれば、そこでもまだ共同体の分解に基づく階級社会の本格的成立の姿を見ることはできず、やはり共同体首長が階級支配者となる道の展開した姿をこそ見出すべきであろう。

このようにして日本列島における階級の出現は、共同体成員間の分解に先んじて、共同体間の闘争・統合と深く関係しつつ、共同体首長層が階級支配者に転化する道を優越的に展開させていった。北九州・吉備・出雲・大和のような諸地域に出現する政治的統合体は、いずれもそのような構造を備えたものであったにちがいない。

首長制的支配下の生産技術

三世紀末四世紀初め頃から、畿内を中心に前方後円墳が出現し、四—五世紀を通じて西日本、そして東日本へもひろまった。それは各地の首長層が大和の首長層に対抗するために同種の巨大墳を築造したのではなく、むしろそれに服属し、政治的連繫を強めるに至った結果を示すものである。大和の王から贈られた中国製の鏡が各地の古墳から出土している事実はそれを示す。この間、大和の王権がどのようにして力を伸ばし、北九州の先進的地域までを服属させるに至ったかは、今日のところなお謎に包まれている。

しかし、大和の王権が、玄海砂丘の砂鉄をおさえる北九州勢力、中国山地の砂鉄を握る出雲・吉備勢力などと対抗しつつ、やがてそれを圧倒していったこと、またそのために瀬戸内海交通路の掌握や朝鮮・中国との通航に特別の力を注いでいたことは疑いない。他方、おくれて農耕段階に踏み込んだ東国の首長層が、急増する鉄の需要に促されて、大和の王権との結びつきを進んでえらばざるをえなかったこともたしかである。畿内を中心とする銅鐸分布圏の東限が長野・静岡県であったのに対し、古墳の分布圏が東北地方南部にまでおよぶことは、鉄を求める東国首長層の側からの積極的動きを無視しては理解することができないのである。

ところで、大和の王権が巨大な古墳を築造しえた背後には、厖大な労働力を動員できた政治権力とともに、築造のための測量・設計などの土木技術に関する知識や施工に必要な豊富な鉄器類の存在を欠かすことができなかった。しかもそれらの土木技術は、大型の用水池や灌漑水路の造成など農業土木工事に必要な技術と多くの点で共通するものであった。おそらく、農耕に直接必要な技術の方が基礎としてあったからこそ、古墳築造への応用も可能となったのであろう。

「応神陵」「仁徳陵」とされる五世紀の王陵が、規模において他を圧する巨大さを示すとともに、立地的にも河内・和泉の平野部に進出したことは、政治的には四世紀後半以降緊張を高めた朝鮮との関係に規定されているに相違ない。しかし同時に、それは大和王権がそれまでに獲得した人民に対する組織的動員力や技術を活用して王権の直接的経済基盤を強化するための大規模な開発事業をともなっていた。淀川沿岸の茨田《まんだ》堤、河口近くの難波の堀江などの工事によって、平地部を水から守りつつ耕地化し、山地から平地への出口にあたる地形に堤防を設けて大型の溜池を築造し、その水によってこれまで用水の得られなかった台地にも乾田を開いてゆくことは、弥生時代の低湿水田とは技術段階を異にするものであった。またこの時期の畿内古墳からは、堅土の耕起に適した朝鮮系のU字型鍬先・鋤先、曲線刃の鎌、柄まで鉄の釿《ちような》などの鉄製農具、鉄槌・鉄床・鉄鋏などの鉄鍛冶用具が出土するところから見て、鉄製農具の多様化、それを供給する鍛冶技術者の増加があったことも明らかである。しかしそれらはなお、技術といい、技術者自体といい、朝鮮からの渡来人を媒介としてはじめて可能となったものであろう。南河内地方が朝鮮からの渡来氏族の集中的な居住地であったことは、それをはっきりと示すものである。

〔参考文献〕

甘粕　健「古墳の形成と技術の発達」(岩波講座『日本歴史1』一九七五年版)。

この節はとくに右の論文に負うところが大きい。

4　部民制と屯倉・田荘的支配

部民制

大和王権の支配＝収取体制の基本は部民制と呼ばれる方式であった。それは大和王権に結集した支配層＝原初的官人たちが、武力や生産の担い手たる民衆の集団を部《べ》として組織し、自らは伴造《とものみやつこ》としてこれを統率したのがその原型である。たとえば地方の首長層から徴発・貢上させた兵士を、大和王権の親衛軍として編成したものが靫負部《ゆげいべ》や舎人部《とねりべ》であり、それを率いるのが大伴氏であった。部民の存在形態は複雑であるが、大別して、特定技術者集団を編成した部民と農業共同体成員をそのまま編成した部民とに区別することが可能であり、それらは大和王権の支配権能を分掌する伴造に統率されたものという側面と同時に、大王以下諸支配層の私的隷属民集団という側面を備えていた。

まず技術者集団の編成形態としての部を見よう。これらは鍛冶部《かぬちべ》・漢織部《あやはとりべ》・呉織部《くれはとりべ》・土師部《はじべ》・陶部《すえつくりべ》などのように職能別に編成された。かれらは、日常的には農業共同体に属しつつ、同時に一定の手工業生産に従い、その生産物を貢上する形をとるのが普通であった。しかし鍛冶部のなかではとくに韓鍛冶部《からかぬちべ》が組織され、従来の土師部に対し、朝鮮系硬質土器技術者集団として陶部が設けられたように、朝鮮・中国の技術者集団を畿内各地に定住させて部民とすることも少なくなかった。河内南部の陶邑《すえむら》古窯址群は陶部の遺構であるが、これは大和の支配者集団の需要をみたすにとどまらず、その性質上一般の民衆的需要とも結びついて発達したと見られるものである。

このような手工業系統の部民組織は、本質的には大和王権の必要とする手工業製品を貢上させるための社会分業編成という性質をもっていた。もとより手工業者の存在のすべてが部民制によって中央支配層に直接掌握されていたわけではなく、諸地域の首長層のもとに編成・掌握されているものも少なくなかった。その意味で手工業系部民は大和王権の必要とする範囲のものにほかならないが、これによってもっとも先進的な技術を保有する手工業者たちが大和王権の必要に直接奉仕する形でその権力基盤に組織されていったことは明らかである。

屯倉・田荘的支配

一方、農民の部民化は屯倉《みやけ》の設定と不可分であった。河内・和泉の開発地には、屯倉と呼ぶ大和王権の倉庫が各地に設置され、その倉庫に納めるべき稲の生産を義務づけられた農民が田部《たべ》とされた。田部は各地から徴発された人々をもふくんでいるが、それらの人々も定住させられ、農業共同体ぐるみ田部とされるのが基本的形態であった。たとえば桜井の地に設けられた桜井屯倉のために耕作する農民は桜井の田部であり、その農業共同体の首長は桜井田部連《たべのむらじ》という姓《かばね》を与えられて、大和王権に仕える官人化された。屯倉は直接には官の倉庫であったが、それらには耕地と耕作民が農業共同体のまま付随していたのである。

屯倉の田部のように国家的性質の強い部民のほか、名代《なしろ》・子代《こしろ》のように大王家の私的隷属民である部民もあった。それらは、掌握者や地名を冠して呼ばれることが多かったが、機能面では舎人部・膳部《かしわでべ》・釆女部《うねめべ》などのような形に編成され、国造などの一族で舎人・膳夫《かしわで》・釆女などとして中央に出仕する人々を資養する役割を負わされることが多かった。さらにまた大和王権に結集した中央の支配層が、個々に農業共同体を私的に従属させ、これを田荘《たどころ》と称し、その成員を部曲《かきべ》と呼ぶ形も広く展開した。屯倉と田荘とは掌握主体のちがいによって区別される呼称であるが、ともに部民制に基づく農業共同体支配をその本質とするものであった。

ところで、このような屯倉・田荘の設置が大和王権や大王家および中央支配層の必要とする稲を直接確保する目的に出たものであることは明らかであるが、同時にそれ以上に重要な意味をもったのはそれら部民の労働力の収取である。屯倉や部は大和王権の伸長過程において東国にまで活発に設定されていった。それは鉄や権威のシンボルである鏡などを求める地方首長層の要求と結びついていたのであるが、そうした遠隔地から大量の稲を貢上させることは事実上困難であり、大和王権がそれら屯倉・田荘に要求したものは、むしろ部民の労働力そのものであったのである。大規模な治水灌漑事業や古墳の築造をはじめとする土木工事のためには、ほとんど際限ない労働力が必要である。中央支配者層は、征服戦争を通じて少なからざる奴隷を獲得していたと推定されるが、そうした奴隷だけで必要な労働力が充足されるわけではない。主たる労働力はあくまで農業共同体成員そのものでなければならない。屯倉・田荘はまさしくそのような意味での労働力供給源としての意味をもっていたのである。

世帯共同体

五世紀後半以降になると、畿内では、いわゆる群集墳が出現する。橿原市の新沢千塚には約四〇〇基もの小古墳(大部分は円墳)が密集しており、その多くからは副葬された鉄製の鎌や斧が出土する。大阪府下には八尾市の高安千塚、柏原市の平尾山千塚などがあり、また岡山県津山市の佐良山では方四キロメートルの範囲に一七二基、和歌山市和佐の岩橋千塚では約六〇〇基というおびただしい小円墳が密集して存在しているが、これらはみな五世紀末から六―七世紀にかけて築造されたものである。

群集墳の被葬者は、前方後円墳が農業共同体の首長層やその連合体の王であったのに対し、共同体の構成員たる世帯共同体の家父長層であったと考えられる。生産力の発展にともなって個別経営の主体たる世帯共同体が次第に自立性を強める動きのなかで、かれらは墳墓の面でもこうした小円墳を個々につくるようになったのである。

世帯共同体の農業共同体からの自立傾向は、後進的な東国社会においてもうかがわれる。埼玉県東松山市の五領遺跡は、年代的に累層する二〇〇に近い住居址を含むが、そのうちに同年代の六箇一群の方形竪穴住居址があり、六箇は南を向いて半月形に配置され、それぞれの前面が広場のような形をとっている。これらの住居はいずれも粘土などでつくったカマドをもつ点で従来のものより進化した姿を示すとともに、それぞれの床面積は最大のもので四九平方メートル、もっとも小さい二つは一五平方メートル前後と、その大きさに格差が生じている。しかももっとも大きい住居址からは土師器・須恵器・鉄器が多く出土したが、小さい方からは少量の土師器しか出なかった。

これらの事実は、六箇一群の住居址が一つの世帯共同体であること、最大の住居址が家父長の直系家族のものであること、世帯共同体は各住居址のスケールから見て合計二十数名の成員をもつこと、鉄器はすでに世帯共同体ごとに保有されるようになっているが、それは家父長の手許に集中されており、各世帯ごとに保有されているのではないこと、などを示唆している。同じような傾向は、東京都八王子市の中田遺跡においても認められる。六世紀後半から七世紀にかけての古墳時代後期においては、こうして農業共同体に対して個別経営＝世帯共同体の自立性が高まり、同時に世帯共同体内部における家父長権が強まってきているのである。

しかしながら、これらの事実をもって、農業共同体がただちに本格的な解体段階に入ったと見ることはできない。世帯共同体の家父長の手許に若干の鉄器が保有されているとしても、それが農業共同体の首長層を媒介としないで、独自に入手できたとはまだ考えられない。おそらく共同体首長層の管理下にあった鉄器が世帯共同体の家父長層に分与されているのであろう。この時期の東国首長層にとって、鉄器の入手が、大和王権に従属連繫することによってはじめて可能だったことは、世帯共同体が個々に一般的な交易を通じて鉄器を入手しうる条件がまだ成熟していなかったことを示している。むしろ、鉄器が個別経営にとっても欠かせないものになればなるほど、王権に従属連繫しつつ鉄器を掌握する首長層の立場は強化されるのであり、そこに首長制的支配を媒介とする部民制の広範な展開の根拠もあったのである。

しかしこのことは、六―七世紀を通じて、個別経営の単位としての世帯共同体と農業共同体との間の矛盾が次第に大きくなっていったという点で重要な意味をもつ。六世紀後半に吉備地方に設置された白猪《しらい》屯倉の場合、それを設定するために中央支配者層の中から蘇我馬子が現地に赴き、設定後もそれを維持するために中央から役人を送っている。そして、屯倉の耕作民たる田部の男子の戸籍をつくり、個々の労働力を直接把握しようとする動きを進めている。これは従来のように農業共同体の首長層を媒介とする支配とは異なる直接支配の方式である。この屯倉が吉備という大和王権に対してきわめて独立性が強くしばしば叛乱さえ起こした有力地方首長下のものであるという事情があるとしても、基本的には世帯共同体の発展そのものが、こうした直接型支配方式をさけられぬものとしたと見なければならない。この白猪屯倉における支配の方向こそ、のちの律令制国家の人民＝戸支配の方式の先駆形態といえよう。

〔参考文献〕
門脇禎二『日本古代共同体の研究』東京大学出版会、一九六〇年。
吉田　晶『日本古代社会構成史論』塙書房、一九六八年。
同　　『日本古代国家成立史論』東京大学出版会、一九七三年。
石母田正『日本の古代国家』岩波書店、一九七一年。
平野邦雄『大化前代社会組織の研究』吉川弘文館、一九六九年。
原島礼二『日本古代社会の基礎構造』未来社、一九六八年。

5　研究史上の問題点

これまで見てきたところから、日本列島社会は、弥生時代に階級発生の動きが始まり、五—六世紀の大和王権段階において、諸地域に成立した農業共同体連合＝小国の統合が大きく進展し、階級社会に進入したと見られるが、この最初の階級社会の社会構成史的性格はどのように規定すべきであろうか。

戦後の研究史をかえりみると、早い時期には無階級の原始社会に継起する社会構成体は奴隷制社会であるという前提的理論が根強かったため、渡部義通・藤間生大・石母田正らの人々は、共同体の解体にともなう家父長的奴隷制の展開に視点をすえ、先進地帯におけるその進展、それを梃子《てこ》とした部民制支配という形で問題をとらえ、部民制を共同体関係の残存に規定された「特殊日本型の奴隷制」と規定する考え方が有力であった。一九四七年、マルクスの遺稿『資本制生産に先行する諸形態』が日本でも訳出され、「総体的奴隷制」概念が援用されるようになると、藤間はこの歴史段階を家父長的奴隷制を基礎として成立する総体的奴隷制社会と規定する理解を示すようになったが、その場合にも、これを奴隷制社会のアジア的形態とすることによって、究極的には奴隷制範疇の中に位置づけてゆこうとする傾向が主流となっていた。それには当時、戦前以来のアジア的生産様式理解をめぐる国際的論争に関して、スターリンが、これを独自の社会構成体とは見なせないという見解を示し、それが一種の権威性をもってソビエト歴史学界に重圧を加えていたことも間接的に大きな影響を及ぼしていたと思われる。

しかし一九五〇年代後半になると、塩沢君夫は当該の時期の社会を奴隷制に先行する最初の階級社会であり、それは社会構成史上、アジア的生産様式＝貢納制的搾取関係に基づく古代専制国家であるとした。また門脇禎二はそれをアジア的共同体を基礎とする古代専制国家＝社会と規定した。さらに吉田晶は、農業共同体を前提としつつ、共同体首長が階級支配者に転化し、共同体間に政治的支配服属関係が成立する段階をアジア的共同体を基礎とする総体的奴隷制社会と規定し、五―六世紀の段階と律令制期とをその二段階として把握する見解を提起した。

その後、石母田正は、律令制以前・律令制期の二段階を通じ、その社会の基底をなす第一次的な生産関係を「首長制的生産関係」と規定し、そこでは成員たちは共同体が本源的にもっている自律性・強制力のもとに包摂され従属していると見、従来の家父長的奴隷制重視の立場に比べると、塩沢・門脇・吉田らの理論に大きく接近する理解を示した。石母田はそこで、「首長制的生産関係」の本質を総体的奴隷制と規定するが、アジア的生産様式範疇を明確な形では導入していない。この点は吉田も同様であり、そこに塩沢の見解との差異がある。しかしアジア的共同体の存在のもつ規定性を重視する点で、これら諸説はほぼ共通する事実認識・理論構成に近づきつつあるといってよい。

一方、戦後考古学のめざましい発展も、右のような理解の深化に多くの重要な素材を提供した。いくつか例示したような住居址の全面発掘に基づく復原、同笵《どうはん》鏡や前方後円墳の地域的分布、鉄器の時間的・地域的・社会階層的分布状況、群集墳出現の態様、高地性集落の出現など、重要な諸現象の発見とその意味の解明が深められることによって、農業共同体および世帯共同体の構造や、両者の関連構造が急速に明らかにされてきた。

そこでそれらをふまえつつここでの結論を提示するとすれば、⑴農業共同体の存続、世帯共同体の自立度の低さ、⑵農業共同体の首長層の階級支配者への転化、⑶農業共同体間の発展格差に媒介された共同体連合・政治的統合の進展、その頂点としての大和三権の出現、等の諸点を指標として、日本最初の階級社会は総体的奴隷制社会と規定すべきであろう。理論をめぐる学説史上、⑴総体的奴隷制、⑵アジア的生産様式、⑶古代専制国家、という三つの範疇の相互関係は現在のところかならずしも明確でないが、ここでは⑵は生産様式、⑶は国家類型、そして⑴は⑵⑶に規定された当該社会の社会経済的・政治的状態を総括的に示す範疇として理解しておきたい。近時の新説には、アジア的生産様式を原始社会の生産様式ととらえ、その内部における「家父長的な人格的依存関係」こそマルクスが『資本制生産に先行する諸形態』でいうところの「総体的奴隷制」である、とする芝原拓自・原秀三郎の所論もあるが、少なくとも五―六世紀段階における大和王権とその支配体制を「国家」ととらえるかぎり、その前提として階級社会の成立を認めざるをえない。共同体成員間の奴隷制的分解を本源的共同体の解体の不可欠の条件と見れば、芝原・原らの見解は傾聴すべきものであるが、最初の階級社会としてのアジア的生産様式＝総体的奴隷制社会は、そもそも、首長層が優越的に階級支配者に転化する道を前提とするものとすれば、やはりこれを階級社会と規定する方が妥当であると考える。

〔参考文献〕

塩沢君夫『古代専制国家の構造』御茶の水書房、一九五八年。
同　『アジア的生産様式論』御茶の水書房、一九七〇年。
原秀三郎「アジア的生産様式論批判序説」(『歴史評論』二二八号、一九六九年)。
同　「階級社会形成についての理論的諸問題」(『歴史評論』二三一号、一九六九年)。
同　『日本古代国家史研究』東京大学出版会、一九八〇年。

第二章　律令制社会の経済構造

1　視　点

大和王権は、六世紀を通じて各地に屯倉を設置し、その経済基盤の強化につとめるとともに、地方首長層を国造・県主制および氏姓制によって、積極的に自己の権力体系に編成していった。しかし大和王権の内部でも、有力氏族は田荘支配の上に根強い自立性を保持しており、地方首長層の中にも新羅の朝鮮南部への進出と呼応して、大和王権に反逆した筑紫の国造磐井《いわい》のようなものもあった。

大和王権の政治的課題は、そうした中央・地方の有力氏族の私的所有の進展に基づく自立傾向を抑制し、かれらを中央政権の官僚に編成替えし、権力を大王＝天皇に集中することであった。そうでなければ、新羅に対抗して朝鮮南部に進出するための兵士・武器・兵糧の徴発などできるわけもなかったし、ようやく力を強めてきた家父長的世帯共同体農民を支配してゆくこともむつかしくなっていたのである。六世紀末七世紀初頭の聖徳太子の登場に始まり、六四五年の大化改新、六七二年の壬申の乱、六八九年の飛鳥浄御原令を経て、七〇一年の大宝律令の制定に至る過程は、そうした意味での大和王権の危機の克服と、新しい古代専制国家体制の創出過程であった。

大宝律令の制定によって、古代専制国家体制の基礎を築いた律令国家は、さらに土地制度・収取体系・社会分業編成など経済諸分野にわたって国家の性格に適応する体制づくりを進め、〝律令制社会〟と呼ぶにふさわしい社会経済構造をつくりあげてゆく。本章はそのようにして構築された律令制社会の経済構造を、支配制度の側面ばかりでなく、農業共同体および世帯共同体と国家体制とのかかわりや、律令国家の社会分業編成などの実体的側面にも目を向けつつ、極力具体的に明らかにしてゆくことを目標とする。

それとともに、もうひとつの重要な問題は、律令制社会の経済構造の変容・解体の過程である。古代専制国家が法的・機構的整備を伴ってひとたび支配体制を確立すると、その体制がその後の経済社会の発展の仕方に及ぼす規定的影響はすこぶる大きなものがあった。律令制社会は、一面では八世紀段階からすでに深刻な構造的矛盾をはらみ、体制的動揺をあらわにしていたが、それにもかかわらず、それ以降も長期にわたって、国家・社会経済体制の枠組みとして根強く存続した。一〇世紀初頭の班田制の廃絶はたしかに律令体制解体の有力な指標であるとしてても、それを契機として、ただちに別個の経済体制が出現したわけではない。通常〝荘園制社会〟と呼ぶ、次の新しい経済社会体制および国家体制が本格的に成立するのは一一世紀後半に始まる院政期のことである。

このような律令制社会の解体、経済構造の転換の緩慢さの背景には、生産力発展の緩慢さとともに律令制的社会経済体制の編成の強固さという事実があったと見られるが、そうした社会経済体制の編成は、荘園制社会の形成やその経済構造にどのような規定的影響をもたらしたであろうか。

本章では、そのような問題にも目を配りつつ、律令制社会の経済構造の特質とその変容過程を追究してゆくこととする。

〔参考文献〕

直木孝次郎『日本古代国家の構造』青木書店、一九五八年。
上田正昭『日本古代国家成立史の研究』青木書店、一九五九年。
井上光貞『日本古代国家の研究』岩波書店、一九六五年。
石母田正『日本古代国家論』第一部、岩波書店、一九七三年。
岸　俊男『日本古代籍帳の研究』塙書房、一九七三年。
早川庄八『律令国家』小学館、一九七四年。
鬼頭清明『日本古代国家の形成と東アジア』校倉書房、一九七六年。

2　国家的土地所有と班田制

国家的土地所有

律令国家の経済的基礎は、いわゆる国家的土地所有制にあった。それは本質的には二つの新しい社会動向に対応する性質をもっていた。一つは中央貴族・地方豪族層の間に発展しつつあった田荘的支配の抑制、他は個別経営の担い手たる家父長的世帯共同体農民の自立が進むにつれて顕著になりはじめた共同体の分解傾向の抑止である。大きくとらえれば、この両者はともに私的土地所有の進展のあらわれにほかならないが、そこには階級成立の二つの道に照応する首長層と共同体成員との私的土地所有をめぐる競合関係がふくまれており、律令国家はその支配を安定させるために、この二つの課題を同時的に解決する必要があった。

通常、この課題解決のための基本政策は、大化改新詔の第一条の屯倉・田荘・部曲の廃止と、第三条の班田収授規定によって強力に打ち出されたと解されている。しかし実際にこの方向が実現に向って動きだすのは、壬申の乱を経て権力の集中が進む天武朝の部曲廃止(六七五年)以降のことであった。また班田制が初めて施行されたのも、六九〇年の庚寅年籍《こういんねんじゃく》成立をまってのことである。

大宝令はそうした経過をふまえて、国家的土地所有制を法的に確定した。ここで、一般人民に対する班田収授が戸籍による戸口の把握を通じて法的に整備されるとともに、屯倉・田荘に代って、位田・職田・功田などが設けられ、社寺には神田・寺田が与えられることとなった。神田・寺田には収授の規定がなく、大功田も永世私財とされたが、他には収授の原則が適用された。この立法主旨は、律令体制の下では、貴族・豪族も国家の官僚とされ、国家財政の中から給付される封戸《ふこ》・俸禄がかれらの家産経済の基本とされ、田地の給付はあくまで前者の補完物として位置づけようとしたところにある。

こうして律令国家は、一般人民に対するとともに、貴族・豪族層に対しても国家的土地所有の法的原則を貫こうとした。それがともかくも可能であった根本の要因は、社会の基底においてまだ農業共同体的所有関係が根強く生きつづけており、私的土地所有が未成熟であった点にあるであろう。しかしそれにしても七世紀後半の社会は、弥生時代とはすでに大きく異なり、個別経営の自立性が大きく進展している。それにもかかわらず国家的土地所有制が実現されえたことは、農業共同体的所有の国家的編成替え＝集中といった原理的な点からだけでは十分に説明することができない。

この点でとくに重要な意味をもったのは、条里制水田という形をとった国家の手による開田の推進であろう。条里制は一〇段を「一町」＝「一坪」とし、「坪」をタテ・ヨコ各六箇ずつ配列して、計三六町を「一里」、「里」を東西または南北に配列して「条」とする方格の地割である。この地割は、灌・排水路をともなう水田造成が計画性をもって大規模に行われたものといえるが、一国が単一基準地割の大和を除き、他はおおむね郡を単位として行われている。それは元来、条里制が郡司層の主導によって推進されたことを示す。しかも郡司は多くの場合、旧国造から登用されているから、かつて農業共同体連合の首長層が中心となって進められていた計画的な水田造成が、律令体制下で国家的再編を受けて、こうした統一地割による条里制水田の造成という形をとっていったのである。しかも条里制水田は、もともと屯倉のあった地帯や、諸国の国衙・郡衙を中心とする地帯に集中的に分布しているところから見て、これが律令国家に結集した中央・地方の支配層の直接的経済基盤であり、国家的土地所有の原型を示すものであったことは明らかである。

このような条里制水田は、郡司層が一般人民の徭役労働力＝「公功」を編成し、その「公功」によって確保された用水を「公水」とし、その「公水」による水田を「公地」とする形をとった。令制では労働力の投入によって耕地化されていない未墾地・原野＝「山川藪沢」は「公私利を共にす」べしとされ、「公」「私」いずれとも確定されない「無主地」であったが、「公功」に媒介されて造成された田地は「公」が「主」＝所有者とされたのである。その点からすれば、国が直接造成を進めたのではない先行水田が、国家的土地所有制のもとで、どのようにしてどの程度「公地」にくりこまれたのかは大きな疑問であるが、おそらくこのような条里制水田＝「公地」を梃子として、公地原則の拡大が実際にも進められていったであろう。それら先行水田も、元来農業共同体的造成＝所有が基本であったから、それを国家的所有に編成替えすることは、首長層の政治的編成を通じて可能であったのである。

班田制と農業経営

班田制は、このようにして実現された国家的土地所有＝「公地」を、満六歳以上の良民の男一人に田地二段、女にはその三分の二、奴婢には良民の男女のおのおの三分の一を、戸口数に応じて戸毎に口分田として班給した。口分田は六年一班で死ねば収公、畠地を中心とする園地は「地」の広狭に従って「均給」する定めであった。班給の単位となった「戸」は、五〇戸一里制に基づいて「編戸」された戸籍上の家族的集団で、それがただちに農業共同体下の家父長的世帯共同体と実体的に一致するとはいえないが、それを基礎にして編成されたものであることは否定できない。班給地は、戸主＝家父長層が一括受田し、一経営体として運営するのがもっとも普通の形態であったと考えられる。

このような形をとる班田制は、その本質において二つの面をもっていた。一つはそこに「公地」原則が貫徹されている側面である。そして他は同時に、個別経営＝家父長的世帯共同体に対して、事実上、耕地が配分され、農民の私的土地所有への欲求がある程度みたされている側面である。両者は相互に矛盾するが、ともに農業共同体の内部で、個別経営の自立性が高まってきた事態に照応するものであるといえよう。

個別経営の自立性の前進を支える条件としては、六―七世紀を通ずる農業技術と経営形態の着実な進歩があった。この時期におけるU字形の鉄製鍬・鋤・曲刃鎌の出現は、従来の低湿水田・穂首刈を基本型とする原初的稲作に対して、乾田と根刈の出現を示すものである。正税が穎《えい》で計られていたことはまだ根刈が普及していなかったことを意味するが、乾田の出現に示される技術は畠地における麦作の発展にも通じ、条里制地割の内部でも水掛りの悪い微高地を畠地として利用する可能性を個別経営に付与した。

そうした新しい生産力的条件の展開の中で、国家は班田制によって、一面では農民の私的土地所有への欲求に応ずる姿勢をとりつつ、基本的には、その欲求を班田制の枠内におしとどめようとした。口分田は制度上「私田」とされ、班給地以外の乗田＝賃租田が「公田」と規定されたのに対応しているが、実際には私的な処分権を欠いており、その田主権ははなはだ微弱であった。口分田に認められた「一年を限って沽《う》る」ことのできる権利とは、結局一年毎の私的賃租と異ならず、いわゆる地盤(底土)の質入れ・売買は、慣行としても観念としても成立していないのである。その意味で、口分田の本質は、人民の私有地というより、国家が調・庸・徭役を収取するための労働力再生産の場として、人民に配分した「割当て地」という性格が濃厚である。口分田が園地や未墾地から切り離されて班給され、荒廃させることさえ許されなかった事実は、口分田のこのような本質をもっともよく示すものといえるであろう。

収取体系

では、班田制に基づく農民からの収取体系はどのようなものであったか。七二一(養老五)年の下総国葛飾郡大島郷の戸籍から算出できる、孔王《あなほ》部《べ》佐留《さる》の戸の場合を例としてとりあげてみよう。この戸は佐留を戸主とするが、さらにその内部には佐留を房戸主とする房戸＝一五名と、その従兄弟の房戸＝五名および従兄弟の子の房戸＝七名をふくむ計三つの房戸の複合からなっている。そして合計二七名の戸口のうち、六名が班田を受ける資格のない小子・小女・緑児・緑女であり、残りの二一名が受給資格をもっている。この人々の受田額を規定に従って計算すると、合計三町五段一二〇歩である。

『延喜式』によれば、段当収穫量は、上田・中田・下田・下々田の順に、五〇束・四〇束・三〇束・一五束であるから、かりに佐留の戸の受田の大部分を上田とすると、総収穫量は約一五〇〇束程度、現在量に換算して玄米約三〇石見当である。これは生産量をもっとも高く見積った場合といわなければならないが、これに対する租は、段別二束二把として約七七束、七〇六年から一束五把とされたので、これによれば約五三束、収穫の約三％というのが標準である。

この租額は、一般的意味での租税とみるにはあまりに軽い。そのため、租の性格をめぐっては、(1)租率が固定されているうえ、律令制的な身分を基準として、明確な財政機能が付与されている課役といちじるしく異なる性質をもつところから、租を通念における租税の一種とは規定しがたいとする説、(2)租の使途に蓄積と賑恤《しんじゅつ》という機能を与えられている点からして、租の起源は農業共同体の機能を維持するための共同費であったとする説、(3)租の起源は初穂儀礼にまでさかのぼる原初的なものであり、租はそれを象徴する意味をもっているとする説など、諸説が提起されている。

これに対して、調・庸・徭役は、課口の男子について人頭別に賦課された。孔王部佐留の郷戸の課口は正丁四、次丁一、少丁(中男)一であり、正丁に換算すると調は四・七五人分、庸は三・五人分となる。調は絹・絁・糸・綿・布や、郷土の「所出」=鉄・塩などの特産物で、その量は、絹・絁では正丁一人八尺五寸などと「賦役令」に規定されている。庸は本来中央官衙に奉仕する一〇日間の労役であるが、布などによる代納が行われた。また労役である雑徭は、佐留の戸の場合、正丁一人年間六〇日という基準によれば、正丁三人各六〇日計一八〇日、次丁一人三〇日、中男一人一五日、合計二二五日に及び、これは国司の権限で、池堤・官衙などの建設・土木工事などに駆使された。さらにこの戸では正丁一人が兵士とされており、一般に兵士・防人などの軍役や、調・庸などを中央に運ぶ運脚の労役も加わった。

これら各種の収取を総合すれば、農民の負担は経営の安定をおびやかすほどに過重であったといわなければならない。口分田の収穫量は、安定した年ならば、租および翌年の種子分を控除しても戸口全員の食糧分をぎりぎり確保するに足る程度だとはいえよう。しかし、雑徭を中心とする労役の負担が大きかったし、調庸物も、農民の食糧生産と別個の労働過程を必要としたから、事実上労役と異ならない性質を帯びていた。したがって、そのような点からしても、口分田は先述のように農民にとって、国家の多様な労役の賦課に応ずるための労働力再生産の場という性格をもたされていたと見なければならない。農民の耕地保有が、かれらにとって生産手段の私的所有としての意味を積極的にもつものであれば、国家の諸賦課もおのずからに土地所有を基準として行われることになるであろうが、ここではそうでなく、基本的賦課が、人頭別に行われているのであって、そこに口分田という農民の土地保有が、まだ私的所有としての性格を形成するに至っていない事情があらわれているのである。

律令国家のこのような収取体系は、当時ようやく農業共同体からの自立を強めつつあった個別経営＝家父長的世帯共同体に対して、きびしく破壊的な影響をもたらした。国衙が貸付を行う公出挙《くすいこ》は、一見、そうした農民の窮迫に対する救済政策のように見えながら、実際には、春に強制貸付を行い秋に三—五割の高利をとって返還させるという形で、本来農業共同体が共同備蓄した種子籾・食糧を成員に対して貸出す慣行を、国家の人民に対する収奪手段に転化させたものにほかならなかった。また農民たちにとって、かれらの肉体維持の最低条件となる口分田の班給すら不足がちであり、班給地が、居住地からいちじるしく隔っている場合が稀でなかった。また口分田の不足を補うために乗田＝賃租田を借りれば、収穫の二割の地子を支払わなければならなかった。その意味で、班田制＝国家的土地所有と労役を中心とする収取体系は、個別経営の集約化の方向をたえずおびやかし阻害する性質をもっていたといわなければならず、八世紀の段階において、農民経営は早くも国家の支配・収奪との間にきびしい矛盾を形成しつつあったのである。

百姓と奴婢

律令制社会は、その社会基盤においてなお農業共同体的関係を色濃く残存せしめていたとはいえ、半面ではすでに一定の奴隷制的階級分解の進行を前提とするものであった。一般人民を、良・賤の二大身分に区分し、賤民の中に官私の奴婢および家人《けにん》などを設定した身分体系はそれを示している。実際、八世紀の貴族・豪族層や有力な寺社の手許にはすでに多数の奴婢・家人が集積されていた。七四七(天平一九)年の「法隆寺資財帳」によれば、同寺には家人一二三口、奴婢三八五口が保有され、同じ年の「元興寺資財帳」には、賤一七一二口(定九八八口、訴良七二四口)と記載されている。また七〇二(大宝二)年の戸籍によると、筑前国嶋郡大領肥君猪手《ひのきみいで》の戸には戸主奴婢一〇、戸主母奴八、戸主私奴婢一八、他一の計三七口の奴婢および二六口の寄口が存在し、「山背国出雲郷計帳」では二三戸中七戸は奴婢を保有し、その合計は七三口におよんでいた。

しかしそれにもかかわらず全体的にみれば、奴隷制的な階級分解の展開度は、農民層内部では、八世紀初頭でも決して高い水準にあったとはいえない。七二一(養老五)年の下総国大島郷の戸籍に記載された戸は、平均戸口数二十数名と推定されるが、いずれも奴婢を保有せず、先にふれた孔王部佐留の戸に代表されるように、傍系親族で構成する若干の房戸の複合体という構造をもっている。郷戸自体は編戸によって戸籍上作為されたものであるから、そのまま世帯共同体の実体とはいいがたいとしても、奴婢をふくまないこと自体は事実であろう。おそらく全国的な状況としては、首長層を中心に有力な戸にある程度の奴婢が集積されていたとしても、一般の戸における奴婢保有はなお低い水準にとどまっていたと考えざるをえない。八世紀初頭の戸籍を素材として推計された当時の人口約五〇〇万前後のうち、奴婢の数は五％から一五％の間というのが、諸説の示す推計値である。律令体制は、こうした現実に対応して、一面では奴婢身分を設定することによって、中央・地方の支配階級の要求に応えながら、他面なお農業共同体成員としての性格を残存せしめている「百姓」をその社会基盤にすえ、これを維持しようとした。それは土地所有の面で、口分田制を通じて農民の私的所有要求に一定の譲歩を示しつつ、基本的には土地国有制を維持しようとした点にまさしく照応するものといえるのである。そうした意味で、「百姓」は国家的土地所有制と苛酷な労働力収奪のもとにおかれているとはいえ、一面からすれば「自由民」としての性格を根底に保持しつづけているといえる。

また八世紀から九世紀にかけての住居址からは、竪穴毎に鉄製農具が出土するケースが多く、すでに労働手段の面からは世帯共同体の中から小経営が分立する可能性すら形成されつつあったことも知られる。もちろん小経営の自立的展開は、労働手段の面からだけでは規定できず、開発作業の有無や耕地の安定度および農業技術の進歩に支えられた農業生産の一般的安定、苛酷な労働力収奪の緩和などをはじめとする技術的・社会的条件が確保されなければならないが、家父長的世帯共同体の農業共同体からの自立にからみあう形で、家族的小経営の萌芽もふくらみつつあったことは見のがすべきでなく、それが同時に奴婢・家人を生みだす条件でもあったのである。その意味で、個別経営の自立化の動きと奴隷制的階級分解の進行とは、排他的な関係ではなく、むしろ並行的な現象であることを確認する必要があるだろう。

〔参考文献〕

彌永貞三『奈良時代の貴族と農民』至文堂、一九五六年。

同　「律令制的土地所有」(岩波講座『日本歴史3』一九六二年版)。

虎尾俊哉『班田収授法の研究』吉川弘文館、一九六一年。

安良城盛昭「律令体制の本質とその解体」(『歴史における理論と実証』第I部、御茶の水書房、一九六九年)。

菊地康明『日本古代土地所有の研究』東京大学出版会、一九六九年。

吉田　孝「公地公民について」(坂本太郎博士古稀記念会編『続日本古代史論集』吉川弘文館、一九七二年)。

同　「律令制と村落」(岩波講座『日本歴史3』一九七五年版)。

原秀三郎「律令国家の権力基盤」(『大系日本国家史1』東京大学出版会、一九七五年)。

吉村武彦「律令国家と土地所有」(前掲『大系日本国家史１』)。

3　律令財政の構造と社会分業編成

律令財政の構造

律令国家は中央集権的官僚制を維持するための財政構造とそれを支える経済体制を積極的に組織しようとした。律令国家の財政は、二官八省の機構をもつ中央政府の財政と、地方＝国衙財政との複合構造をもって成立していたわけであるが、このうち中央財政は、主として都に運上される調・庸および調副物(中男作物)などによってまかなわれた。中央官人の数はおよそ一万ほどと推定され、かれらに給付される位禄・季禄や諸官衙の経常費用はすべてこれから支出された。仕丁・衛士《えじ》さらには雇役によって都に集められた人々に給付される食料・労賃も庸から支払われる規定であった。調および庸の一部は大蔵省に納入されて右の禄物にあてられたほか、中央官衙に直属する官営工房で加工され、高級織物等に仕上げられる原料にもあてられた。庸のうち食料・労賃にあてられる部分は、主として米・塩などで民部省に納入された。

この調・庸のほか、諸国の正倉に納められた田租＝正税の一部も精白されて年料舂米《しょうまい》として宮内省大炊《おおい》寮に運上され、月料(常食)・要劇料・番上粮などとして下級官人に支給された。また正税は国衙の公出挙によって増殖され、中央政府の要求する調庸物の不足を補うための経費にあてたり、その他中央の要求する諸物資の買入れ原資とされた。国衙が行うこの物資買入れ行為を交易《きょうやく》といい、それによって貢上される物資は交易雑物と呼ばれた。七三四(天平六)年の尾張の正税による交易雑物は、馬蓑二〇領・田蓑一〇〇領・荏《え》四石・胡麻子四石・稗《ひえ》五石・堇《み》子《の》二石・糯米二〇石・白貝内鮨一石五斗・苧《からむし》《お》七〇斤・鹿皮四〇張・募夫料雑鮨五〇石・匏《ひさご》一四口などであった。この場合、正税支出総額の中に占めるこの交易雑物の比重は数パーセントにすぎないと推定されるが、その品物は多種にわたっている。またこのほかにも現物による収取物としては、とくに海岸地帯から、天皇供御《くご》料とされる贄《にえ》があった。近年都城址から発見されている多数の木簡によると、七世紀末から八世紀にかけて、贄としての海・水産物が地方の国衙・郡郷から広範に貢上されていたことがはっきりとした。これらも漸次調に統合され、養老令では贄の名称も消滅しているが、この種の物資の徴収はつづけられていたらしい。

中央財政の財源としては、このほかに公田(乗田)地子および官田穫稲があった。公田の賃租に基づく地子は、実際には国衙にとめおかれて、必要に応じて京進されたが、法の規定としては太政官の費用にあてるべきものとされていた。また官田は、大和・摂津に各三〇町、河内・山城に各二〇町、計一〇〇町が設置され、宮内省所管の下に、百姓の雑徭によって経営して、穫稲は供御にあてる規定であった。

律令中央財政は、以上のようにその自給的・現物経済的性格が顕著である。中央官衙直属の官営工房生産については後述するが、それと併せて、政府の必要とする物資の大半は、諸国から貢上される現物と中央で直接生産される物資とによってまかなわれているのである。しかも地方からの貢上諸物資を納入すべき官衙があらかじめ使途に応じて指定されていたことも、品物の多様性とともに貨幣使用や商品購入を前提としない現物自給経済的財政構造の顕著な徴表といえるであろう。

一方、地方＝国衙財政の主要な財源は正税であり、その源泉は田租および正税出挙の利稲であった。前者は籾、後者は穎で国衙の正倉に収められ、動用穀・不動穀など、目的に応じて区分し、運用された。『延喜式』(主税)によると正税の費目は二七におよび、その中には元日朝拝国郡司食料以下国衙の直接経費に属するもの、駅馬飼秣料など管内公共経費的性格のもの、および上述の年料交易雑物価料など中央への貢上品原資などがふくまれている。ここでも中央と同様、現物自給経済的性格が濃厚である。

しかし、国衙財政の上でさらに重要な地位をもったのは雑徭である。諸国はこれを管内の池堤・道路・橋等の公共施設の新設にかかわるものから、国郡衙の庁屋・正倉等の建設など各種の土木建築のための労働力に充当した。おそらく大規模水田の造成のための労働力にも徭役が利用されたであろう。さらに畿内の場合は、上述のように官田の耕作労働ばかりでなく、皇親・五位以上の貴族の葬送夫役、官船の修理、牧馬の校印、各種の運搬夫役などにも雑徭があてられた。ひとくちにいって、かつて農業共同体やその連合体の首長層が主導してきた生産的・社会的諸機能の多くの部分が、国家的に再編され、雑徭として、このような形で駆使されているのである。従来、雑徭は地方の国・郡司が独自に駆使するものと解されていたが、近時明らかにされたところでは、このように雑徭の中には中央政府の要求に基づく力役も少なからずふくまれており、その点からも、地方財政と中央財政の連繫＝複合的構造がうかがわれるのである。

官営工房と品部・雑戸

律令財政の性格をよく示すもう一つの事実は官営工房の存在である。調・庸系統の物資は、本来、百姓が生産したり採集するものであるから、高度の専門技術を必要とする手工業品は、それによっては充たされない。そこで中央の諸寮司は、それぞれ独自に官営工房を設置して、必要とする高級手工業品を自ら生産する態勢をとった。すなわち、中務省に属する図書寮・縫殿寮・内薬司・画工司、兵部省に属する造兵司・主船司、大蔵省に属する典鋳司・漆部司・縫部司・織部司、宮内省に属する木工寮・典薬寮・造酒司・鍛冶司・土工司・筥陶司・内染司などである。これら官営工房の在り方は分野によっておのずから異なり、またそれに隷属する技術者も、品部・雑戸や番上制の伴部などその存在形態は多様であった。養老令においては、伴部は二〇種余り、品部は三六類二三八七戸、雑戸は一一類八三四戸に及んでおり、そのほか一般の公民を臨時的に編成した借品部《かりのしなべ》もあった。

しかし、官営工房の生産形態は、官が作業場・道具・原料など一切の生産手段を用意し、生産者は、直属型にせよ番上型にせよ、そこで作業する労働力として編成される点では共通していた。その点でこれは生産手段と結合した小経営型とは異なり、むしろ奴隷制的性格の濃い生産形態であって、そこにおける生産物は一切国家の手に帰属し、官司や官人に配分・消費されるしくみとなっていた。

こうした形態をとる官営工房の生産は中央政府の必要物資の供給に大きな役割を果していたが、それでもなおこれだけによって必要とする手工業生産物や生産条件が確保されえたわけではない。その点でも諸国国衙の役割が重要であった。七三四(天平六)年の「出雲国計会帳」によれば、この国では、その前年には「匠丁帳」二巻が作成され、管内手工業技術保有者の把握が進められている。またこの「匠丁帳」に登録された技術保有者から選び出して、一定の人数を中央に送ることも行われているし、国衙が造弩技術の教習に力を入れていたことも知られる。さらに国衙が、中央と同じく細工所といわれた独自の国衙工房をもって直接生産を行っていたことは、すでに令制の中でも「凡国郡、皆五行器を造る」と規定されていたことから明らかである。奈良時代の須恵器窯跡である美濃須衛古窯址群からは「美濃国」の刻印をもつ須恵器が発見されているが、これは美濃国衙工房の存在を物語るものである。また八二二(弘仁一三)年の官符からは、造国料紙丁・造筆丁・造函并札丁・造年料器丁・調綾師并生及造筬等丁など国の工匠の存在や、器作・造紙丁など郡の工匠の存在も知ることができる。これらがただちに国・郡衙の工房に直属する手工業者であるか否かは検討の余地があるが、国衙・郡衙の管理下にこれら手工業生産が行われていたことは明らかである。

このようなわけで律令体制下では、中央・地方の支配機構はそのまま社会的分業の国家的編成という役割を演じていた。もとよりその場合でも、すべての手工業生産がみな直接に国家的編成を受けていたなどとはいえない。「出雲国計会帳」は民間に散在する手工業技術の保有者を国衙が付帳して掌握につとめていたことを示しているが、それらは一般の民衆生活にとっても不可欠の製鉄・鍛冶・土器造・大工などの場合であり、高級手工業品の生産は、主として中央・地方の国家機関が直接その生産にあたったのである。それはいわば、土地国有に見合う手工業技術者の国家的管掌ともいうべきものであって、ここに古代専制国家体制の経済的基礎の重要な一側面があった。

私的手工業生産の性格と流通構造

一方、民衆生活にとって欠かすことのできない非自給的物資の確保はどうか。一般的需要のもっとも大きい塩は、伊勢・尾張・備前・備中・備後・安芸・筑前などでは調・庸として貢上し、若狭・播磨・周防・紀伊・淡路・讃岐・伊予・肥前・薩摩などでは調として貢上しているところからみて、塩生産の一定地域への集中傾向が推定されるから、これらの地域では、おそらく民衆の要求にも対応する生産を行っていただろう。

この頃は、「藻塩焼く」と表現される煎熬《せんごう》製塩が行われていた。これには「浜」と「塩山」が欠かせないが、「浜」は共同体ないしその首長による支配のもとにおかれ、燃料材給源たる「塩山」も個々民衆の私的所有の対象ではない。そうした事情からして、塩生産の主体はおのずから共同体首長という性格をもつ豪族層に限定されてくるのである。七世紀末から八世紀初頭とみられる岡津《おこず》製塩遺跡(小浜市)は、九基の製塩炉と広い焼土面を随伴しており、その規模の大きさから見て首長層に率いられた共同体ぐるみの生産方式であった。また一〇世紀初頭、筑前国志麻郡司が観世音寺から鉄製塩釜を借用して製塩を行った事実が知られるが、これは時代が下ってもなお鉄釜の所有はごく限られたものであったこと、製塩の主体が郡司級の豪族層中心であったことを示している。

鉄の生産も、八世紀以降のタタラ遺構が各地に発見されることからすれば、その進展が顕著であったようである。しかし、製鉄に欠かせないのは大量の燃料と高温を出す技術である。送風技術が悪いと炉内の温度は不均等で、規格にあった鉄を効率よく生産することはむつかしい。また大量の燃料炭の獲得のためには、相当に広い薪炭林に対する支配力が必要である。タタラ生産はそのため一カ所に定住したまま長期にわたって操業をつづけることがむつかしく、個別小経営では生産不可能であった。これもまた山野支配や農民労働の編成を行いうる共同体首長クラスの豪族層が中心にならないと、安定的な生産を維持することはむつかしかったのである。

さらに、この時代に普及した須恵器の生産にもほぼ相似た事情があった。硬質の須恵器を得るためには、窯内で一〇〇〇度を超える高熱によって焼成する必要があったから、技術面からも専業化の方向が不可避であったうえ、一般的な需要が大きいので、生産の集中が早くから進行した。

これらの諸事実は、民衆の経済生活が、基本的には自給的なものでありながらも、一定の範囲で共同体間的分業＝交換を欠かすことができなかったこと、また、部分的には手工業品の生産に生活の重点をおく技術者集団や共同体が生れでていたことを物語っている。そこには国家権力の強制のもとで地方から中央に向けて、求心的な形で動く物資の流れとは異なる分業と流通が存在したわけである。国・郡司が交易によって調庸物を入手しえたのも、おそらくこのような共同体的生産を掌握する豪族層からである。

しかしながら、八世紀の状況を全体としてみればこのような手工業生産＝分業に基づく交換が、定期的に開催される市を媒介として広く恒常的に行われるところまではまだ到達していなかったようである。平城京では東西の官市が開かれており、官人や寺社関係者はここで禄物・施入品などの一部を売却し、各種物資を購入した。市では絁・羅・糸・布・綿・櫛・針・筆・

墨・薬・太刀・弓・箭・米・麦・塩・醤・索餅・海藻・菓子・干魚・生魚・金属・染料・油・木・牛・馬など、衣料・日用品・武器・食料以下各種が売られていた。また交換手段としての貨幣も、七〇八(和銅一)年の和同開珎をはじめとして皇朝十二銭が相次いで鋳造された。京畿内ではそれらが徭銭・調銭などとして国家への貢納や、逆に国家からの支払いに用いられ、国家もその流通を奨励した。したがって、交換や貨幣流通の面でも京畿内は他地域とは異なる様相を示していたのであるが、「市」が文献史料上に姿を現わすのは、軽市・海石榴《つばき》市・三輪など大和の若干の市と河内の餌香《えか》市以下摂津・伊勢・近江・美濃・播磨・備後・紀伊・駿河・越後に各一つ程度にすぎず、八世紀段階においては、なお一般的交換の場としての市が定期的に開かれていた徴象は乏しい。

律令経済は、要約すれば、以上見てきたように、共同体間的分業＝交換を欠かせない契機としてもちつつも、基本的には、(イ)社会基盤における農工未分離の自給経済の支配、(ロ)それをふまえて国家が推進した社会分業編成、物資流通の求心的構造、(ハ)地方市場の未成熟、などの条件によって規定されていたといえるであろう。

〔参考文献〕

青木和夫「律令財政」(岩波講座『日本歴史3』一九六二年版)。
吉田　孝「律令時代の交易」(彌永貞三編『日本経済史大系1　古代』東京大学出版会、一九六五年)。

早川庄八「律令財政の構造とその変容」(前掲『日本経済史大系1　古代』)。
狩野　久「律令財政の機構」(岩波講座『日本歴史3』一九七五年版)。
長山泰孝『律令負担体系の研究』塙書房、一九七六年。
浅香年木『日本古代手工業史の研究』法政大学出版局、一九七八年。

4　初期荘園の出現

階級分化の進行

律令国家の「百姓」身分の中に、すでに一定の奴隷制的階級分化が進行しつつあったことは先にふれたが、この関係は国家が苛酷な収奪体系をおしつけることによってさらに加速された。「百姓」＝家父長的世帯共同体の中で、逃亡する家族員が続発し、また家族ぐるみの逃亡も増加した。八世紀前葉の山城国・越前国などの「計帳」には、逃亡と記された家族員が広範に認められる。国家ははじめ、逃亡者を発見次第本貫地に送還し、また逃亡者分の調・庸も残留家族に賦課するという強い方針をとっていたが、「浮浪」が増大するにつれて土断法を採用し、送還先の不明のものは、その地で戸籍に編付せざるをえなくなった。

逃亡・浮浪の増加とならんで田地の荒廃も進行した。七四〇(天平一二)年の「遠江国浜名郡輸租帳」によれば、一〇八六町余の輸租田のうち、二二七町が荒廃田となっていた。当時口分田の不足が深刻だった背景には、このような荒廃田の増大という事情があるのである。政府は七二二(養老六)年、まだ支配も及ばず、開発もおくれていた東北地方で墾田一〇〇万町歩を開くという計画を立て、翌七二三年には、三世一身法を発し、新たに池溝をつくって田地を開発した場合、三代にわたって用益権を認めることとした。そのねらいは、農民に対して私的土地所有を認めるところにあったのではなく、墾田=輸租地の増加によって財政基盤を強化しようとするものであったと解せられる。

こうして、農業共同体の解体が速度を早め、弱小経営の破綻が顕著となる一方、「百姓」上層の有力経営は、零落した人々を奴婢・家人として取り込み、ますます経営規模をひろげるとともに、農牛馬・稲穀・貨幣を蓄積して周辺農民に貸付け、債務関係を通じてこれを隷属させた。また私出挙や調・庸の代納によって年間一〇割にも及ぶ利子をとりたて、急速に富を蓄積したが、かれらは農業共同体の首長層よりもより下層の広範な存在であり、理論的には、階級成立の二つの道のうち、首長層が階級支配者に転化する道ではなく、共同体成員間の分解から階級支配者が成長する道を体現したものである。

それらは、八世紀から九世紀にかけて、しばしば「殷富富豪之輩」「豊富之百姓」「力田之輩」などと呼ばれているが、その性格は単純に奴隷主と規定するだけではすまない特徴をもっていた。たしかにかれらは、奴婢・家人を集積して大規模な経営を行っている点で、奴隷主といってよい側面をもつが、国家的土地所有制に規定されて、没落農民の土地を兼併し、私的大土地所有者に成長することは困難であった。かれらのもっとも顕著な特徴は、私出挙・調庸代納などの営利行為を行っていることからうかがわれるように、国家の収取体系に寄生しつつ高利貸的な富を蓄積するところにあった。すなわち、かれらは自由な私的土地所有者として成長したのではなく、アジア的古代専制国家体制に規定された存在なのであり、そこにかれらが、債権・債務関係を通じて周辺農民を私的に隷属させても、容易に地主あるいは領主化しえない根拠もあったのである。

墾田永世私財法

こうして急速に成長の歩みを早めてきた「殷富富豪之輩」にとっても、さらにそれ以下の農民にとっても、土地に対する私的権利を強化することが切実な要求であった。三世一身法は、それに一歩道を開いたといえるが、三代で収公されるという制限のあるかぎり、収公の接近とともに放棄され荒廃を招くという事態は克服されなかったであろう。

七四三(天平一五)年の墾田永世私財法は、そのような矛盾を解決しえなくなった国家が、土地国有制を原則的にはなお留保しつつ、半面で、貴族・豪族・百姓の間に高まってきた私的土地所有への要求に大きく譲歩を示したものである。この法令が「墾田は、養老七年の格(三世一身法)に依りて、限満るの後、例に依って収授す、是に由って農夫怠倦して、開地復《ま》た荒る」と述べていることは、まさしくこの間の事情を物語るものである。

とはいえ、実際には墾田永世私財法は、貴族から一般百姓層に至るまでの諸階層に対して、私的土地所有への道を平均的に開くものではなかった。許可された墾田の限度は一位五〇〇町、二位四〇〇町、三位三〇〇町以下漸減して、六位―八位五〇町、初位―庶人一〇町、郡大領・少領三〇町、郡主政・主帳一〇町というように、厳しく身分階層に応ずる制限があり、上位者に圧倒的に有利である。しかも開発のための条件を考慮すると、上位者や郡司層は、労働力の徴募編成、開発に必要な農具類の確保と技術的知識、開発期間に必要な食糧の確保などいずれの面においても断然有利であり、一般百姓の場合は、低湿地や自然の湧水を利用する狭小な谷地田などを主要な開発対象とするほかなかったのに対し、かれらは池溝の開鑿をふくむ大がかりな工事によって、まとまった良田を開くことができた。したがって、この法が発せられると、貴族や地方の有力者は、争って国に申請して未墾地を囲い込み、「勢力之家、百姓を駆役し、貧窮の百姓自存するに暇なし」といわれるような状況を生みだした。元来国家のめざすところは、百姓の逃亡による荒廃田地の復興と、墾田による口分田の不足分の補塡であり、それによって百姓の経営を安定させようとするものであったが、結果は逆に百姓を苦しめ、階級分化をますますうながすこととなった。

こうした条件のもとで、貴族と地方豪族および「殷富富豪之輩」などが結び合ってつくりだしたものが、いわゆる初期荘園であった。その性格は、東大寺が八世紀中葉北陸地方において次々に獲得した荘園の例にもっともよく知ることができる。

初期荘園

東大寺領の越前国桑原荘は、大仏開眼のすぐあとの時点で、国家が東大寺の維持のための財源を保証する目的から施入した諸荘園のうちの一つであるが、その発端は中央政府機関たる造東大寺司が七五四(天平勝宝六)年、大伴宿祢麻呂から「野地」九六町余を価銭一八〇貫で買入れたことにある。大伴宿祢麻呂は都と越前の双方にかかわりをもった人物で、このときすでに右の野地のうち三二町を開発していた。造東大寺司はこの墾田を足場として、自らも開発を推進するため、翌年には現地に庄(倉庫兼事務所)とよぶ開発拠点を設け、そこに鍬・手鍬・鎌・鈖・鍬・鋤などの農具をはじめとする労働手段・生活要具を備え、造東大寺司史生でのちに越前国足羽郡司になった生江臣東人という現地の豪族を庄長に任じ、これに一切を委ねる形をとった。東人は既墾部分の「売田」=地子収取の管理に当るとともに、公民・浮浪人の労働力を組織して、幅一丈二尺、深さ五尺の本溝以下の用水路を新たに開鑿し、開田を進めた。

こうして造東大寺司が現地豪族と結んで開発した墾田を東大寺に施入するという経過で東大寺領桑原荘は成立するのであるが、そこに初期荘園の諸特徴が鮮明に示されている。第一に、八世紀後半から九世紀にかけて出現した初期荘園は、律令制と根本的に対立するものではなく、成立そのものが国家とそれに登用された地方豪族の結合によって推進されていること、第二に、初期荘園は既墾地・未墾地をふくむが、原則的には荘地のみで専属の荘民は存在せず、荘田地は一部を佃として直営するほかは主として周辺の公民への「売田」＝賃租によって経営され、「地子」が荘園主の主要な収入源となっており、したがって裏からいえばこの荘田は輸租地であったこと、さらに第三に、これら初期荘園は、九九八（長徳四）年の「東大寺領諸国荘家田地目録」が「右件の郡々の田は荒廃数多にして、熟田いくばくならず」と述べているように、九世紀末頃までにはあらかた衰退してしまっていること、などの諸点である。

初期荘園の早い衰退の理由としては、その開発地が概して低湿地のため洪水などによって水路が破壊されやすく、また安定的な耕作者を確保するのがむつかしかったこと、さらには開発を主導した在地豪族と中央政府・荘園主との対立などが考えられなければならない。しかし、このような初期荘園に代表される貴族・豪族・「殷富富豪之輩」の結託による墾田の盛行は、全体として、律令体制下の農村に大きな影響をもたらし、その動揺を深めるものであった。七五一（天平勝宝三）年の太政官符は、すでに「豊富之百姓」が銭や米を「貧乏之民」に貸付け、高利をむさぼるために、「貧乏之民」は宅地を質入れし、ついには逃亡する事態が続出していることを指摘しているが、他方では「豊富之百姓」が「浮浪および逃亡の仕丁を容れ隠し、私に以て駆使」する事態が進行していたのである。かれらは零細な百姓治田（農民的墾田）をも取り込み、「諸院諸宮王臣家」と結んで有望な野地を囲い込んでいったから、これによって一般農民は「民要地」と呼ばれた薪炭給源地までを奪われ、急速にその再生産条件を破壊された。七八〇（宝亀一一）年の太政官符は、百姓の中に本貫地を離れた浮浪・逃亡の人々が「王臣家の荘」に潜入していることを指摘しているが、国家の苛酷な賦課と私出挙、囲い込みなどによって、公民としての存立基盤を奪い去られた百姓は、結局大規模墾田＝初期荘園の中に流入し、これに隷属する道をえらぶようになっていったのである。

延喜の荘園整理令

初期荘園の増加と並行して、支配階級に与えられていた位田・職田・功田・神田・寺田などの私有地化も進んだ。九世紀に入ると、国家財政は窮乏し、それを切り抜けるために国家も勅旨田の設定に乗りだし、大宰府管内では八二三（弘仁一四）年良田一万町歩をえらんで公営田とし、徭丁に耕作させて増収をはかる試みも行われた。さらに八七九（元慶三）年には、畿内で官田四〇〇〇町歩を新たに設定した。これは本来の収取体系では確保しえなくなった位禄・季禄の原資を獲得するためのものであったが、やがてそれも諸寮司要劇田などに転化されていった。

九世紀を通じ、国家は院宮王臣社寺の未墾地囲い込みの禁令をくりかえして発し、班田収授の励行をめざした。しかし、班田の実施は次第に困難となり、六年一班の原則はくずれ、八〇一（延暦二〇）年には畿内の班田が一二年一班に改められた。班田制の動揺は農民が規制の厳しい国有地の耕作を放棄して墾田に向ったり、意識的に口分田を荒廃させて、その再開発という名目で私的権利の増進をはかったことも大きな原因であった。そうしたことから、九世紀の中葉、三河国では「是の国もと水土の宜あり、頗る官田を開く、当今は国家衰え民少なく、荒廃殊に多し」と報告するような事態となり、このころから「不堪佃田」が国々で急増しはじめた。

そうした状況の中で、政権を握った藤原時平は、九〇二(延喜二)年、ふつう延喜の荘園整理令と呼ばれる一連の改革令を発した。その要点は、(1)勅旨開田ならびに諸院宮および五位以上の者が、百姓の田地・舎宅を買取り、閑地・荒田を占請することを禁ずる、(2)諸院宮王臣家が民の私宅を仮りて荘家と号し、稲穀等を貯積することを禁ずる、(3)諸院宮王臣家が山川藪沢を占固することを禁ずる、という三点であり、要するに勅旨開田をふくめ九世紀を通じて盛んに行われた貴族などの土地囲い込み・荘園設立を、今後は一切禁制しようとするものであった。そして同時に班田の励行、優良な調庸物の収取をはかることが強調されているように、時平の企図するところは、基本的には律令体制の維持にほかならなかった。

しかしこの「改革」も、律令体制の動揺に対する危機意識の現われではあっても、実際に律令制経済を再建するほどの効果をもったわけではない。班田はこの時期に局地的に行われたのが史料上確認できる最後である。偽籍と逃亡という百姓層の抵抗を通じて戸籍の作成が不可能となっていたのだから、班田は施行のための基礎条件を失っていたといわなければならない。

九世紀に広く推進された官田・勅旨田・公営田などの設定と、農民の徭役ないし雇役による直接経営の強化は、そのような危機的事態に直面していた国家の支配層の新しい試みであったが、これも成長してきた「殷富富豪之輩」や農民の抵抗に遭遇して経営困難に陥っていた。そのような現実の中で、律令体制の確保と再建を正面から追求しようとすることはもはや不可能であり、時平の「改革」令はむしろ律令体制の本格的危機と転換の画期を示すものにほかならなかった。

〔参考文献〕

岸　俊男『日本古代政治史研究』塙書房、一九六六年。

戸田芳実「平安初期の国衙と富豪層」(『日本領主制成立史の研究』岩波書店、一九六七年)。

米田雄介『郡司の研究』法政大学出版局、一九七六年。

原秀三郎『日本古代国家史研究』(前掲)。

5　研究史上の問題点

五―六世紀に成立した日本最初の階級社会に継起し、八世紀において本格的な展開をとげた律令制社会の社会構成史上の位置・性格はいかに規定すべきであろうか。すでに見てきたところからも明らかなように、ここにおいても、奴隷制生産様式が全般的に展開したわけではなく、また社会基盤における農業共同体的諸関係が決定的に解体しきったわけでもない。その意味で、社会構成体の基本的性格は前代から本質的に変化したとはいえず、律令制社会もまたアジア的生産様式をふまえた総体的奴隷制社会の一段階と規定すべきであろう。このことは、本来、農業共同体成員としての性格を保持する個別経営＝家父長的世帯共同体を、「編戸」を通じて画一的に「百姓」（「良」民に属する基本的被支配身分）として位置づけている律令国家の身分編成の方式にもっともよく現われている。すなわちここでは、田部の制に見られたような農業共同体を単位とする支配方式を否定して、個別経営＝「百姓」を直接掌握・支配する法形式をとっている点で五—六世紀とは明らかに変化しているが、実体的には農業共同体首長ないしその連合の首長層を郡司・郷司等に編成し、それを媒介として律令制支配の実現を期している点で、農業共同体を究極的には否定してはいないのである。

律令制のもとでは、このような「良」民＝「百姓」に対して、官・私の奴婢および家人を中核とする「賤」民身分が設定された。この点は、部民制の段階とは明白に異なるところである。そして、官のみならず、私人の奴婢・家人所有も法的に認め、その主人に奴婢分の口分田を班給する点で、国家は奴隷の存在を体制的に承認しているといわなければならない。しかし同時に、国家が「百姓」をもっぱら支配の対象としてのみ身分的に位置づけ、国家権力の構成主体（支配階級としての奴隷主）としては位置づけなかったことも明らかであって、その意味で律令国家は「古代専制国家」としての性格を明示しているのである。奴婢所有は「百姓」にも否定はされていないが、農業共同体首長層が階級支配者になる道を優越的に展開させてきた日本古代社会の現実の中では、主として支配階級諸層の直接的な権力構成要素として位置づけられ機能しているのである。「百姓」が共同体成員というかぎりで「自由民」的系譜をもちながら、もっぱら被支配者＝被収奪者として位置づけられ、自由な土地所有者としての性格をもちえないために、奴隷所有も権力的な意味を発揮できないのである。「百姓」と「奴婢」との身分的位置づけを、法制度とともに実体的な側面においてこのように位置づければ、律令制社会の社会構成史的性格は、個別経営の自立化傾向とその奴隷制的階級分解が一定の進行をとげている点も考慮して、吉田晶・門脇禎二らのいうごとく「総体的奴隷制社会の最終段階」と規定することができるであろう。

しかし論者の中には、早川二郎のように比較的古くから律令制社会を「アジア的封建制(農奴制)社会」と規定するものもある。それは「百姓」がすでに本源的な農業共同体関係から自立した小農民であり、同時に国家に対する隷属農民である点を主要な論拠とした所説である。封建社会の基本農民は、西欧型の場合は、封建領主に私的に隷属する農奴＝小農民であるが、ここでは「百姓」がいわば国家の農奴と見られているのである。この説は律令制社会を日本型の奴隷制社会とする渡部義通らの所論に対する批判として提起されたものであって、たしかに一面ではその弱点を衝いている。しかし律令制下の「百姓」の実体が封建的「小農民」と規定しうる水準に到達していたと断定することにはあまりに問題が多い。とくに「百姓」はすでに見てきたように、多くの面においてなお農業共同体的社会関係を止揚しえていないこと、また「百姓」の階級分解が世帯共同体に見られる個別経営の規模を縮小しつつも、なお広く家父長的奴隷制を随伴する性質をもっていたこと、の二つの点から、これを封建的小農民と規定することは理論上困難というべきであろう。

またこの点と密接に絡む問題は、「百姓」の階級分解の方向である。八世紀初頭の山城・美濃・筑前・下総などの戸籍・計帳を通じて知られる奴婢・寄口の分布形態には、一般に旧首長層および有力個別経営の家父長層に集中する傾向が認められるが、地域的には明らかに山城のような先進地帯に濃密で、美濃・筑前がこれにつづき、下総の場合は、まったく出現していない。この点からすれば、農業共同体における階級分解は、家父長的奴隷制を生み出す方向を示しているといわなければならない。しかしそのような家父長的奴隷制が、長期にわたる律令制解体過程を通じて、基本的な生産様式と規定しうるほどに本格的な展開をとげたのか、その際、自立的小農民経営の展開の道はまったく閉ざされていたのかどうか、という問題がある。この点は、日本においては、奴隷制社会がなぜ本格的な展開をとげなかったのかという問題の一面でもあり、日本における古代から中世への移行の特質という点からも重要である。それは具体的には荘園制社会の社会構成史的性格とも関連する。

〔参考文献〕

前掲の安良城盛昭・石母田正・塩沢君夫・吉田晶・門脇禎二・原秀三郎らの諸研究の他、
渡部義通『古代社会の構造』伊藤書店、一九四八年。
早川二郎『日本古代史の研究』白楊社、一九四七年。
石母田正『中世的世界の形成』伊藤書店、一九四六年(現在、東京大学出版会より刊行)。

第三章　荘園公領制社会の経済構造

1　視　点

律令体制の下では、「百姓」＝家父長的世帯共同体に対する国家の総体的奴隷制支配と、郡・郷司層＝旧首長層や、国家権力に寄生しつつ高利貸活動を通じて農業共同体の分解の中から成長した「殷富富豪之輩」などの収奪によって、「百姓」層の農業経営の不安定さは増幅され、八世紀中葉以降、社会的矛盾は深刻となっていた。

しかしそれにもかかわらず、律令体制の変容・解体の過程は、きわめて緩慢であった。一〇世紀初頭を画期とする戸籍制度の事実上の壊滅は、いやおうなしに班田制や調・庸・徭役のような人頭別の収取体系の転換を迫った。その意味で、一〇世紀初頭は律令体制の転換が明らかになった画期である。だが、律令制につづく荘園公領制が体制的に成立するのは一一世紀後半以降一二世紀を通じてのことであり、その意味で一〇世紀から一一世紀前半の摂関政治期は過渡的性格の強い時期である。

そのような移行の緩慢性はいかなる理由に基づくものであろうか。政治史的にはいったん確立された古代専制国家体制の果す役割、国際的に孤立的な状況のもとでの外的インパクトの微弱、新しい社会の担い手＝変革主体形成の緩慢さ、などが考慮されなければならないであろうが、ここではそれらの点を、第一には、私的所有と小経営の展開の困難さの問題を機軸として追究することとする。

ついで第二には、そうしたゆるやかな歩みをたどって成立してくる荘園公領制の構造を取り上げる。荘園公領制は、一一世紀後半からの院政期に本格的に成立し、一二世紀末の鎌倉幕府の御家人制と守護地頭制とによって一定の変化をこうむることになるが、鎌倉時代の社会経済の構造的枠組みが荘園公領制によって規定されていることには変化がない。その意味で、ここでは平安後期から鎌倉時代にかけての一二―一三世紀を荘園公領制社会の本来的段階としてとらえることとして、その経済構造を解明することが課題である。

政治的な側面から見れば、荘園公領制のもとでは、律令国家の支配階級であった公家貴族とその分身である大社寺とが相変らず中央権力を掌握し、大荘園領主として富の大半を中央に集中する体制を整えている。そのため、研究史上では、荘園制も本質的には古代的なものとする見解が有力であった。しかし研究が進むにつれて、いかに荘園領主がほとんどすべて中央の貴族・大社寺に限られており、系譜的に律令国家の中央支配層に連なっていようとも、またそれに照応して富の中央集中の傾向がいかに強かろうとも、社会経済基盤における律令制からの転換の内容が明らかに認められるかぎり、これを「古代的」と固定的にとらえてしまうことは適当でない、という意見が強くなった。

だが、それにもかかわらず荘園公領制を「中世的」と規定することだけでも意味がないであろう。「中世」を西欧型の封建制を基準としてとらえるかぎり、その不可欠の指標である「領主制」や「農奴制」は、荘園公領制のもとでは古典的な姿をとっては現われてこない。しかも日本の中世社会においては、中国の場合のように一貫して集権的官僚制が存続し、「領主制」が本格的に展開しなかったかといえばそうでもなく、中世後期、とくに戦国時代にはむしろきわめて「西欧」型に近似した封建的領域支配体制が展開しているのである。そうした点までを視界に入れつつ荘園公領制の性格を具体的かつ理論的に明らかにすることが必要であり、それが本章の課題である。

なお、南北朝内乱期から応仁の乱に至る荘園公領制の解体期は、一面からすれば荘園公領制の最終段階であるが、この時代の基本構造はもはや荘園公領制の枠組みからだけではとらえられず、むしろ領域支配体制の形成・展開の視角から追究した方がはるかによく問題を総括できるので、その時期は次章で取り扱うこととする。

〔参考文献〕
石母田正『中世的世界の形成』(前掲)。
同　『古代末期政治史序説』上・下(のち合本)、未来社、一九五六年。
網野善彦『中世荘園の様相』塙書房、一九六六年。
河音能平『中世封建制成立史論』東京大学出版会、一九七一年。
黒田俊雄『体系・日本歴史2　荘園制社会』日本評論社、一九六七年。
永原慶二『日本の中世社会』岩波書店、一九六八年。
同　『荘園』評論社、一九七八年。
石井　進「中世社会論」(岩波講座『日本歴史8』一九七五年版)。

2　律令制経済の変容

負名田堵制

一〇世紀に入り、班田制が廃絶するとともに、班給されていた口分田は、そのまま百姓の固定的な私有地に転化し、それが荘園制下の名田の起源となった、と見る理解は、研究史上永らく有力な地位を占めてきた。けれども近年の研究は、班田制の停止がただちに国家的土地所有制の崩壊と同義ではなく、一〇―一一世紀段階の国家の田地支配は負名田堵制と呼ぶべき方式を指向していたことを明らかにした。

負名田堵制は、原理的にいえば律令制下の賃租田の運用方式に類似したものである。このころは、かつての口分田・乗田が一括して「公田」と呼ばれるようになっていたが、一一世紀中葉の伊賀国では、百姓が春に申請して公田を耕作し、秋に「官物」を納める形が行われていた。また一〇一二(寛弘九＝長和元)年の和泉の国符が、「普ねく大小の田堵に仰せて古作の外荒田を発作せしむべきこと」と述べているところから見て、この場合は荒廃公田についてではあるが、「田堵」が申請して請作したことがうかがわれる。そして「公田請作」の「田堵」はしばしば「負名輩」などともいわれ、請負った「名」はただちにかれらの私的所有地であったわけではなく、有期的な請負対象地にほかならなかった。

このような負名田堵制による公田運用の方式が実際にどの程度貫徹していたのかは確定しにくい。原則的には毎年の請文によってこの関係が維持されるとしても、請作関係が年毎にどれほど更改され、別人に割り当てられるような関係が行われたのか、またこの制度の地域偏差はどうであったのか、などの点は十分に明らかにされていない。しかし一〇世紀以降、戸籍による人間の把握が不可能となった段階で、国家が「検田」によって公田の把握に力を注ぎ、新たに検田帳を作成するようになるのは明らかな事実である。「戸籍」による人間把握と人頭別賦課が不可能になったかぎり、国家が検田権を強化し、公田面積を単位とする田率賦課に移行してゆくのは不可避的であった。そして、これとともに「散田」と呼ぶ春の請作人の入れ替えが田地管理者の重要な仕事とされるようになったことも、この時期の特徴的な現象である。

ところで、このように公田を負名として請作する田堵は、「百姓」一般というよりは、律令制解体過程で広く登場し、「殷富富豪之輩」「豊富之百姓」と呼ばれた有力農民であり、この時期では「堪百姓」ともいわれる階層であった。一一世紀初め頃に成立した『新猿楽記』には、出羽権介田中豊益という大名田堵の理想像を、「数町の戸主」で、毎年の農作のための農具・作付計画・用水・五月男女・虫追い・収穫などをすべて巧みにとりしきり、検田・地子・官物などのつとめを怠らず、と描きだしている。また『宇津保物語』は紀伊国牟婁《むろ》の長者神奈備《かんなび》種松のくらしを田二〇町許り、多数の作男女を擁し、炭焼・醸造・鋳物師・鍛冶・織物所・染殿・擣《うち》物所なども家の内部で確保するという形で描いているが、これも大名田堵の一面を示唆するものである。国家としては、農業共同体の解体が進行した局面では、もはや旧首長層の官僚制的編成によってだけでは、個別経営を掌握・支配することができないため、共同体の分解の中から登場した有力農民で、安定した経営能力と官物納入能力を備えた人々に、公田を請負わすことが、もっとも確実で現実的な方法であったのである。

こうして負名となった田堵層は、自己の治田部分をもふくめおそらく傍系親族や若干の奴隷的下人を擁し、大きな直接経営を行ったであろう。しかし負名とされた公田はかれらの単一の経営の対象とは限らない。負名田堵は官物雑事を納入しさえすれば、負名をどのような形で経営しようとも国家の問うところではない。下人以外の周辺の農民を「雇作」することもしばしば行われており、田中豊益の「五月男女を労《つか》うの上手」というのもそうした関係の存在を示唆している。班給という形にもせよ田地の配分が保証されていた場合とちがって、負名田堵制は弱小農民にとっては公田の直接的請作から疎外されることを意味しており、結局かれらは田堵の負名の耕作を部分的に下請けしたり、食料や若干の労賃を受けて「雇作」関係に入るほかはなかったであろう。ここで有力田堵と弱小農民との間には、何らかの隷属的関係が生ずる可能性が高いが、それはただちに固定的な奴隷制もしくは農奴制と規定しうるような身分的隷属関係とはいえず、むしろ流動的なものであり、負名田堵の経営は、そうした労働力をも取り込む家父長的大経営であったと考えられる。

「私領」と「職」の出現

田堵負名制とならんで、一〇世紀の土地制度史上注目される特徴的な現象は、「私領」と「職《しき》」の出現である。「私領」はまた「私領田」ともいい、一〇世紀後半頃から史料上に姿を現わしてくるが、その成立の契機は、開発および荒廃公田の再開発などにあった。この「私領」の持主＝「私領主」(また「領主」ともいった)は、国家に対して排他的な土地所有権を確立していたわけではなく、一定の官物を支払う義務を負いつつ、半面、加地子《かじし》・雑事を収取する権利を国家から法的に認められた存在である。その意味で、ここでも国家的土地所有の原則はまだ全面的には崩壊していないのである。律令制段階と異なり、調・庸系統の「雑事」も田地に賦課されるようになると、その田率収取分を国と私人とがどのように配分しあうのかが問題となり、そこにこの種の「私領」が律令制下の墾田とは異なる意味をもって出現したのである。

したがって、この種の「私領」の「領主」は、かならずしも特定の社会階層に限られるものではない。中央貴族官人や社寺も「領主」でありえたし、「百姓」身分のまま「私領」の「領主」たることも広くありえた。上流貴族はすでに「官物」の負担からも解放された不輸の荘園を実現しつつあったが、そういう特権をもちえない中下流貴族の中には、しばしば「在京領主」という形で、都に居住しながら京都周辺にこの種の「私領」をもつことも広く行われたのである。しかし、全体としてみれば、「私領」の獲得にもっとも積極的でひろくそれを推進しえたのが、郡司・郷司や「殷富富豪之輩」などの地方の有力層であったことは明白であり、そこに「私領主」がのちの在地領主に連なってゆく道筋があった。

ところで、こうした「私領」に並行して見られるのが「職」の出現であった。それは「郡司職」「郷司職」などのような形をとって一〇世紀以降ひろく展開する。その場合の「職」はたんなる官職の意味ではなく、一面ではなお官制体系に従って補任の手続がとられておりながら、半面では世襲の財産権的性格をもつに至っており、官職の私領化もしくは公権の私権化というべき性質をもっているのである。もともと律令制下の郡司・郷司層は、旧共同体首長層が官僚制的編成替えを受けたものであるから、制度的外被の根底には、首長層的権能が伏流していたといえるが、律令制の解体とともに、その私権的な側面が新たな展開を示しはじめたのである。郡司・郷司層はかつてはその地位に従って認められた墾田の開発者であったが、この段階では大規模な「私領」をもつようになるとともに、その官職上の支配領域に対して私的支配力を及ぼすようになったのである。

このような形で「私領」と「職」を併せもつ郡司・郷司などの階層は直接国家の公権の一端に連なるものであったから、開発の許可の取りつけやその実施にもきわめて有利な立場にあった。播磨国の大掾《たいじょう》兼赤穂郡司であった秦為辰は一一世紀の後半、郡内人民の労働力延べ五〇〇〇人を動員して久富保の井溝を修復し、五〇余町を開発、これを国衙から「私領」として承認された。また一一世紀前半に見られる安芸の藤原守満は、三田郷を拠点として周辺の弱小農民の園宅地や小規模な治田を買得・集積するとともに、荒廃地を囲い込み、さらに高田郡司(大領)となって郡司「職」を獲得した典型的な開発領主であった。一〇―一一世紀は、この種の開発領主が各地に広く台頭してくる時期である。

収取体系と財政構造の転換

このような律令体制下の国家的土地所有制の転換と並行して、収取体系と財政構造の転換も進行した。すでに見てきたように、一〇世紀以降公田の面積に応ずる田率賦課方式が一般化するが、それにともない、「官物」と呼ぶ米を主軸とする現物年貢は、律令制期の租に比べてはるかに高額であり、一一世紀中頃までには段別ほぼ三斗程度まで引き上げられてゆく。それとならんで、かつての調庸・雑徭系統のものは「臨時雑役」と呼ばれ、各種農産物やその加工品と夫役がこれにふくまれた。だいたいの傾向としては、労役が縮小され、米を中心とする現物収取の比重が高められており、そこには徭役に対してとりわけ厳しく闘ってきた農民闘争の成果が反映されている。

このような収取体系の転換とともに、国家財政の形も大きく変化した。中央集権的な財政運用形態は解体し、国家は国毎に国司に対して一定納入額を請負わせる半面、国司の国内支配に大幅な裁量権を付与するようになった。その裁量権の中核は検田権であり、これによって国司は任期中に検田を実施し、新たな開発地を公田に取り込んだり、立荘にともなう不輸租地の確定や収公の実施などを独自に行った。またそればかりでなく、田率賦課の租率を上下させることすら国司の権限に帰着した。したがってこの段階の国司は、中央政府に対しては徴税請負人的性格をもち、国内では独自の権限による収奪を強化することになった。一〇世紀の後半から一一世紀の前半にかけて、尾張国郡司百姓等の国司弾劾事件をはじめ、少なからざる国々で国司の不法を中央政府に訴える上訴闘争がくりひろげられるが、それらはみなこうした国司の権限拡大に対抗する動きであった。

この間、中央貴族・大社寺の側にも国司に対抗する動きが進んだ。当時中央貴族・大社寺の私的大土地所有は、官省符(太政官符・民部省符)によって立荘し、不輸を確認されるものも徐々に増加し、さらに官省符を得ないまま不輸を主張するものも少なくなかったため、国司は検田権を梃子としてその収公をはかった。そのため、両者の間の対立が激しくなり、貴族・大社寺は特権的立場を利用して、律令制の規定に基づいて与えられた位田・職田・社寺田などの荘園化をすすめたばかりでなく、本来国衙が収取して受封者に付与する封戸をも荘園化した。一〇九七(承徳元)年、東大寺は所定の一〇〇〇余石の封物の給付を近江国に要求し、国側がそれを調達できないと、この封物を国内の「名」に割賦する形をとったが、さらにこれをきっかけとして、公領の特定の「名」を「便補所」として所領化していった。同様に、国家が「正税物」を大社寺に給付する制度も特定の田地に固定する形に変り、大社寺の「免田」が生みだされた。

このように、貴族・大社寺が、律令制的な中央財政依存から、独自の荘園・免田等の確保へとその経済基盤を置き換えてゆく中で、中央官司までが諸寮司要劇田と呼ぶ独自の所領を創出していった。それは元来律令官人に劇務に対する手当として給付されていた要劇料に起源するものであり、九世紀以降は官田収入から給付されていたが、その財源の官田を分割して諸寮司付属の所領としてしまったのである。

このような中央集権的財政構造の崩壊を、一つの結果として明確に示すのは、表1に見られる一〇七〇(延久二)年の大和興福寺領の構成である。これは後三条天皇の延久整理令の際に調査された、大和国内の同寺領の全貌であるが、藤原氏氏寺としての興福寺が摂関政治期を通じ

表1　1070年の興福寺領大和国内荘園の存在形態

- 大和国内興福寺領荘園（151荘＝2357町9段余）
  - 不輸免田（503町7段余）
    - 本願施入田畠（97町7段余）
    - 国議不輸免田畠（406町）
  - 雑役免田（1854町1段余）
    - 神社仏寺諸司要劇田畠（593町6段余）
    - 公田畠（1260町5段余）

〔備考〕　延久2年「興福寺大和国雑役免坪付帳」（興福寺・天理図書館文書）による．

て獲得した荘園群は一五一荘二三五七町余に達している。もとよりこれは摂関家の氏寺領であり、同時にその所在地の膝下地域であるから、特別に厖大な集積例であるといわなければならないが、すでにこの時点では、初期荘園とは全く異なる比重と意義とをもって荘園が増加し、中央集権的財政構造からの転換が進行しているのである。

ただ、それにもかかわらず、ここで注意すべきことは、右のうち完全な不輸免田となっているのは五〇三町にとどまり、残りの一八五四町余は雑役免田であることである。「雑役免」とは、国が官物を収取し、興福寺が「雑役」を収取する関係を意味し、荘園とはいえ、興福寺の排他的領有対象ではない。このことは、この興福寺の取り分にあたる雑役分を大和の国衙が自ら収取したうえで興福寺に引き渡すという本来の関係がくずれ、雑役分を土地に賦課する形で、興福寺がその土地を「免田」とし、所領化しはじめているわけである。しかし、ここでは土

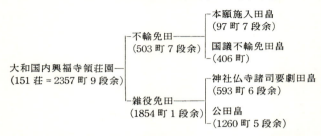

地は国衙と興福寺に両属し、興福寺側からすればなお過渡的なものであり、それゆえ一二世紀に入るとその多くが一円的な不輸不入荘に転化させられてゆくのである。その意味で、一〇―一一世紀段階は律令制から荘園制への移行過程にあったのである。

〔参考文献〕

村井康彦『古代国家解体過程の研究』岩波書店、一九六五年。
戸田芳実『日本領主制成立史の研究』岩波書店、一九六七年。
坂本賞三『日本王朝国家体制論』東京大学出版会、一九七二年。
阿部　猛『律令国家解体過程の研究』新生社、一九六六年。

3　荘園公領制の成立

「寄進」と公領分割

墾田や未墾地囲い込み、位田・職田・社寺田、封戸・正税物の荘園化など、多様なコースをとり、また不輸権をも獲得しつつ進行した荘園制形成の動きは、一一世紀に入ると次第にその歩みを早めだす。それに対抗して中央政府は九八四(永観二)年、一〇四〇(長久一)年、一〇四五(寛徳二)年、一〇五五(天喜三)年、一〇六五(治暦一)年、一〇六九(延久一)年と、相次いで荘園整理令を発し、その増勢を抑えようとした。しかしそれによって、新立荘園が一時的に収公されても、また荘園化されるというケースが多く、荘園整理はほとんど掛け声だけに終るのが実情であった。

そればかりか、一一世紀後半から一二世紀にかけて、公領分割による立荘が全国的に推進され、ここに荘園公領制は本格的な確立段階に到達する。「私領」の「寄進」とは、従来の理解では、土地私有権を確立した開発領主が、国司の収公や周辺からの侵攻を免かれるために、権門を本所と仰ぎ名目的な少額年貢を支払うことによって成立するものと説明されてきた。しかしそれは正しくない。すでに見たように、「私領」といえども排他的な私有地ではなく、私領主は加地子・雑役を収取し、その土地を売買・譲与する権利を国から認められているが、「官物」納入の義務は免かれていない。したがって「私領」が立荘されると、「官物」収取権は国から本所に移り、同時に国司の掌握していた検田権も本所の手に引きつがれることになる。この場合、荘園領主の得分は「名目的」なものにとどまるものでないことは明らかである。

しかもこの種の「寄進」を梃子にして立荘される場合、荘域にくり込まれる範囲は、開発領主の「私領」部分だけでなく、開発領主が多くの場合に保持している郡司・郷司職など「職」の対象となっている公領そのものをふくむのが普通であった。備後国大田荘は、同国世羅郡の桑原郷・大田郷という公領の二郷を主体とするものであるが、それは一一六六(永万二)年、右二郷の郷司橘氏がその開発私領を平重衡に寄進し、重衡がさらに後白河院を本家に仰ぐという筋道で成立した。その際、寄進主であり下司となった橘氏は、この地域に「私領」の「雑免地」

表2　1198年備後国大田荘桑原方下司橘氏(寄進主)の収取権・内容

1. 郷全体の田畠に対する加地子的収取		
a. 加　徴　米	田地段別	3升(古くは1升か)
b. 納 所 得 分	年貢1石につき3升	
c. 惣田所得分	田地段別	5合
d. 在 畠 加 徴		
e. 上　分　米	名別	5-2升
f. 上　分　麦	名別	
2. 郷全体に対する在家役的収取		
a. 在　家　苧	家別	1目
b. 節　　　料	人別	六丈布1端或いは四丈布
c. 京 上 舳 向	人別	
d. 百　姓　桑		3分の1
e. 百 姓 菜 料		
3. 給田・給名・免家等		
a. 下司本給田		3町
b. 給名(雑免)		基本30町，追加20町
c. 荒　　　野		10町
d. 免　　　桑		50本
e. 堀内漆榴取		
f. 下 司 免 家		4-5ないし10宇程度
4. 下級荘官進止権		
a. 公　　　文		得分人別給田2町，文料段別2升
b. 庄惣追捕使		
c. 村 々 神 主		

〔備考〕 建久9年「大田荘桑原方前地頭橘兼隆注進状案」(『高野山文書』8,『又続宝簡集』1945号)による.

だけでも五〇町歩を保持していたが、立荘された荘域はそれだけでなく、公領たる二郷の全体で約六〇〇町余にも及んだ。橘氏は、この両郷の公領に対して表2のようなさまざまの私的収取権をもっていることからも明らかなように、現地支配層としての力を及ぼしていたのであるが、半面、立荘された郷全体が厳密な意味でかれの「私領」であったわけではない。大田荘は、その後平氏が滅亡すると、後白河院の手から高野山に寄進され高野山領大田荘となるが、その際改めて確定された年貢は、荘官の給田・給名などを除く基本的な荘田については段当三斗四升程度であった。これは本来公領の「官物」として国衙に収納されていたものにほかならない。

こう見ると、一二世紀の荘園制の本格的展開は、「私領」の「寄進」にとどまらず、公領の分割による立荘という過程をとって進行したといわなければならない。それゆえ、極端な場合には、陸奥国菊多郡がそのまま菊多荘に転化し「郡荘」と呼ばれたように、山野未墾地をふくむ公領、しかも郡・郷などをそのまま一単位として荘園化されることも少なくなかったのである。

公領の再編と知行国制

公領分割による荘園の増加と並行して、公領自体の再編も進んだ。従来、国―郡―郷という機構系列によって支配されてきた公領においても、一一世紀から一二世紀にかけて、保・条・別名などという新たな呼称をもつ公領の単位が成立するとともに、郷もかつてのものとは異なる名称・範囲に再編されていった。それら呼称の相違はそれぞれの成立事情を反映するものであるが、大きく見れば、いずれも在地豪族の勢力圏をふまえて分割再編された領域といってよく、在地豪族はそこでは、保司・郷司・別名名主などとなって、それぞれの「職」を掌握した。一二六五(文永二)年に成立した「若狭国惣田数帳」によると、この国の公領は、青郷以下六七の単位に分割されており、その呼称は郷・保・名(別名)・浦・出作・加納・寺・社・宮などと多様であったが、それぞれが独立の徴税単位となっていた。これら公領の「職」をもつ地方豪族は、「国務」と呼ばれた国守の支配諸権能の一定部分を事実上分割掌握することによって在地領主的性格を強めていた。

このような公領の再編と変質に対応し、中央政府の公領支配方式も大きく変化した。一二世紀に入ると公領の収益を国単位に貴族の間で私的に分配する知行国制度が推進された。その発端は院宮分国制にあったが、一二世紀を通じて貴族・社寺のあいだにも知行国制は広まり、それが固定し世襲化されるケースもふえていった。そうした場合、知行国主の立場は、荘園における中央領主の立場に類似しており、郡司・郷司・別名名主などの立場は荘官＝下司のそれに相応する。荘園と公領の比率は、荘園が発達しきったと見られる一三世紀初頭の頃でも七対三ないし五対五程度と推定されており、公領の比重と意義とは無視すべからざるものがあるので、近年は両者を併せて荘園公領(国衙領)制と呼ぶようになっている。

荘園公領の所有形態と職の秩序　荘園公領制の全国的成立は、中央貴族の私的大土地所有制の本格的展開を意味した。一二世紀に入ると、摂関家のみならず皇室も荘園と知行国を積極的に集積するようになった。しかしこの私的大土地所有は、地域的にも権利上でも一円的な領有形態をとるものではなかった。一二五三(建長五)年の近衛家領荘園の所有形態は表3の通りであり、その荘園は少なくとも一五四荘を数えるが、陸奥から薩摩に至る日本全国に分散しているとともに、その権利形態は、(2)のように「荘務」権を近衛家が保持しないものが五一荘もあり、また(6)のように元来は「荘務」権をもちながら「請所」として在地領主に「荘務」権を委託してしまったものもある。近衛家が「荘務」権をもたないということの意味は、別の(下位の)貴族が領家職をもって「荘務」権を行使し、近衛家は本家職だけを保持しているということである。すなわち荘園領主権は、中央貴族の中においても本家―領家という重層構成をとっているのであり、荘務権をもたない本家職だけの所有も摂関家や皇室の場合は少なくないのである。

さらに、現地においては荘官となった「寄進」主が、「下司職」を保持するのがもっとも一般的な形であった。この点は公領における知行国主―国司(目代)―公領の郡司・郷司・保司・別名名主等の関係においてもほぼ類似したものがある。荘園・公領のいずれにおいても中央領主諸階層と在地領主層との間で重層的な権利関係を構成していたといえるのであるが、それらの間に主従制や軍役関係が成立していたわけではなく、重層的な「職」の知行は依然として官職補任的形式をとっており、上位者が主君として領主権を主従関係に基づいて知行制的に分与するものとは性格を異にしていたのである。

表3　1253年の近衛家の所領所有形態

領主権の区分	荘園数	所在国別荘園数
(1)　家中課役一向不勤仕之所	14	摂3, 城・濃2, 泉・伯・播・伊賀・芸・勢・讃1
(2)　荘務無本所進退所	51	城・濃10, 摂5, 大和・勢・江4, 参・紀・播・越後2, 讃・備前・下野・薩・丹後・雲1
(3)　寄進神社仏寺所々	5	城2, 摂・大和・豊前1
(4)　年貢寄神社仏寺所々	4	摂・大和・播・丹波1
(5)　荘務本所進退所々	60	摂・江8, 城7, 信4, 勢・濃・越前・丹波・豊前3, 河・泉・伊賀・尾・播・雲・備前2, 但・作・隠・筑後1
(6)　請　所	20	摂・尾・甲・相・江・紀・信・奥2, 勢・長・羽・越前1
(7)　大番国々	3ヵ国	摂・泉・江
(8)　散　所	5	山科, 淀, 宮方, 山城, 草刈
(9)　主　殿	1	摂
(1)〜(6)の合計	154	上位5ヵ国＝山城21, 摂津20, 美濃15, 近江14, 伊勢9 上位5ヵ国計＝79ヵ所

〔備考〕　建長5年「近衛家所領目録」(「近衛家文書」)による.

荘園公領制的土地所有は、以上のような形で分散的かつ重層的な構成をとり、その権利は、本家職・領家職・下司職など、「職」をもって表現された。そこでは一人の貴族が、多数の本家職や領家職を分散的にもち、また一人の在地豪族も単一の下司職ばかりでなく複数のそれをもつ可能性がある。鎌倉幕府が成立すると、在地領主層の御家人制編成によって新恩の所職宛行が進み、在地領主の知行する所職の分散性は格段に強まる。そのような場合、散在所職の所有者は現地支配のために代官を現地に派遣するが、その権利と収取関係を確保してゆくことは容易でない。そこに「職」という形の領主的諸権利が、それぞれ独自の強制機構に依拠するよりも、国家体制として保証される方向を追求する根拠があった。

すなわち、たとえば「職」に対する侵害が生じた場合には、朝廷あるいは幕府における裁判および国衙・守護機構を通じての判決の執行という国家権力による侵害の排除である。このことは、所有の性格という視角から見れば、荘園公領制的土地所有は、私的土地所有でありながら、その権利の確保については国家体制への依存性が強いということである。ここに荘園公領制的土地所有が、のちの大名領国的土地所有と明確に区別される側面があるのである。

〔参考文献〕
永原慶二『日本封建制成立過程の研究』岩波書店、一九六一年。
網野善彦「荘園公領制の形成と構造」(竹内理三編『体系日本史叢書6　土地制度史1』山川出版社、

一九七三年)。

4 荘園公領制の経済構造

律令体制の解体過程において、負名田堵に編成されていた有力農民は、荘園公領制下においては名主百姓として新たな身分的位置づけを与えられた。名主百姓は研究史上永らくその名前を冠した名田の所有者と見なされ、その規模が比較的大きいことや名主の家族構成が単婚家族でなく、しばしば下人などを保有していることから、その階級的性格は家父長的奴隷主と見るべきものとされてきた。

百姓名と農民層の構成

しかし今日では、名田は所有や経営を直接的に表わしているものではなく、負名田堵制下の名《みょう》と同様に年貢・夫役などの徴税単位であり、したがって名主は名田の年貢・夫役の徴収責任者にほかならないと解されている。このことは、別の面からいえば、一個の名田はかならずしも単一の名主の所有地ではなく、一名田の現実の保有=用益者はその名主以外にも存続しうるということを含意する。畿内の荘園においてしばしば百姓名が均等規模に編成されたいわゆる均等名は、徴税上の便宜から編成された最末端の支配単位にほかならず、その名田にまとめられた耕地は名主を中心とする複数の農民の保有地(作手)の集合体であった。

だが、この場合でも、名主とその他の作手保有農民との間に、なんらかの身分的従属関係や収取関係があったか否かはかならずしも明らかでない。とくにその点は農民の耕地保有権の進展度とかかわって、大きな地域偏差があった。九州や東国では在地豪族が加地子や雑役の収取権をもつ半領主的性格の「別名名主」となり、農民は「在家」(在家役収取の単位)として位置づけられることが多かった。この場合には「在家」農民は名の耕地を分割保有しているのであるが、耕地に対する権利は弱く、名主は名内の在家農民の保有耕地をかれらから切り離して譲与・売買することが可能であった。

また名主百姓による名田編成がとられた場合でも、中間地帯では、名田に対する名主の立場は、年貢・夫役の徴収責任者というにとどまらず、畿内型荘園に比べると、所有権者的色彩が濃かった。そうした場合、百姓名の耕地は一つの谷地田に概して一括的に存在し、名主が谷頭の湧水源をおさえうる場所に屋敷を構え、その他の小百姓を身分的に従属させ、名主を中心とする一個の小共同体的結合を形成していることが少なくない。このような場合、「名」とは制度上は年貢・夫役の徴収単位であり、名主はその徴収責任者にほかならないとしても、名主の名田耕地全体に対する権利上の性格を、開発や耕地の維持と緊密にかかわる所有・経営の次元からまったく切り離してしまうことも、実体的には妥当でないといわなければならない。

以上の点を考慮すると、荘園公領制下の農民層は、上層には耕地の保有規模も大きく、一

表4　1256年若狭国太良荘の農民層の土地保有形態

		均等田・佃	名主宛一色田	一色田	同註(重層関係)	計
		反　歩	反　歩	反　歩		反　歩
1	時沢	22. 0	6.240	1.180	うち1反散仕田 180歩真利へ下す	29.240
2	勧心	22. 0	6. 70			28. 70
3	真利	22. 0	5.220		時沢下　180	28. 40
4	宗清	22. 0	150			22.150
5	末武	22. 70			うち1反網丁給	22. 70
6	時安	11. 0	3. 50			14. 50
7	安追	10. 0		3.170		13.170
8	宗安	11. 0	1.310			12.310
9	重永			22.190	うち他へ下す 14.100	8. 90
10	惣追			3. 20	重永下　2.180	5.200
11	新次郎			320	重永下　3. 30	3.350
12	福万			3.290		3.290
13	長俊士			1. 0	重永下　2.220	3.220
14	平四郎			2. 50	重永下　1. 60	3.110
15	押領使			2.240		2.240
16	権介				重永下　2. 90	2. 90
17	西仏			1.290	重永下　20	1.310
18	上野房			1.150		1.150
19	貞国				重永下　1.120	1.120
20	豊前			1.120		1.120
21	海追			1. 0		1. 0
22	次郎検校			1. 0		1. 0
23	源太				重永下　1. 0	1. 0
24	石見房			180		180
25	藤王郎			180		180
26	時宗			180		180
27	四郎槏杖			120	重永下　30	150
28	高太郎			140		140
29	三郎検校			120		120
30	金剛丸			120		120
31	中太			120		120
32	弥介				重永下　70	70
33	菅太郎			50		50
34	又四郎			40		40
35	弥源太			20		20
計		142. 70	23.320	51. 50 (帳面記載)		217.80

〔備考〕 黒田俊雄『日本中世封建制論』183頁より補註を除いて引用.

族・下人などを擁して複合家族的労働力をもつ家父長的大経営で名主身分をもつものが存在し、他方には、名田の一部や名田に編成されず荘園領主の直属地となっている一色田あるいは荘官＝在地土豪の雑免地などを請作する経営基盤の不安定な弱小の小経営で、「小百姓」「一色田百姓」「免家之下人」などと呼ばれる階層が存在したということができる（表4参照）。この両者は本・分家関係をもって一種の族縁共同体をなす場合もあろうし、族縁関係はなくともオヤカタ－名子的関係を形成している場合もある。また弱小経営とはいえ相対的には自立性を確保している場合も少なくない。しかし全体として見れば荘園公領制下では、一方に小経営が展開しつつあるとはいえ、村落における基幹的安定経営は名主級有力農民の家父長的大経営であり、小経営はそれとの補完・従属関係において一応の自営性を確保しているのが一般だった。耕地条件が不安定な上、開発がまだ不可欠で日常的意味をもつこの時期では、有力経営が家父長的大経営形態をとるのは必至である。ここでは名主級の有力農民の政治的・社会的結合としての地縁的結びつきは存在したが、小百姓層をも自立的成員とする封建的村落共同体は名主の家父長的支配に埋没して未展開であった。

在地領主の存在形態

荘園・公領には、畿内の直接管理型の荘園を除いて、多くの場合、在地領主も居住していた。かれらは「職」の保持者であり、百姓身分とは区別される現地の支配階級であった。かれらは、荘園・公領内に屋敷を構え、その周辺に完全な免租地である給田をもつのが普通であるが、屋敷・給田は両者併せてもたいてい数町歩程度にすぎず、これらは直営地的性格をもっていた。それに対して農民をその内部にふくみこみ、土地・人間に対して強力な支配力を及ぼしているのは「給名」と呼ばれた部分であり、これは相当に広大な面積に及んでいた。給名は荘園領主側が年貢収取権だけを留保し、雑役は在地領主に収取を認めているのである。この関係のもとで在地領主の雑役収取の対象となった給名内農民は「免家之下人」などと呼ばれ、在地領主への隷属性が濃厚であった。

さらに在地領主層は、「職」の保有に基づいて、荘園・公領の基本耕地全域に対しても一定の加地子(または加徴)を収取する権利をもち、土地台帳に登録された耕地以外の山野未墾地の管理権や、荘民に対する年貢徴収・検断権なども保持していた。そしてこの諸権能を十分に発揮しうる体制を構築するために、荘内の村々に自分の一族を分散居住させ、未墾地の開発を推進し、また山野・水利の管理などを通して農民に対する支配力を強めていった。要するにこのような在地領主は、一面では(1)屋敷地(門田畠)・給田を下人を中核とする大規模な労働力によって経営する営農者であり、他面では(2)給名＝雑免地の農民に対する農奴主的存在であり、さらに(3)荘域全体にわたる領主支配者的性格を徐々に形成しつつあったのであるが、一二世紀段階では、なお(1)の側面が大きな比重をもっていた。かれらが農民を徴発・駆使する場合に、農民の経営に対する配慮が乏しく、農繁期にも強引な夫役徴収を強行し、また用水を自己の経営地に有利に付け替えたり、農民の良田を取り上げ、代りに悪田を与えるなど、一般に自己経営中心的な動きの多かったことがそれを示している。

しかし注意すべきことに、荘園領主や国衙の土地台帳に正式に登録され、年貢・公事等の賦課の対象となっている耕地は、実際に存在した耕地のすべてではなかった。文字通りの隠田も少なくないが、農民と在地領主と中央領主との三者の間の政治的妥協として土地台帳に登録される「公田」(荘園であれ公領であれ公式に登録された耕地を、この段階では「公田」と呼んだ)は、実体に比べ大幅に狭いのが普通である。直接管理が行われる畿内型の荘園では、中央領主の土地支配は概して徹底しているが、東国や九州のような遠隔地では、「公田」よりも非公田の面積がはるかに広い場合が稀でない。そのような場合には、在地領主は、中央領主との関係で正式に承認された給田・給名以外の非公田に事実上の支配力を浸透させている可能性が大きく、この非公田部分が、かれらの排他的領有権の対象とされて、領主的成長の拠点となっていった。日本の中世社会においては、本来中央の荘園領主の政治的・経済的地位が在地領主に比べて優位であったにもかかわらず、中世を通じて在地領主が次第に優位に立ち、あるいは在地にとどめられる剰余生産物が急速に拡大してゆく背景には、広大な非公田の伏在という問題があった。在地領主が、中央領主側の検注を極力忌避し、開発地を新規の「公田」にくり込むことを拒否した事例が少なくないのは、この問題の大きさを示唆するものであり、在地領主の領主的実力は「公田」にあらわれた制度上の諸権限を上廻るものであったことに注意する必要がある。

収取体系

荘園公領制下の収取体系は、大別すれば、中央領主の収取する年貢・雑公事・夫役および在地領主の収取する加徴・夫役などから成っていた。

中央領主の年貢は、一〇世紀以降公領(国衙領)で「国例」として形成されてきた官物・地子などを継承したもので、段当米三―五斗程度が普通であった。しかし荘園の成立事情や輸送条件等々によって実際はかなり多様であった。一二世紀末期に成立した後白河法皇の長講堂領荘園群は少なくとも九六荘をこえるが、米を年貢の基本形態とするものは三一荘にとどまり、絹・糸・綿・布などを基本形態とするものが東山・東海道を中心に三〇荘に及んでおり、その他、油・紙・榑《くれ》・薪炭など多種の現物が収納されている。長講堂領の場合、荘務権をもたない本家職のみの荘園も多いため、少額の貢上物だけの荘園もふくまれていたのであるが、東山・東海地方などの年貢が糸・布などを基本とする形は長講堂領のみならず一般に広く認められる。この点は東山・東海地方の水田生産力の問題や、律令制以来の収取体系と不可分の形で強制された地域的特産の在り方、さらには輸送条件などと緊密にかかわる問題である。

雑公事は米以外のきわめて多種多様な現物であり、直接消費物資としての性格が明瞭である。「公事」とはもともと年間に行われる行事・儀式のことであり、それに必要な諸物資が雑公事の本来の意味であった。したがってその中には薪炭・油・紙・莚などの生活用品のほか、鯛・

鮑・雉・栗・松茸など各地の特産的食料や、元三雑事・廻御菜などという形で一年間の消費計画に即して割りあてられた野菜・果物・菓子などに至るまでがふくまれている。これらは荘園領主たる権門家に納入され、それに連なる家司・下級奉仕者などにも禄物として分与された。

荘園領主の収取する夫役は、かれらが中央都市に在住した関係もあって、門兵士・月宛仕丁など領主の邸宅の警備役などが多い。年貢輸送はこの段階では河川・海上を利用することが多く、積出港からは梶取《かじとり》・問丸《といまる》と呼ぶ輸送業者に委託されるのが一般的であり、律令制下のように調・庸を都まで運搬するという苛酷な形は解消された。荘園領主の収取するこれら夫役の量は概して大きな比重を占めるものではない。

しかし荘官＝在地領主の夫役収取は、給名＝雑免地内の農民に対しては「朝夕駆使」といわれるようにほとんど無制限であったし、一般「百姓」に対しても農業夫役をはじめとする各種の夫役を少なからずかけている。地頭の夫役収取は農繁期には極力制限するのが鎌倉幕府の方針であったが、「要用に随う」といった形で、在地領主の不定量夫役が賦課されているケースも少なくない。かれらがその荘・郷などの全体に対して収取しえた加徴(加地子)が概して段当三―五升程度で、荘園領主取り分の一〇％ほどにすぎなかったことと対比すると、夫役の比重は大きかったといわなければならない。そこにこの段階における在地領主の開発地主的・農業経営者的側面が強く現われている。

農業生産力と在地経済

農産物の商品化がほとんど展開していない条件の下で、在地領主や有力農民が下人労働力や農民夫役をふくむ家父長的大経営を行っていることは、弱小経営の生産力の低さや不安定性と表裏の関係にあるものである。条件の劣悪な水田は、律令制下では「易田」とされ、一一―一二世紀頃の慣行でも「片あらし」と呼ばれたように、連年一〇〇％の作付けを行うことは用水の確保・地力の維持などの制約によって困難であった。この時期の史料に、しばしば、「田代」「見作」「永不」「年不」などの面積がそれぞれ記載され、「永不」「年不」の割合が小さくないことは、水損・旱損や労働力不足などの諸要因によって、「田代」として使用しうるはずの田地が実際には作付けできない場合の少なくないことを示している。この段階においても、長距離の用・排水路を伴う平野部水田の開発はおくれており、葦原田・牟田などと呼ばれる常時湛水型の低湿水田に比べれば、むしろ谷地田型の水田の方が上田とされていた。谷地田は稲の成育期間に一時的に水を落す中干法によって収量を高めることができたので、低湿田よりも生産力が高かったのである。しかしその場合でも、旱損・水損はさけられなかったし、低湿水田に至っては冠水・水腐れもさけられなかった。したがってそのような不安定性のゆえに農民経営がまったく破壊され、農家が家族ぐるみ流亡化することも少なくなかったのである。一二四六(寛元四)年の高野山領紀伊阿氐河《あてがわ》荘では、「ぬしなくうせはてたる名々、上に十三名、下に八名、已上廿一名也」といった様相が知られる。

このような生産力的条件に有効に対応するためには、協業効果を期待しうる相当数の労働力を自己経営内に確保してゆくことが必要である。在地領主や有力農民はみな家父長的大経営を行い、他方、不安定な小経営がそれに対する下人の給源となっていたのは、そうした事情にもよるのである。荘園制段階では律令制期のような過重な労働力収奪は漸次圧縮され、農民経営における労働集約的な方向が進展しはじめたことは事実であり、その点は段当米年貢額の増大からも確認できる。しかし、上層の安定経営と下層の不安定経営とのあいだには生産力の格差が大きかったのであり、そのような階層差を捨象して生産力の問題を一般的な形で論ずることは許されないであろう。

ところで、このような生産力的条件のもとでは、弱小農民はつねに経営破綻の危険にさらされており、在地に留保される剰余の大半は在地領主と有力農民経営の中で生みだされたものであった。したがって、それらの富を荘園市場に放出し、自給不能の物資を手に入れるのもかれらであった。生活上欠かせない塩でさえ、こうして在地領主や上層農民が入手し、弱小農民はかれらに隷属することによって間接的に配分されることが多かった。荘官＝在地領主は、地理的条件に恵まれている場合には、さらに進んで、定期市をその居館の近傍に開設させ、流通支配を強めるとともに、商人や番匠・鍛冶・鋳物師・土器造・皮造・檜物師《ひものし》などの手工業者に給免田を与えたり、営業上の利権を保証することによって、それらの人々を掌握しようとした。

とはいえ、荘園や公領は、その領内に市場や必要とする諸職人をすべてかならず確保し、一領かぎりで自足的な経済体制を整えていたわけではない。たとえば農業に不可欠の鍬の刃にしても、進んだ技術と生産力をもつ畿内職人の産品が「諸国往返之商人」や「遍歴聖」などによって各地にもたらされ、職人も巡回型のものが少なくなかった。限られた地域にしか支配力を及ぼしえない在地領主が商人や職人を完全に掌握することは不可能であった。

その点では国衙が商人や手工業者の掌握の中心であった。問丸・梶取と呼ばれる輸送業者は港津には広く登場してくるが、有力なものはやはり国衙と結びつき、年貢物の輸送に活動した。国衙にはまた「道々細工」と呼ばれた各種手工業者が「細工所」に組織され、給分田を与えられて生産に従事した。伊予の国衙に属した諸職人の給田としては、織手二五町・木工五町・国細工四町・白革造四町・紙工二町・鞍打二町・笠帳二町・土器工二町・塗師一町五段・傀儡師《くぐつし》一町・銅細工一町・轆轤師《ろくろ》一町・紺掻《こんかき》一町・経師七段などが知られる。これら給分田を与えられた諸職人は、細工所に丸抱えされていたというより、通常は国内各地に居住しながら、給免田を与えられて、国衙の要求する生産に従事したと見るべきであろう。おそらく、こうした国衙に連なる職人が、一方では国内の在地領主層の要求にも結びつき、他方では中央下りの商人とも強い連繫をもったと思われる。そうした点を併せ考えるなら、荘園公領制下の地方経済には、一般農民経済における濃厚な自給性と、国衙・在地支配層の編成・掌握下での手工業・商業の一定の展開という二つの側面が複合的に存在していたと見るべきであろう。

荘園領主経済と社会分業

中央の荘園領主経済にも一方における濃厚な自給性、他方における一定の商品経済という二つの側面が絡みあって存在した。すでに見たように、荘園の年貢・雑公事の基本部分は明らかに自家消費的な性格をもっていた。また権門貴族や大社寺は、園・牧・厩などのほか、交通要地に置いて運輸関係の労役を奉仕させる「散所」などの非農村的所領も独自に設定し、その自給性を補強している。

しかしそれにもかかわらず、年貢・雑公事として地方から貢上されてくる物資は、食料および油・紙・漆・榑などの農産加工品か原料農産物にすぎなかった。そこで中央貴族は奢侈的諸物資を入手する必要から、手工業者の集団をその家産経済体制に下属させ、これを座に編成する方向を推進した。これらはしばしば、律令国家の官営工房に結合された手工業技術者に系譜をひく職人たちである。一例を示せば、このころ出現した紙漉座はかつての図書寮付属の紙屋院に発するものであった。また一一世紀の中葉、かつては大蔵省の織部司に属していた雑色人が「私に」織機を構え、綾・羅・錦などの高級織物を生産販売し、一二世紀中頃には摂関家細工所の「殿下織手」がそれまで「他役」をつとめなかった慣習を破って「雇織」を始めた事実なども知られるが、これらは手工業者が権門に隷属しつつ、半ば独自の営業にも乗り出している様相を示すものである。東大寺の鍛冶座、醍醐寺の御油座、祇園社の綿本座などの座も一二世紀にはすでにその存在が知られ、本所の要求を充たすとともに一般的営業活動も行った。

こうして京都は政治都市であるばかりでなく次第に手工業の町ともなった。刀鍛冶・高級絹織物・陶器・金銀細工・酒などは京都の代表的な手工業品である。また祇園社に隷属した犬神人は四条河原に住まわされ、弓弦や武具製造にたずさわった被差別民であるが、これは斃死牛馬の処理のような仕事をケガレ視する貴族社会の卑賤観念を前提としつつ、かれらを支配階級の需要を充たす社会分業体制に組み込んだものであった。

さらに京都周辺の畿内地域も、京都・奈良という大消費地を支える後背地として、他地域に比べてその経済発展水準は高かった。全国諸地域から送り込まれてくる貢上物・原料物資の陸揚港として、兵庫・淀・木津・大津などが次第に都市化し、手工業者を成長させた。河内の丹《たん》南《なみ》の鋳物師は、中世を通じてもっとも高い技術と生産力を保持した集団として知られるが、これは蔵人所の供御人として燈爐作手という身分を保持し、中央政府に燈爐を貢納する代償として諸国への営業特権を認められたものである。このほか、大和の火鉢座、摂津・丹波・大和の莚座、京都南郊深草の陶器生産などもすでに一一—一二世紀を通じて発展してきており、一三世紀以降には大山崎離宮八幡宮神人の油の製造・販売も次第に発達した。

このような手工業と並行して、商業も発展した。権門・社寺などの支配階級の要求する高級商品の相当部分は、手工業者の注文生産によって供給されたが、宋・高麗などの高級織物・陶器や、陸奥の金・馬、伊勢の水銀、越後の青苧《あおそ》・麻織物のような特産品などを取り扱う内外の遠隔地取引商人も出現した。荘園公領制下の中央貴族の経済は、それらのもたらす商品を欠いては成り立たないものであり、そこに地方特産物生産や京都における原料加工の高級手工業（鋳金・箔屋・漆・らでん細工等）の発達をうながす契機もあった。

〔参考文献〕

渡辺澄夫『増訂畿内庄園の基礎構造』上・下、吉川弘文館、一九六九—七〇年。
柴田実編『庄園村落の構造』創元社、一九五五年。
河音能平『中世封建制成立史論』東京大学出版会、一九七一年。
永原慶二『日本中世社会構造の研究』岩波書店、一九七三年。
黒田俊雄『日本中世封建制論』東京大学出版会、一九七四年。
大山喬平『日本中世農村史の研究』岩波書店、一九七八年。
稲垣泰彦編『荘園の世界』東京大学出版会、一九七三年。
網野善彦『中世東寺と東寺領荘園』東京大学出版会、一九七八年。
島田次郎『日本中世村落史の研究』吉川弘文館、一九六六年。
清水三男『日本中世の村落』日本評論社、一九四二年。
脇田晴子『日本中世商業発達史の研究』御茶の水書房、一九六九年。
佐々木銀弥『中世商品流通史の研究』法政大学出版局、一九七二年。
同　『中世の商業』至文堂、一九六一年。
浅香年木「中世の技術と手工業者の組織」(岩波講座『日本歴史6』一九七五年版)。

5　鎌倉幕府と荘園公領制

荘園公領制と武士

荘園公領制下の在地領主層は、「職」の保有者であり開発領主であったが、同時にほとんどが「侍」身分のいわゆる武士でもあった。

かれらは律令制的軍制が解体する過程で、武力を蓄え、「武者の家」「兵の家」などと呼ばれるようになり、また国衙の軍事力に編成されて「国の兵」などと呼ばれるようになった。在地領主層が在庁官人として国衙の権力機構を掌握したのも、かれらが武力の持主となったからでもある。かれらは、国衙や所領関係を媒介として中央政府や権門貴族の番役奉仕のために上京し、兵衛府・衛門府の尉などの官職を与えられ、「侍」身分を獲得し、これによって、在地における政治的立場を有利にした。かれらの「寄進」行為も、こうした中央との関連によって可能となった。

こうした武士＝在地領主層を主従制に編成したのは、中流貴族の出身で、早くから武士的性格を強めつつ受領を歴任した源平二氏であった。とくに源氏は、一〇世紀末一一世紀前葉の満仲・頼光以来いちはやく摂関家に結びつき、以後歴代主として東国の受領をつとめて、国内の武士を家人とし、武士の棟梁たる地位を築いた。東国は伝統的に中央国家の統治力の浸透が弱かったから、武力をもつ源氏を受領としてこれに依存するほかはなく、それがまた源氏と東国武士との間の主従関係を進展させた。

その結果、東国の在地領主＝武士層は、荘官や郡司・郷司・保司などでありながら、荘園領主や国司・目代と主従関係を結ぶのでなく、源氏の家人となるという特殊な関係が形成された。一一八〇(治承四)年の源頼朝の挙兵が、短期間のうちに東国武士を結集しえた背景にはこうした事情があった。また荘園公領制の全国的展開が在地領主＝武士層の成長をまって初めて可能であったにもかかわらず、かれらの実力伸長と主従制の形成が、荘園公領制における上級領主権の後退をさけられないものにしたのも、この点とかかわっている。

守護地頭制と幕府の荘園政策

幕府による荘郷地頭の設置は、最初、「平家没官領」および「謀叛人(義経・行家)跡」を対象として進められたものであり、その全国化は新補地頭の設置までをふくめて初めて実現されたものである。しかし本補地頭の職権はおおむね「先下司」の権能を継承すべしという以上に明確な規定をもたなかったのに対し、新補地頭は一一町別一町の給田、段別五升の加徴米といった形の「率法」でその職権・得分が規定されていた。その点で本補地頭は新補地頭に比べ初発から荘郷支配の面で有利な立場を与えられており、とくに東国のように幕府が「沙汰権」といわれる事実上の支配権を掌握していた地域では、荘園領主や国守の権力は直接的にはほとんど及ばず、地頭が事実上荘郷支配の諸権能を独自に行使しうるほどの状態にあった。東国では荘園領主権は地頭設置とともに大きく制約されたのである。それに対して、新補地頭はその率法が限定されていたから、支配権能の拡大のために、しばしば荘園領主側と鋭く対立せざるをえず、その力の伸長には困難が伴った。地頭制についてはこのような条件差を念頭におく必要がある。

しかし、本補地頭を基準として大勢を見れば、地頭は(1)屋敷地・門田畠、給田・給名の所有、(2)全荘耕地に対する加徴権のほか、おおむね(3)年貢徴収、(4)勧農・下地進止、(5)検断などの諸権能を保持したといえる。このうち勧農・下地進止権とは、百姓の逃亡跡となった名田を割り直す、いわゆる散田を中心とする権限である。また検断権は警察・裁判権であり、武士である地頭の職権としてはこれがとくに重視され、実際、荘郷支配のもっとも直接的な強制力となっていた。新補地頭の場合、本補地頭に比べて検断権や下地進止権が明確に率法の中に確定されていなかったため、荘園領主側とそれらをめぐる対立が激しくくり返されたが、その中で本・新両地頭の区別は次第に解消されていった。

一方、守護の職権は「大犯三箇条」であって、そのかぎりでは、人民支配や経済的収益権をふくむものではなかった。しかも荘園側では、すでに不入制が広範に展開しているから、守護が荘園・公領の支配体制に与える影響は比較的に小さいと見られやすい。しかし守護は国衙に対して「文書調進之役」をつとめさせうる職権をもち、これによって国衙の基本土地台帳たる図田帳を提出させる権限を有した。この図田帳には国内の荘園・公領の耕地の登録「公田」面積が記載されており、伊勢神宮役夫工米や即位・譲位の臨時段銭の賦課などはこの「公田」を基準として行われた。その意味で図田帳の掌握は、守護の職権が大犯三箇条にとどまらず管内土地支配に向うきっかけを握ることを意味しており、一四世紀以降の守護領国制も、実際これを発起点として展開するのである。

以上のような権能をもつ地頭・守護に鎌倉幕府の御家人が補任されたことは、荘園・公領支配の体制を二元化することになった。とくに地頭は、個々の荘園・公領の事実上現地支配者の一人として大きな権能を保持しながら、身分的には本所や国守と主従関係をもたなかったから、地頭の設置によって本所や国守のこうむる打撃はきわめて大きかった。しばしば指摘されるように頼朝は「関東分国」と呼ばれた九カ国に及ぶ知行国を保持し、また諸国に散在した平家没官領を「関東御領」とし、その経済基盤を完全に荘園公領制の上に置いてはいた。しかし地頭設置によって荘園・公領における上級領主と地頭＝御家人との相論の裁判権を幕府が掌握し、従来王朝国家によって編成・維持されていた荘園公領制的秩序＝職の体系に対して大きく楔《くさび》を打ち込んだのである。

だがこのことは、幕府が地頭に対して、荘園・公領における実力的な権力拡張を認めたり、それを支持したことを意味するものではない。とくに、率法が限定された新補地頭が広く西国方面に補任されたため、かれらと荘園領主の派遣した荘官との間にはしばしば激しい対立が惹起されたが、そうした場合、幕府は一貫して「新儀非法」を裁判上の原則とし、前例をこえた地頭の領主化の動きは一切許容しないという方針をとった。その意味で鎌倉幕府は、一面では武家権力によって荘園領主権を大きく掣肘しながら、基本的には荘園公領制を承認しその上に立つ権力であったというべきである。

在地領主層の領主的成長

こうして、鎌倉時代は、官僚制機構の上に立つ中央貴族と、主従制に組織された地方武士とが、上級領主と在地領主という関係において、一面では対立しつつも基本的には相互補完的な関係で人民支配を実現していたといえるのであるが、この関係は一三世紀後半に入ると次第に両者のバランスがくずれることによって変化する。

一つの事例を示すなら、一二三八(嘉禎四)年、松尾社領丹波国雀部《ささきべ》荘では、荘園領主側の雑掌僧覚秀と地頭大宅光信とが争ったが、そこで見られる地頭側の領主権伸長の動きは、(1)地頭名の所当を年々未進、(2)地頭荘屋を百姓に宛て造らせたため百姓が逃亡、(3)段別三〇〇文の先例なき賦課を全荘に対して強行、(4)日別九人という過分の永夫を召使う、(5)新儀の京上夫を召使う、(6)先例なき房仕役を賦課、(7)下司名田を百姓に宛て作らせ、種子ばかりを下行して食料を給さない、などを内容とするものであった。ここでは、地頭光信が荘園全体から新規の段別銭や各種夫役を取り立てようとしていることが明らかであり、地頭は自己の給田・給名の範囲をこえ、全領域に対する領主的立場を強めはじめているのである。

一三世紀後半に入ってから顕著になりはじめる在地領主層の領主的自立の道筋は、さまざまありえた。右の雀部荘の地頭光信のように、実力で全領域に対する賦課を強行し、さらに下地進止・検断などについても領家側の権能を侵蝕してゆくのがもっとも一般的な形態であるが、請所・下地中分・和与など法的手続をとって、形の上では合法的にそれを推進することも少なくない。とくに東国のように元来中央国家・荘園領主の支配権の浸透の弱い地域で、しかも在地領主がそこを本領とした荘園・公領では、鎌倉初期から請所とされるものが多く、ここでは荘園領主の荘務権は早くから在地領主の手に委ねられ、上級領主はせいぜい限られた年貢得分を在地領主から送付されるだけであった。それに対して下地中分は、どちらかといえば中央領主側の支配力が強固な中央地帯や西国方面で広く行われた。中分の仕方は、一荘を二地区に分割するのが普通であるが、場合によっては耕地ブロック毎に分割することもあり、概して荘園領主側が分割した半分の地域の領主権を排他的に確保するために、自らえらんで下地中分に踏み切る場合が多かった。

こうして在地領主層が、実力的にであれ、合法的にであれ、本来の「職」の限界をこえて荘域を独自に領主的支配の対象化してゆく動きは、鎌倉末期に向けて次第に広範になってゆく。それはまさしく荘園制解体の本格的開始であった。

〔参考文献〕
上横手雅敬『日本中世政治史研究』塙書房、一九七〇年。
石井　進『日本中世国家史の研究』岩波書店、一九七〇年。
安田元久『地頭及び地頭領主制の研究』山川出版社、一九六一年。

6　研究史上の問題点

荘園公領制社会の社会構成史的性格をいかに規定するかについての見解は、大きく見て二つに分れている。第一は、この社会の基盤における基本的生産関係は名主や在地領主と下人との間に取り結ばれていると見て、これを家父長的奴隷制社会と規定する説である。この説は、松本新八郎の「名田経営」の性格規定を継承して展開された安良城盛昭の荘園制論に代表される。安良城はその際、在地領主と名主とは基本的には同一範疇に包括しうるとして、荘園制社会は荘園領主―名主―下人という基本的階級から構成され、名主は経済的には支配階級であるが、政治的には被支配階級であると規定することによって、この社会の特殊な構造をとらえようとした。

第二は、荘園制は農奴制を基本的生産関係とする封建社会にほかならないとする見解である。

この見解はその論拠をめぐってさらに二つに分れる。一つは安良城が家父長的奴隷制経営とした「名主経営」を、理論的には小経営生産様式と規定すべきであるという主張に基づく黒田俊雄の見解である。他は安良城が家父長的奴隷と規定した下人の多くの部分は家族と小規模な自己経営をもつもので、これこそ小経営生産様式の担い手たる農奴である、という戸田芳実・河音能平らの主張である。両者は農奴的小経営の実体を名主と下人のいずれに見出すか、という肝心の点でまったく異なるが、結論は共通しているのである。

大別した二説のうち、前者すなわち荘園制＝家父長的奴隷制社会説は、名主を生産様式論としてはもっぱら奴隷所有者と見なすわけであるが、これにはいくつかの難点がふくまれている。まず何より名田はかならずしも直接的に名主の私的土地所有の対象ではなく、またそのまま単一の経営を意味するものでもないことが、今日では明らかである。ところが安良城のこの論においては、名田を単一的な所有・経営体と見なしており、それを前提として論理を展開しているから（一九五〇年代の立論としてやむをえないが）、ここに最大の弱点がある。また名主をもっぱら経済的支配層としてのみとらえ、かれらが荘園領主との間に取り結ぶ支配・被支配関係を捨象しているのも難点である。経済的には支配階級、政治的には被支配階級というだけでは、社会構成論としては未完であろう。そこで結局、名主を階級支配者とする面からだけ荘園制社会を規定する結果となっている。

後者すなわち荘園制＝封建制説はこの安良城説の批判として一九六〇年代に展開されたものであるが、黒田の所論は、安良城が家父長的奴隷制経営と規定した名主級上層農民の経営を、理論的には小経営と規定すべきであるという理解に基づき、荘園領主—農民関係は封建的土地所有者—小農民の関係にほかならないとしたものであるが、これでは日本の中世社会を通じてなぜ家父長的奴隷制ウクラードが根強く存続するのかという安良城の提出したもっとも重大な問題が切り捨てられてしまう上、荘園領主—名主の関係にだけ封建的階級関係の展開軸を求めるため、中世を通じて展開をとげ、ついに大名領国制にまで至る在地領主制の問題を無視することになり、日本中世社会の把握としてはいちじるしく単純化される弱点を免かれない。

これに対し戸田・河音らは、在地領主・有力農民と「下人」の関係を封建領主—農奴関係と規定し、荘園領主—「百姓」関係も封建的生産関係の一形態であるが、「百姓」は農奴というより封建的隷属農民というべきであり、この二つの封建的領主—農民関係のうちどちらが基本的かといえば前者である、と考えた。ここでは安良城や黒田が切り捨てた在地領主制を機軸として封建的階級関係をとらえようとしていること、また荘園領主—「百姓」も生産・階級関係の一つの形態であることを積極的に位置づけた点で、具体的であると同時に理論的にも前進がある。しかし、ここでも日本中世社会における家父長的奴隷制の意義は切り捨てられてしまったところに問題が残ることは否定できないであろう。

このような論争史の大筋をかえりみても明らかなように、荘園制社会の社会構成史的規定は多くのむつかしさを伴っている。しかしその試みに当っては、少なくとも次の諸点を論理の中に組み込む必要がある。すなわち、(1)荘園制下の在地領主・名主的有力農民のもとに家父長的奴隷(個別的および家族を構成する下人)制ウクラードが広く存在すること、(2)しかし、下人をもつ名主的農民層といってもその下人は少数で家族労働に対する補充的な性質にとどまる場合が少なくなく、かつ名主は荘園制的土地所有に規定され、年貢・夫役を負担する意味において被支配者であることが否定できないこと、したがってこれを「経済的には支配階級」として処理すべきでなく、経済的にも被支配階級という側面を見おとさぬこと、(3)こうした上層農民の他に「小百姓」「一色田百姓」などと呼ばれる弱小農民も広く存在し、それらは在地領主や有力な名主的経営との間に同族的・名子的な依存—隷属関係をもつ場合が少なくなく、それら弱小経営は小経営としての自立性・安定性が乏しいこと、などである。これらの点は、いずれもこの段階においては小経営が一般的に展開しうるほどの水準に達していないことを意味している。

しかし、それにしても安良城のように荘園制社会の社会構成体的性格を一元的に家父長的奴隷制ウクラードだけから規定することには無理がある。なぜなら、まず家父長的奴隷制という場合の「家父長的」とは本来、階級関係が公然たる敵対的階級関係にまで展開していないことを意味するから、それは基本的階級関係とはいえず、したがって「家父長的奴隷制」範疇をもって社会構成を規定することは本来できないという問題がある。それは世界史上広くみられる奴隷制の主要な形態ではあるが、ギリシア・ローマ型の労働奴隷制のように社会構成体を直接規定しうる性質のウクラードではありえないのである。たしかに在地領主や有力な農民の中には家父長的奴隷をそれなりに多量に集積している(1)のような形も広く存在する。しかし、それらを包摂しつつもその経営体自体が、荘園領主との間に基本的な生産・階級関係を取り結んでいる(2)の形が農民の存在形態としては基本的なものであることは認めなければならない。

そのような(2)型の家父長的奴隷制経営とも、また農奴的小経営とも一面的には割り切りがたい名主的有力農民経営は、歴史的に見れば、律令制段階の家父長的世帯共同体が漸次分解縮小して農奴的小経営に至る過渡的過程に位置づけられる存在である。それは律令制下の家父長的世帯共同体に比べると同族の範囲も、戸口数も縮小しているが、単婚小家族とは明らかに異なる姿態を示している。そしてこれらの有力経営は、中世後期を通じて、上層部は小領主的・地主的性格を強め、大多数は同族・下人を分出させて小家族経営に移行してゆく。その意味で、この名主的有力農民経営は、律令制＝総体的奴隷制下の個別経営である家父長的世帯共同体から農奴的小経営に至る、過渡的経営体として位置づけられるものであり、同時にそれは在地領主層の直接的な農奴制支配下にはなお取り込まれていない点で、「前封建」的な性格をもち、多かれ少なかれ家父長的奴隷制ウクラードを不可避的に随伴させるのである。

荘園制下の基本農民の性格をこのようなものとしてとらえれば、荘園制社会をただちに封建社会と規定することには無理がある。荘園制下の個別経営の基幹部分がもし小経営と規定しうるものであれば、荘園制はアジア的古代専制国家＝総体的奴隷制を史的前提として広い意味でのアジア型の封建制と見ることができよう。そこでは封建的主従制は発展せず、先行した古代専制国家の支配階級が、社会基盤の変化にもかかわらず没落することなく、国家の中央支配階級としての地位を保持しながら封建的土地所有者に転化したということができるからである。しかし、現実の荘園制社会を見れば、そのような方向への傾斜がある程度認められるとしても、小経営の形成がなお萌芽的段階にあったと見なければならず、一方有力農民経営は、総体的奴隷制支配の解体によって荘園制のもとでは身分制的支配が相対的にゆるめられ、かつ荘園領主の土地所有が都市貴族のそれとして徹底性を欠くため、おのずから家父長的奴隷主的＝経済的支配者的側面を強めており、にわかに西欧型の「農奴」範疇を適用しうる存在ではないのである。してみると、荘園制社会は一個の政治・経済社会体制を形成しているが、社会構成史的な視点に立てば、総体的奴隷制から封建制への移行過程における過渡的歴史段階というほかなく、アジア型封建制への傾斜をもつ日本古代社会の最終段階と規定する方が無理がないであろう。

〔参考文献〕

前掲、石母田正・安良城盛昭・黒田俊雄・戸田芳実・河音能平および永原の諸論稿も参照。

第四章　大名領国制経済の展開

1　視　点

荘園公領制は、中央都市貴族・大社寺を主要な領主とする分散的・重層的な土地所有制であったが、鎌倉時代を通じて存続した。それは鎌倉幕府が、在地領主層をあくまで地頭や荘官、郡・郷・保司等の地位におしとどめ、独自の領域的支配者として自立する方向を抑止し、職の秩序を維持する政策をとったことと深く関係していた。

その後、鎌倉幕府が倒れ室町幕府がこれに代っても、荘園制的職の秩序を維持するという基本方針は変らなかった。しかし、鎌倉幕府の倒壊は、そもそも在地領主層の荘園領主権の侵蝕、かれらの領主的自立化の動きが決定的な要因であったから、南北朝内乱過程を通じ、その傾向はいちだんと活発になり、幕府も次第に後退を強いられた。室町幕府が守護に従来の大犯三箇条をこえる諸権限を付与して、自立しはじめた在地領主層を国毎に統御しようとしたのはそれへの対抗策であったが、結果は幕府の期待を裏切って、守護の領域支配への道を開き、守護領国制の展開を促すこととなった。守護領国制は、荘園・公領という支配単位を否定せず、守護課役の類もこれを単位として賦課していた点からすれば、荘園公領制を全面的に否定したものとはいえない。だが、守護が国衙の権能と公領を吸収し、一国平均賦課の守護段銭の収取を次第に恒常化させ、国内の在地領主層を被官化することを通じて、荘園公領制に決定的な打撃を与えたことは否定できない。

このような荘園制の解体、守護領国制形成の過程を、さらに社会の深部に着眼して見てゆけば、鎌倉末期一四世紀初頭頃から南北朝・室町期にかけて進行した経済発展が、在地に留保される富を増大させることによって農民層の分化と社会分業の拡大を促したという事実がある。本章では、荘園制から大名領国制への移行の基礎にあり、それを促していった一四―一五世紀の経済発展の諸相を明らかにすることが、まず第一の課題である。

さらに、このような社会経済的変化が進むと、荘園公領制を最終的に克服する領域権力として戦国大名領国制が出現する。それは単に軍事的な実力をもって荘園・公領を侵略したものではない。大名領国は表面的には大名の軍事的・政治的支配圏にほかならないが、荘園公領制に代ってこのような領域的支配単位が成立してくる根底には、地域的な市場圏が成立し、それらの統合のなかで領国が経済的にも有機的なまとまりをもった世界としての意味をもってくるという過程があるのである。同時に、経済圏としての大名領国は、大名の積極的な経済政策によっていっそう促進され、計画的に編成されてゆくから、大名領国制の問題は、経済発展に基づく地方的市場圏の自生的形成の問題と、大名権力による政策的編成の問題との両面から追究してゆく必要がある。

このような荘園公領制の解体と戦国大名領国制との関連のとらえ方については、見解が分れている。戦国期までをふくめて中世を一貫して荘園公領制社会ととらえ、大名領国制は戦国期にもなお自立した体制的な展開を遂げえなかったと見て、これを近世への移行過程に位置づける見解が古くからある。たしかに荘園・公領という支配単位や、その中で形成されてきた在地の支配方式・社会秩序のすべてが完全に一掃されるのは太閤検地にほかならないから、そのような見方が理由のないものでないことは明らかである。しかし、一五―一六世紀を通じて荘園公領制支配とは異なる領域支配体制が国人領主・守護大名・戦国大名によって互いにからみあいつつ推進され、それにともなう経済的諸関係の変化も顕著なのであるから、この時期を荘園公領制社会という枠組みの中でだけとらえようとすれば、かえって新しい変化や発展の側面が見えにくくなるという難点があまりにも大きい。この段階では、荘園は支配の地域単位としては部分的に残存するが、荘園公領制を体制的に成り立たせていた職の秩序体系を全国的に保障する中央権力はまったく解体してしまっているし、荘園年貢がかつてのように中央貴族・社寺のもとに集中される形も失われているのだから、この時代は荘園公領制の枠組みからよりも、新たな領域支配体制の形成史として見てゆく方が、はるかに事態をよくとらえうるのである。戦国期までをふくめて荘園公領制の枠組みでとらえようとすれば、中世後期の経済発展の評価について消極的にならざるをえず、中世から近世への変革的契機をもっぱら太閤検地に求めざるをえないが、これには大きな無理があるといわなければならない。ここではそうした点を念頭におきつつ、中世後期における経済発展とそれにともなう新しい社会体制の形成を問題の中心にすえて見てゆくこととする。

〔参考文献〕

永原慶二『体系・日本歴史3　大名領国制』日本評論社、一九六七年。
同　『日本の中世社会』岩波書店、一九六八年。

2　荘園公領制の解体

名主加地子の成立

荘園公領制が解体過程に入ったことを示す諸徴象のうち、もっとも基底的な位置をもつものは私的財産権としての「名主加地子」の成立である。畿内を中心とする先進地域では、南北朝内乱期ころから、名主加地子の売買が多くなってくるが、それは一二―一三世紀の荘園制の本来的段階においては見られなかった事実である。この場合、名主加地子とは、田地一筆毎に明示された中間的得分で、多くの場合、段当五斗前後という年貢量に匹敵もしくはそれを上廻るほどの額をもち、その権利は荘内に限らず荘外にも売却されることが稀でなかった。この中間的得分権の成立事情は十分明らかでないが、荘園制下の名主身分に本来制度的に保証されていたものではない。おそらく荘園制の展開過程において、名主が名田管理を通じて次第にそれに対する私的支配力を強め、あるいは耕地の改良によって生産力を高める中で、固定化された年貢の背後に成立してくる剰余分を私的な財産権化するに至った段階で成立してきたものであろう。

この時期では一つの土地に対する農民的権利は、名主A・作人Bという重層した形で表示され、Aの取り分が加地子と呼ばれる場合と、両者が分化しておらず名主作人Cという形をとって表現される場合とがある。前者が「名主加地子」の対象化されたケースであり、その場合、名主加地子は農民相互間のみならず、京都近郊の荘園では荘外の土倉・酒屋なども有力な買い手となりえたし、時代が下ると荘園領主たる寺院の僧侶たちもこれを買い集めるようになってゆく。

このような名主加地子は、荘園領主のコントロールのきかない剰余部分が私的財産権として成立し、売買もされることであるから、その出現は荘園支配にとってはきわめて好ましくない事態であった。一三五〇(観応一)年と推定される山城国上野《かんの》荘預所宛の東寺の文書でも、名田売買を厳しく禁止し、勝手に行った場合はその名田を没収する方針を強調していることは、その間の事情をよく示している。

しかし名主加地子は一五—一六世紀に進むと畿内のみならず、各地において広く成立していった。それは土地生産力の発展、開発の進行などにもかかわらず、荘園領主側が、検注や年貢率引上げによってこれに対応できず、在地領主もそれらの剰余部分を十分に吸収できなかった結果であった。在地領主を欠いた畿内の直接管理型の荘園では、加地子の成立は比較的早期かつ顕著であったが、在地領主が領域支配者として成長した地帯でも、事態は根本的には変らない。その結果、一五—一六世紀頃には荘園公領制下の従来の年貢は「本年貢」と呼ばれ、加地子は次第に第二の年貢という性格を帯びつつ広く展開した。そこで荘園領主に代って領域支配者が強固な領主権を確立するためには、この両者を統合し、それを一手に掌握することが必要であった。本年貢と加地子を統合したものを「分米」「分銭」と呼ぶ慣習もそこから生じた。

国人領主の登場

加地子権を集積し、地主的性格をもつ階層の成立と並行して、在地領主層の性格にも大きな変化が進行した。かれらはすでに鎌倉後期以来、次第に荘園領主権を侵犯し、領主的自立の道を歩みだしていたのであるが、南北朝内乱期以降、急速に領域支配者的性格を強め、右のような加地子収取者=地主的階層を、被官化しはじめたのである。

それは地頭・荘官的な枠内におしとどめられていた在地領主層の「国人領主」への成長・転化の動きである。

一例に即して見よう。鎌倉御家人の一人毛利氏は相模毛利荘を本領とし、越後佐橋荘南条・安芸吉田荘・河内加賀田郷地頭職を保有していたが、鎌倉末から南北朝初期にかけてその本宗は吉田荘に移り、他の所領は事実上本宗の支配からは手放されていった。そして一方、吉田荘の周辺で勢力を拡張することに力を入れ、隣接する主殿寮領入江保領家職を請所とし、さらに内部荘・有富保などを所領化し、やがて吉田荘を中心とする高田郡の大部分を勢力下に収めた。それは要するところ、荘園制的な分散所職型の所領から、一円的領域所領への合法・実力を交えた編成替えであり、そこではまだ名目的には荘園領主権は存続したが、形式化した少額の年貢を運上するだけで、現地支配の諸権能はすべて国人領主化した毛利氏の手に集中されているのである。

その間室町幕府も新しい現実の中で、鎌倉幕府法にはなかった在地領主の単独所領たる「武家領」を法的にも認めるようになった。その実体は「国人領」といってよい。国人領主は、かならずしも一挙に分散所職を放棄したり、一円的・排他的な支配領域を創出しえたわけではない。一五世紀に入っても、かれらはなお旧来からの分散所職をその譲状に記載しているのが普通である。しかし、実際には拠点とする特定の地域に根を下ろし、農村内部から成長してきた加地子名主層を被官化して、かれらの保持する加地子収取権を知行に編成替えしはじめている。また有力な国人は土地支配を強化するために自ら検地を施行し、「公田」(公式登録田地)面積よりはるかに広大な耕地面積を掌握し、段銭などの形をとった独自の賦課を行うようにさえなっていった。またそれとともに、周辺の国人との政治的連携を強めて国人一揆を結成し、共通の市場の秩序維持や逃亡民の人返しについて相互協定を結ぶなどして、領域支配の強化をはかっているのである。その点で国人領主の登場は、荘園公領制を直接的に解体に導く階級主体＝領域的土地所有者の出現という意味をもっていた。

守護領国制の形成

国人領主の成長とならんで守護も変貌した。南北朝から室町前期にかけて、守護任国は次第に世襲化し固定化しはじめるとともに、守護は大犯三箇条という本来の職権の枠をこえて、国内の土地紛争をめぐる訴訟判決の執行や、「苅田狼藉」以下の不法行為の制止など、土地管理上の権限を拡大した。また半済《はんぜい》も初めは臨時の兵糧米確保という理由で限られた国の年貢一年分の折半であったが、応安の半済令(一三六八年)以後は、全国的に荘園・公領の土地そのものを折半し、それを自分の被官に「預け置く」形にまで発展した。

さらに一五世紀に入ると、守護は次第に国衙の権能および機構を吸収し、国内の民事的諸紛争に関する裁判権をも掌握・行使するとともに、一国全体に臨時段銭や守護夫などを賦課するようになり、やがて段銭を毎年の恒常的課税にまで定着させた。守護はこうして一国支配権を次第に強化するとともに、管内の国人領主や加地子名主級の地侍層を被官化し、土地支配・一国裁判権・主従制などの諸側面にわたって領国大名的な姿態を強めていった。

しかし、守護大名は、その発展した段階においても、領国全体にわたる検地を行った事実がなく、段銭賦課は行いえても、権門・社寺の荘園・公領に対する領有権を否定し去ったわけでもないという限界をもっていた。また管内国人・地侍の被官化を進めたとはいえ、その主従制の編成はなお不安定であったし、国人領主の少なからざる部分は、直接将軍の「奉公衆」になるという形で、守護被官化を拒否している。そうした限界面に注目して、守護が果してどこまで実質的に領国大名化したか、その一国支配が真に「領国」と呼ぶにふさわしい内容にまで展開していたのかという点については疑念も提起されている。しかし、室町幕府の荘園公領政策が基本的には鎌倉幕府のそれを継承していたにもかかわらず、守護は公領をほとんど例外なく守護領に組み込んでしまい、守護被官を諸荘園の請負代官とするなどして、事実上幕府の荘園公領政策を踏みこえて領国化の方向をおし進めていたことを否定できない。その意味で、戦国大名の領国制形成の動きが本格的に展開されはじめる前提期としての一五世紀は、(1)加地子収取権をもつ農村の地主ないし小領主的階層の成長、(2)国人領主制と(3)守護領国制の形成、という三つの動きが同時競合的に進行し、それを通じて荘園制が本格的に解体していった時期ということができるであろう。

「職」秩序の解体

荘園公領制を体制的に維持してきた「職」秩序の解体は、とりわけ荘務権をもたず、ただ中央権門という地位のゆえに上部寄進を受けた皇室・摂関家の本家職などの場合にもっとも激しかった。それに比べれば、宗教的権威として幕府の保護も手厚かった大社寺の荘園は比較的有利であったが、その場合でさえ、動揺は深刻であった。東寺の所領荘園群は一四世紀後半頃で少なくとも七十数荘を数えることができるが、そのうち最勝光院領二〇荘、宝荘厳院領一二荘のように、元来皇室領であったものが東寺に寄進された場合は、荘務権をもたない本家職を権利内容とすることが多かったため、南北朝内乱期を通じてとりわけ衰退が激しかった。これに対して内乱を切り抜けてなお支配が比較的安定していたものは、幕府からの寄進で東寺が地頭職をも併せもっていたり、下地中分によって地頭方半分を切り捨て、残りについて一円的な領主権を確保したりしている一四荘程度であって、諸他はほとんど有名無実となってしまった。

しかし、その概して安定していたという一四荘でも、年貢の実収は急速に低下していた。守護・国人の年貢差押えや、農民闘争の高揚によって、南北朝期から室町前期にかけて、ほとんどの荘園で領主取り分は急減しているのである。丹波国大山荘は、鎌倉時代の基準年貢額が二〇〇石であったが、一二九五(永仁三)年には中分が行われ、南北朝期に入ると基準年貢額は七三石となり、室町期には未進や減免要求および守護役賦課の強行などによって決定的打撃をこ

表5　丹波国大山荘の守護・荘園領主の取り分の推移

年　代	守護の収取		東寺の年貢実収高
応永34(1427)	45石0斗0升	守護夫銭	平均12石
永享 1(1429)	26石2斗2升	夫代，兵粮米	
〃 2(1430)	7石8斗9升	守護夫	
〃 3(1431)	15石7斗0升	〃	平均10石
〃 8(1436)	24貫余	守護夫銭	
〃 10(1438)	21貫566文	守護夫銭，播磨の陣の陣夫等	
文安 2(1445)	41貫592文	守護役，段銭，大和陣兵粮銭	7石48
〃 4(1447)	54貫310文	守護役段銭	?
〃 5(1448)	59貫400文	〃	9石883
宝徳 1(1449)	52貫886文	〃	?
〃 3(1451)	66貫449文	〃	?
享徳 2(1453)	87貫240文	〃	7石

〔備考〕『大山村史』本文篇による．

うむり、表5に見られるように東寺の年収は一〇石程度までに落ちている。

こうした危機的状況の中で、荘園領主はその年貢収入を確保する手段として、他者との間に本家職・領家職の重層関係がある場合には交換等の手段でその単一化をはかり、あるものは放棄し、あるものは一円領にまとめてこれを確保しようとした。しかし遠隔地の所領は守護もしくはその有力被官などの代官請負を認めざるをえず、自らはせいぜいその補任権だけを行使することによって、いわば領主権の最後の一線を確保しようとするほかはなかった。荘園制の本来的特徴である重層的かつ分散的な所職を中央都市領主が職の秩序を通じて確保するという体制は、いまやどの面から見ても壊滅的状況に陥ってしまったのである。

〔参考文献〕
永原慶二『日本中世社会構造の研究』(前掲)。
竹内理三編『体系日本史叢書6　土地制度史Ⅰ』山川出版社、一九七三年。
工藤敬一「荘園制の展開」(岩波講座『日本歴史5』一九七五年版)。
杉山　博『庄園解体過程の研究』東京大学出版会、一九五九年。

3　小農民経営の進展と商品流通の拡大

農業技術の向上と小農民経営の進展

荘園公領制から大名領国制への移行の基礎には、農業生産力の発展とそれに支えられた小農民経営の進展という動向があった。前述のような名主加地子の広範な出現は、その半面に加地子を支払っても存立してゆける農民経営が広く展開してきたことをも示している。もとより、それらがただちに単婚家族型の小規模経営であるとは断定できない。また九州・東国のような後進地域では、一五—一六世紀を通じても下人の売買や使用が広く行われていたことは事実であるし、先進地域でも下人の使用は消滅したわけではない。したがって小経営の展開を無限定に強調することは正しくないが、加地子成立の背景に一般農業経営の安定性を高めるような条件変化があったことは否定できない。

その点でまず注目されるのは、荘園制段階に広く見られた「永不」「年不」などという不作付地が減少し、「田代」はあっても、その年現実に作付された面積が限られている「片あらし」的な状況が漸次克服され、一五世紀段階に入ると、かつて田地の「満作」＝不作付地をなくすことが荘官の「勧農」の中心であったような状態はほとんど姿を消した。一言でいえば耕地の安定度の高まりである。一五—一六世紀においても、田地の主要部分が谷地田と「沖の田」と呼ばれる低湿水田であるというパターンはまだ基本的に変化していないが、湧水源に溜池を増設して旱害を防ぎ、低湿地の中央に排水溝を設けたり、堤防を設けて冠水を防ぎ、必要な水は足踏水車で補ったりするなど、低湿水田なりに条件を改善してゆく耕地改良がさまざまな形で進められたのである。

施肥では、刈敷・草木灰・落葉・厩肥・人糞尿などの投入が盛んになりはじめた。一四四八(文安五)年の近江今堀村の「定条々」はそのうちの一条に「木葉ハ百文宛、可為咎者也」と規定しているが、これは「木葉」が肥料として重要性を増してきたため、自由な採集を規制するようになったことを示すものである。施肥は、乾田化した田地で二毛作が行われる場合にはいっそう増量しなければならないが、谷地田と低湿水田の組合せという田地条件では二毛作面積の拡大はさして期待できない。小経営の発展を支えた技術的条件は、むしろ水稲品種の多様化による土地生産力の向上にあった。当時低湿水田に広く作付されたのは「赤米」と呼ばれた占城米系統の長粒種であり、これは苛酷な自然条件にも比較的強いところに特徴があったが、このほか、早稲・中稲・晩稲などの区別、「法師子」「ちもとこ」「袖の子」「こひずみわせ」「しゃうがひげ」「節くろ」「めぐろ」などと名付けられた多くの品種も知られるようになった。さらに足踏水車の灌水技術、鳥獣虫害除去など管理技術の改良もこれに加わり、経営の集約度が高められた。一二—一三世紀の荘園公領制段階と一五—一六世紀段階とで、段当収量そのものにどの程度の相違があったかは確定しにくいが、京都周辺の荘園では、年貢と加地子の合計だけで一石程度の数値を示すケースが稀でなかったことから見て、段当収量の安定的な増加を推定しても大過ないだろう。小農民経営はそれに支えられて、この時期を通じ畿内を中心に進展の度を早めはじめたといってよい。

村落構造の転換と農民闘争

小農民経営の進展は、村落構造の面にも大きな転換をもたらした。荘園公領制下の名主的有力農民は、前にもふれたが、周辺の弱小農民との間に、種子農料・生活資料・労働力など各種の面で補完関係を形成し、「名共同体」とも呼ぶべき小規模な家父長的結合を基盤にもちつつ、一荘一郷的規模で社会結合を形成しているのが広く見られる形態であった。その際この結合は、どちらかといえば荘園領主や在地領主に対抗するための抵抗の砦という政治的機能に重点がおかれていたところに特徴があった。ところが、この段階になると、用水・山野利用や年貢・夫役負担など村落における生産・生活の諸分野にわたって村寄合をもち、「惣百姓」という形で、名主的有力農民にとどまらず、いちおう自立的な経営をもつものであればみな、これに参加するようになった。今堀村の村掟は、先にふれた「木葉」の件ばかりでなく、寄合・山野利用・惣有田・旅人の宿泊の規定・博奕かけごとの禁止など、生産・生活面にわたる掟を定めているのである。村落共同体の意思が宮座を介して「百姓一同之沙汰」「惣荘」として定められることが畿内を中心に広く行われはじめたところに、小農民の社会的成長が示されている。

このような村落構造の変化は、さらに、荘園領主・在地領主に対する農民闘争の在り方にも変化をもたらした。この頃、年貢・夫役の減免闘争は、従来の逃散《ちょうさん》型の闘争形態から、名主・小百姓をふくむ「惣荘」あげての強訴・一揆型の行動を示すようになった。これはおそらく年貢・加地子を負担する小農民の成長により、かれら自体が領主に対する直接的な闘争主体となってきたことが有力な原因と考えられる。

年貢・夫役の減免という点では、小百姓と名主級農民の利害は一致できる。京都周辺の上久世荘などでは、有力な名主級農民が意識的に年貢を滞納し、減免要求闘争を引き起こしている。年貢・夫役の減免は、生産力の上昇分の一部が勤労農民にも配分されることである。そのため、農民の生産意欲は高まり経営条件の改善に結びついてゆくから、それがまた小農民経営と加地子収取関係の展開をさらに促進する契機にもなっていった。

手工業生産の進展

手工業の分野では、京都を中心とした権門・社寺に隷属して座を結んでいた番匠・鍛冶・鋳物師・塗師・葺師・銅細工などの手工業者集団の自立化が進んだ。権門・社寺への隷属ということは、本来的にはその家産経済体制の一環に位置づけられた抱え職人ということにほかならないのであるが、いまや本所とはその営業特権の保証者以外のものでなくなり、本所の立場もそうした座集団から一定額の座役銭などを収取するだけの関係に変化した。また地方でも、国衙が給免田を与えて手工業職人を保護しつつ、直接細工所で生産に当らせるような形態は解体した。

一方、鍛冶・鋳物師などの職人が、一般の需要にこたえるために農村を巡回営業する非定住型の手工業者の定住化も進みだし、中央から伝播した先進的技術と結びついて、鋳物師では大和の高田、河内の丹南、下野の天明《てんみょう》、能登の中居《なかい》浦、筑前の芦屋のような職人の集住地が生れた。大和高田の鋳物師は南北朝期以降にも興福寺大乗院の鋳物師寄人と称しているが、実体は自立的な職人集団として商品生産に進んでいた。鍛冶では、たとえば奈良のそれは古くは興福寺や東大寺の保護・隷属下に置かれた座職人であったが、室町期には日明貿易の輸出品としての刀剣を大量に製造するようになり、鎌倉、備前長船、美濃の関、肥後の菊池をはじめとする各地にも鍛冶集団が定住して、地方の需要に応ずる商品生産者となった。

絹織物では京都の大舎人の織手座がもっとも有力であり、そのほか北野社に属する織部司本座、山科家に属する内蔵寮織手、万里小路家が支配する大宿織手(大舎人座)などがあり、その外形は前期以来大きな変化がない。しかし応仁の乱の折に大舎人の織手が戦火をさけて堺に移住したことからもうかがわれるように、これらの中には地方に移って自立的な商品生産に乗りだすものも少なくなく、地方主産地が成立してくる動きは鋳物師・鍛冶などとも大差がなかった。このほか、美濃・備前・越前の紙、尾張の瀬戸、三河の常滑《とこなめ》や美濃・備前・近江(信楽《しがらき》)の陶器も、それぞれに地方特産物生産として発展した。これら専門技術を必要とする手工業が農業から分離して展開を遂げたほか、京都市中の酒造業や、大山崎の絞油(燈油)業も専業的に発展した。洛中の酒屋は室町中期には三四二軒といわれ、離宮八幡宮の神人身分を背景とする大山崎の絞油業者は、西は播磨・阿波、東は美濃・尾張にいたる広い範囲にわたって原料仕入れ・製品販売の特権を室町幕府からも保証されて活動した。

さらに畿内やその周辺の農村を中心に、農産物加工業も発展した。興福寺大乗院や一乗院を本所として座を結んではいるが、実体は農産物加工を兼営する大和平野の農民集団であったものに、田原本・楊本《やなぎもと》の檜物師座、乙木《おとぎ》の萱簾《かやすだれ》座、丹後荘の薦《こも》座などがあり、そのほか菅笠《すげがさ》座・土器座・火鉢座なども出現した。また符坂《ふさか》の油座、八木の胡麻仁買座、箸尾《はしお》のシボリ(絞)座など燈油関係の座も知られ、ここでは原料仕入れと絞油の分化がうかがわれる。

以上は主として京都・奈良という中央商品市場との結びつきの中で発達してきた手工業であるが、地方でも、鍛冶・鋳物師・染色・皮革・檜物・武具などの生産が、守護大名や国人領主層に結びつきながら発展した。また京都や堺などの中央都市の発達ばかりでなく、海陸交通要地の都市化が進むにつれて、材木・榑が重要な商品となり、とくに室町中期には大鋸《だいぎり おが》による割板技術が開発され、建築材料生産に新生面が開かれた。

商品流通と交通の発達

商業の動向も手工業の変化と照応している。荘園公領制の展開につれて、京都には、四府駕輿丁座、祇園社の綿座・小袖座・材木座・魚座・紺座、北野神社の酒麹座、大炊寮の米座、装束司の青苧座などをはじめとする多数の商人座が結成されたが、一四世紀に入るころから商業の発展が次第に顕著となり、本座に対する新座が簇生し、独自の商業活動を営むようになった。

それとともに京都では土倉の金融業活動が盛んとなった。土倉は酒屋を兼営することが多かったが、本来貴族や室町将軍以下の武家たちの重要品を保管する倉庫業務を営み、「御倉」と称せられたものがその中心である。かれらは荘園領主の年貢収取率の低落による財政窮乏に対応して、先物年貢を担保とする大口貸付を行い、年貢不納の場合は債権の代償として自らその荘園の代官職を入手し、現地の守護・国人と折衝しつつ年貢取立てに当った。また京都近郊荘園の場合は、年貢不納分を荘民の土倉に対する負債に転嫁する形をとって、蓄積を強行した。

その意味で、土倉は荘園制解体期に特有の条件の下で営業活動を行ったものであり、土倉が土一揆・徳政一揆の襲撃対象となった理由は、農民に対する個別的な高利貸付より、こうした年貢不納分の対土倉債務化という土倉の営業構造そのものの中にあったとみられるのである。この種の土倉の営業資金には比叡の山僧をはじめとする寺院関係者もひろく出資しており、資金源もけっして一業者の自己資金にとどまるものではなかったし、土倉は地域的にも、京都ばかりでなく、大津・小浜・桑名のような交通中心地にも広く出現した。

さらに、南北朝期以降になると、京都・奈良のみならずそれを中核とする五畿内・近江などの交通要地には、魚・塩合物・麴・素麵のような食料関係の商人座や、材木・油・紙・小袖など日常的消費物資の商人座が出現し、ある場合には周辺生産地からの、ある場合には遠隔地からの商品を取り扱うようになり、手工業生産から分離した商人集団が登場した。近江の今堀郷を中心とする得珍保《とくちんのほ》では一四世紀末頃から一五―一六世紀にかけて、呉服綿(絹綿)・塩・塩合物・紙・馬などを取り扱う農村商人の活動が盛んとなり、周辺の同種商人集団との間で商権をめぐってはげしい競争を展開している。これは、初めは比叡山などへの物資供給の交通路に沿った村々の仲継商業であったものが、近江南半守護の六角氏とその城下石寺の発展に結びついて地域商業として発展していったものと思われる。

荘園公領制下で中央都市に向けての物資輸送は、初め年貢の輸送を請負った梶取・問職によって担当されたが、かれらは次第に問丸と呼ぶ仲継商人化し、年貢の輸送ばかりでなく、年貢物の保管・販売・換金・輸送業務を手広く行い、さらに借上・土倉のような金融業も兼営した。その結果、瀬戸内海沿岸では地方中心市場と仲継港を兼ねる沼田・尾道・草戸千軒などのような港町、瀬戸内海交通路の終点＝陸揚港としての兵庫・尼崎・淀・堺などが、北陸では小浜・敦賀、東海では桑名・大湊などが同様の性質をもって発展し、ここに求心的に組織された全国流通網の結節点を押える地方有力商人が登場し、中央と地方との結合の媒介役を担った。

荘園公領制下の年貢輸送を中心とした流通網がこのような形で新たな展開を遂げるなかで、地方的市場の発達も顕著となった。守護領国制の発展と国人領主の成長によって、従来の国衙の市場や荘園公領内の市場が守護・国人の支配下におかれ、市日も三斎市・六斎市のような形で日数をふやすとともに、固定店舗も増加した。常陸国衙の市は一四世紀末頃にはすでに六斎市であったし、有力国人小早川氏が掌握していた沼田市《ぬたいち》は一四世紀後半には町場としてのにぎわいを示している。また若狭の小浜の市は、北陸―中央ルートの仲継結節点という事情もあるが、一四世紀には太良荘をはじめとする周辺の農村部から多数の農民も入り込み、衣料・木材など諸物資の売買が活発に行われていたことも知られる。一五世紀の備中新見荘の三日市も、地頭から国人領主化した新見氏の支配下におかれたが、やはりこの地方の中心市として周辺所領からの人々の出入りが活発であって、一荘に限られるものではなかった。

このような商業の発展と不可分の関係で、一四世紀初め頃から荘園年貢の代銭納が広まりはじめ、一五世紀に入ると守護・国人の年貢請負制の下ではしばしば京納何貫文という形をとるようになる。年貢売却の際の相場である和市や年貢銭を為替で送金する方式が目立ちだすのもこの頃であり、納付された為替は、西国方面では淀川沿岸の広瀬や堺などの商人が換金を引き受けた。このことは当時中央支配層の経済が急速に貨幣経済化しはじめたことを示すものであるとともに、地方でも年貢物の現地払いが可能になったこと、したがって地方的商品市場が拡大しつつあったことを示すものである。一五世紀の後期、美濃の大矢田市は美濃紙の取引中心地であるが、その六斎市は特産物としての紙の販売を行う場というより、この地域の人々の日常的商品交換の場としての性質をもったであろう。特産物の生産・販売が、地方と中央を結ぶ商業を促したばかりでなく、地域内における社会分業と市場関係の拡大をもたらしたのである。

〔参考文献〕

脇田晴子『日本中世商業発達史の研究』(前掲)。
同　「室町期の経済発展」(岩波講座『日本歴史7』一九七五年版)。
佐々木銀弥『中世商品流通史の研究』(前掲)。
同　『中世の商業』(前掲)。
同　「東アジア貿易圏の形成と国際認識」(岩波講座『日本歴史7』一九七五年版)。
豊田　武『増訂中世日本商業史の研究』岩波書店、一九五二年。

同　　『堺』至文堂、一九五七年。
京都市『京都の歴史3　近世の胎動』学芸書林、一九六八年。

4　大名領国制の経済構造

大名領国制は、一六世紀における戦国大名の領国体制において発達した姿を示すが、それへの動きは、すでに見てきたような国人領主制と守護領国制の展開、それらの背後にあった農民層の封建的階級分解、また地方的市場圏の形成、といった一連の動向の中で明確となりつつあった。

大名領国制の形成

大名領国制は、政治史的に見れば、応仁の乱以降、守護大名・守護代・国人領主などのいずれか一つが、封建的主従制に基づく権力を強化しつつ、室町幕府体制から事実上離脱し、荘園公領制の廃墟の上に領域支配体制を構築してゆくところにその基本線があった。ただこの過程は統一権力による新しい政治体制の構築と異なり、領域的権力の割拠的分立として展開するわけであるから、その動向は時期の点でも内部構造の点でもさまざまの偏差を伴うのは当然である。そこに大名領国制が果して荘園公領制に継起する中世後期の社会を規定する独自の政治・経済体制として認めうるか否か、という点で疑義が生ずる理由もある。しかしこの時期の社会経済動向を鳥瞰すれば、在地領主制の自立的展開をふまえた独自の一段階と見た方が、中世社会を貫通する史的発展の方向と近世幕藩体制への移行過程をよりよく理解することができると思われる。戦国期までをふくめて荘園公領制の枠組みで理解しようとすれば、戦国大名領国制がもたらした新しい領域支配＝領域経済の問題は正当に位置づけることができないであろう。

ところで、戦国大名領国制の形成を経済史的視角からとらえれば、その基本たる領国的土地所有体制の形成は、(1)荘園公領制的領主権の吸収＝「本年貢」部分の掌握、(2)農村に新たに発生・留保された剰余＝「加地子」部分の掌握、という形で二つの地代部分を大名がいったん統一的に把握した上で、それを知行として家臣団に分与する過程を意味している。大名領国制をもっとも強力に推進した今川・後北条・武田など東国の戦国大名は、段当ほぼ五〇〇文程度の貫高年貢基準額を定めて、検地を地域毎に反復的に施行し、右の二つの地代部分の統一把握を推進しようとしている。

その際、年貢額を貫高で表示することは、かならずしも戦国大名の独創物ではなかった。すでに室町幕府も、守護大名や奉公衆に対して軍役を中心とする課役を賦課する際に、所領規模を表示する基準数値として貫高を用いていた。その貫高は幕府や守護の独自の検地によって新たに確定されたものではなく、ほぼ従来の荘園年貢額をふまえた大まかな基準として設定されたものらしい。したがって守護や国人領主が実際にどれだけの収取を実現していたかとは直接にはかかわらない、一種の基準数値であったのである。それに対して、少なくとも東国の有力戦国大名の貫高は、全領域にわたって徹底的に実施したものではないにしても、検地・指出《さしだ》しをふまえ、大量の「増分」を「踏み出」すことによって新たに確定した数値である。後北条領では、郷別に行われた検地の結果、増分は少なくとも従来の貫高に対して二〇―三〇%、多い場合は一〇〇%をこえることも稀でない。その際、踏出し増分の内容には二つの要素があった。一つは荘園公領制期の「公田」以外の非公田部分の把握である。他は「名主加地子」部分を掌握することによって踏み出された増分である。武田領の場合は、検地を通じて「名主加地子」部分をいったん大名が掌握した上で、給恩として名主身分の者にそのうちの一定額を給付するという方式の採用が指向された。後北条領では、この踏出し増分以外になお「内徳」といわれる剰余分が一定の範囲で名主層に事実上留保される事態については、大名も知りながら、それ以上には追求しない、という方針をとっていた。

したがって、戦国大名の貫高制的土地把握は、直轄領の場合ですら、全剰余部分を貫高年貢として全面的に掌握するほど徹底したものとはいえないし、給人＝家臣団の知行地の場合、本領地の検地は容易に行えず、とくに有力な給人の場合は、貫高もごく大まかな見つもり＝基準数値にとどまることが少なくなかった。だからその貫高がそのまま給人の実質的な年貢収取額とはいえず、やはり軍役賦課の基準という室町幕府下の守護の貫高以来の性格を残している面も払拭されてはいない。しかしそれにしても、大名が荘園公領制期の大田文・図田帳などに登録された「公田」面積だけに依存せず、外延的には非公田の把握、質的には加地子の把握をめざして独自の土地支配体制を構築しつつあったこと、また荘園公領制ではとらえられなかった加地子の把握・再給付を通じて、農民層の封建分解の中から成長してきた小領主的階層を広く下級家臣に編成しはじめたことは重要で、そこに大名領国制の基礎がすえられたということができるであろう。

貫高制的収取体系

貫高制は、大名領国制における知行規模や軍役量の基準数値であったが、同時に領国制下の収取体系の基準数値でもあった。田一段五〇〇文、畠一段一六五文という後北条領の貫高は、年貢量の基準数値であるばかりでなく、段銭は貫高の一〇〇分の六、懸銭は一〇〇分の四というように、基本年貢のみならず大名が領国全体に賦課する租税的なものも貫高を基準として算出された。

また貫高年貢が現実には諸他の現物で納入される場合、その貫高からの換算値が大名によって定められていた。今川領や武田領では実際には「穀米地」と呼ぶ米納年貢地が指定され、すべての年貢を貨幣で収取する困難を緩和するように工夫されていたし、武田領ではその他にも「公事地」と呼ぶ荘園制下の雑公事に似た雑多な物資を賦課する土地も設定されていた。「公事地」の場合は、粟・萱・炭・独活《うど》など多様な収取物についていちいち貫高への換算値が定められていた。

さらに、後北条領では段銭は精銭で収取するのが原則であったが、精銭の確保が農民にとって困難が大きくなった場合は米納を認め、貫高一〇〇文＝米一斗四升といった形の「納法」＝法定換算値を定めた。納法は代納される米の収量をできるだけ多く確保するために、概して実勢よりも米安に定める傾向が強かった。後北条氏は麦の納法についても貫高一〇〇文＝三斗五升とする一方、一般の取引は一〇〇文＝二斗五升でなければならないと定めた。すなわち大名側が貫高相応の麦を安値で多量に収納し、その後これを市場に売却するときには高値で売れるように、一〇〇文＝二斗五升という取引価格を強引に維持しようとしているのである。

およそ以上のような内容をもつ貫高制収取体系は、荘園公領制下の収取体系と比較して、(イ)検地―踏出し増分を通じて収取率を引き上げた、(ロ)貫高を基準として大名の全領に賦課する段銭・懸銭などがこれに上積みされ、しかもそれらが精銭によって収取されたことは、農民の負担をいっそう加重した、(ハ)貫高と諸物資の換算率＝納法は概して現物安に定められ、それによって多量の物資が領主側に収奪された、(ニ)貫高年貢は部分的には代物納であったとしても、実際には銭納が広く行われ、その場合は、換貨過程を通じて農民側が不利な条件を強いられた可能性が高い、などの諸特徴をもち、それらはいずれも農民の負担を加重したものである。

その結果、大名領国制下の農村では、「詫言《わびごと》」「逃散」「郷中明《ごうちゅうあけ》」「退転」など多様な形態をとった農民闘争が激発した。「詫言」とは、その文字面から判断されるよりもはるかに強烈な年貢減免要求であり、「百姓中別して血判を致し領主に対して訴訟を企つ」というように集団的な強訴的形態のものも少なくない。「逃散」「退転」とはこうした「訴訟」「詫言」が容れられない場合に用いられた闘争手段で、集団的に耕作を拒否したり、他郷に移るといった形をとり、概して示威的な性質を帯びていた。これらは給人・代官などの不法をきっかけにすることが多かった。一方、積極的な闘争とはいえないが、個別的な「欠落《かけおち》」も広く発生した。これは年貢や夫役負担の過重が主要な契機で、宿駅・町場などに逃亡することが多かった。

生産力増強政策

戦国大名にとって、激しくなりはじめた領主―農民間の矛盾の緩和と領国経済力の強化は急務であった。そのために戦国大名が進めた経済政策のうち、農政面では後北条の荒川、武田の釜無川治水のような生産基盤の整備、後北条の開墾奨励などの積極策がまず注目される。荒川治水の場合、堰堤築造などのための大規模な「普請人足」の動員、給人による工事の指揮、人足の不参・遅参の場合の罰則など、「惣国之法」と呼ばれる紀律が定められているところから見ても、後北条のこの種の農政が十分な計画性をもったものであることがうかがわれる。また大名の開発の奨励は、従来の律令制や荘園公領制の支配者が熟田の把握とそこからの収取にだけ関心を寄せていたのに対し、空閑未墾地はすべて大名のもの、という論理に立った上で、開発地は「切開き次第下し置く」こととし、開発期間として五―七年間は年貢・諸役を免除するなど領国全般に統一的な措置をとった。さらに山論・水論の調停者的役割も積極的に演じた。越前の朝倉は、領国穀倉地帯の長水路であった河口十郷の用水争論に対して「十郷用水掟書」を定めて、これを給人・寺庵・百姓中に与えており、近江の浅井も高時川以下領内諸河川の用水をめぐる争いにくり返し調停を行っている。戦国大名が農民の土地緊縛や年貢収取を強化したばかりでなく、このような領域の公的支配者的立場からの積極策を採用していることは、前代に見られない特徴である。

手工業の面では「職人衆」の編成に力を注いだ。後北条の「小田原衆所領役帳」によると、三島の唐紙・銀師、鎌倉の鍛冶・番匠・結桶師・笠木師・経師、藤沢の大鋸引、韮山の大鋸引・切革・青貝師・᭒左右《つかそう》師・石切・鍛冶、江戸の鍛冶・番匠などが、三島・韮山・藤沢・江戸などの軍事拠点に集められ、給分を与えられている。このうち大鋸引は、築城にも欠かせない専門職人であるが、年間三〇日が「公用」として一日一七文の賃銀で動員され、それをこえる作業日には「作料」として一日五〇文が支払われる規定であった。

しかし、後北条領の職人はここに記載されたものだけではない。各地に集住する鍛冶・鋳物師なども農民の年貢に見合うものとして毎年鑓先などの納入を命ぜられたり、緊急作業の場合は本城主の要求で小田原まで出かけて課役をつとめさせられたりした。また武器生産に欠かせない皮革業者は、「相模中郡《なかぐん》皮作」「伊豆国中革作」などという形で国郡別に編成し、触頭と呼ぶ棟梁を通じて、一定量の製品を「公用」として上納させた。皮革業者はしばしば「かわた」と呼ばれ、卑賤身分に属させられたが、戦国大名は軍事的必要からこれに給分を与えて積極的に掌握する方針をとった。

手工業職人の組織以上に戦国大名が力を注いだのは、鉄・金をはじめとする鉱業生産力の掌握である。石見の大森銀山は、中国・朝鮮からの精錬技術の導入によってこの時代に銀の生産力を飛躍的に高めたが、これをめぐって尼子・大内・毛利の三大名が死闘を重ねた。武田・今川・後北条・上杉は、秩父・富士・安倍・梅島・伊豆・佐渡など各地の金山開発に力を入れ、金山衆に給分を与えた。金鉱石は水流に流すだけで砂金とすることができたため高度な技術を要しなかったが、この時期には生産が飛躍的に高められた。

鉄も室町中期以降フイゴ・タタラの技術的改善によって、良質のものが大量に生産されるようになった。主産地の伯耆・出雲に属する中国山地では、小屋掛けの中に泥土による一種の高炉を築き、フイゴで高炉の下部に風を送って高熱を出しながら砂鉄を融解する方式が開発され、旧式の野ダタラにとって代った。この地方は主として尼子氏の勢力下におかれ、駄別銭・帆別銭が徴収されたが、生産物は宇竜津《うりゅうづ》など山陰側の港津から積み出され、小浜などから陸揚げされて中央地帯に「くろがね」=原料鉄として供給された。越後の上杉氏もこの「くろがね」の入手に努力している事実が知られる。また徳川家康は元亀年間(一五七〇—七二)三河で発見された鉛山に対して、「諸役一切不入」の特典を保証して開発を促進している。

流通政策

流通・市場政策は二つの基本課題を担っていた。一つは、旧来の国人・土豪・社寺などが掌握していた割拠的な市場支配の体制を解体し、かならずしも単一ではないが、大名によって統一された領国市場圏を創出することである。そして他は、それをふまえて常時戦争という状況に即応しうる物資調達、精銭確保、兵器供給源としての中央地帯との交易ルートの確保など、領国流通機構を編成することである。このうち前者は大名による楽市・新市取立て政策によって推進され、六角の近江石寺、今川の駿河大宮、織田の美濃加納・近江金森、徳川家康の三河小山、柴田勝家の越前北庄、また後北条領国の六斎市などに「楽市」令が出されている。楽市はしばしば楽市楽座といわれて楽座と不可分一体のものであるかのように考えられているが、かならずしもそうではなく、むしろ国人・土豪・社寺などによる旧来の市場支配を排除し、商人の来往を確保するための「楽」＝自由取引の保証であった。また新市は、後北条領の関戸・世田谷・高萩・白子・井草などの六斎市が、新市・新宿として大名自身によって設立されていることからわかるように、一般的な流通網の整備というより、社寺・国人の掌握する旧市の割拠性を打破しようとする大名の企図に出るものであった。

後者の面、すなわち領国流通機構の整備編成については、とくに市場法の制定と御用商人の組織が注目される。後北条領では小田原・韮山・玉縄・江戸・岩付・松山・鉢形・八王子など本城・支城を中心に、それぞれ「領」とよぶ政治・軍事の単位領域を編成したが、それは同時に若干の六斎市の複合からなる基礎的市場圏としての意味も付与され、城下はその中核市場として振興された。その一つである武蔵の松山の場合、永禄―天正期(一五五八―九二)に数多くの市場法が発布されているが、そこではよその商人が松山領に入って物資を買付けながら松山の市に立たないで退去することを制止するために、そのような商人には物資売却を禁止する一方、松山市で取引された物資は他領への搬出も一切構い無く、諸役も賦課しない、などと定めている。大名は極力、市場・港津などを直接的管理下におくとともに商人の来往を歓迎し、そこでは借銭・借米の実力取立てなどを禁止し、市場の平和と繁栄の確保に力を入れた。

大名による御用商人の編成には、兵糧・武器の調達にあたらせるとともに、諸商人を統轄させる目的もあった。後北条の宇野(外郎)、上杉の蔵田、葦名の簗田、今川の友野と松木、織田の伊藤と今井、朝倉の橘屋、大内の兄部《このこうべ》などがその著名な御用商人である。かれらは商人司・商人頭などの地位を認められ、戦略物資の買付け、年貢米や領内特産物の販売や青苧・木綿など領内の重要商品に対する役銭徴収に当ったり、大名直轄領の代官をつとめたりした。

さらに戦国大名は交通路や宿駅・伝馬制度を整え、撰銭令を発して、各種貨幣の混合割合を定め、精銭の確保と取引の円滑に力を注ぐとともに、御用商人以外の商人に対しても営業活動の認可権・諸役賦課免除権を行使し、領域的公権力＝「公儀」としての諸権能を経済面でも広く発動・行使している。

戦国大名は積極的に領国経済の繁栄を策したが、領国はそれだけで完結的な性格をもっていたわけではない。後北条の領国は江戸湾をはさんで里見の領国であった房総に接し、大名同士は敵対関係にあったが、後北条は房総商人の来往を歓迎していた。同様にまた武田氏も、上杉や今川の領国からの商人の来往を歓迎した。海をもたない武田が塩以下の不可欠の商品を求めたことは当然だが、全般的に見て、領国経済圏がそれとして完全な自己完結性《アウタルキー》を形成することは不可能であったのである。

領国経済と領外市場・外国貿易

その意味で地方の大名にとってとくに切実だったのは、中央地帯との経済的連繫・取引である。今川の御用商人松木は京都と駿府を往復して、中央の戦略物資買付けを独占していたし、おなじく今川の御用商人友野は飢饉の時には伊勢から米の買付け・輸入をはかっている。東北の伊達は早くから京都の坂東屋という有力商人との間に恒常的な取引関係をもっていた。鉄・鉄砲・木綿をはじめとする軍需物資は戦国大名にとって不可欠であったが、多くの場合、それらの入手は領外取引にたよるほかなかったのである。

鉄は、主産地が山陰地方に集中するにつれて、諸大名はその輸入に苦心した。上杉では越後府内に入港する他国船に対して「鉄役」を免除する措置をとっている。中央地帯は荘園公領制段階から鍛冶・鋳物の主生産地で、この時代には堺や近江の国友が鉄砲生産の中心地となった。

前者は、織田信長に結びついて御用商人となった堺の豪商今井宗久が中心となって生産高も多く、さらに信長の但馬進出によって、原料鉄の産地との結びつきも強めた。今井宗久は信長の摂津の所領の代官ともなり、堺から京都に至る淀川輸送路についても通航特権を認められるなどのことによって多面的な活動を示したが、地方大名は、この種の中央豪商との結びつきを欠かすことができなかったのである。上杉謙信が、隠密裏に上洛したとき、まず堺を訪れたのは、そうしたことの重要性を暗示しているといえよう。

木綿は一五世紀に入って朝鮮半島で広く栽培されるようになり、応仁の乱頃から兵衣としても価値が認められ、日本側から広く輸入されるようになった。その結果、朝鮮木綿が不足しはじめると唐木綿の輸入が盛んとなり、九州の大名・国人などは明側との貿易を通じてこれを入手するようになった。保温にすぐれ肌ざわりのよい木綿が一般衣料として従来の苧麻系繊維に比べ格段にすぐれていたことは明らかであり、さらに帆布原料としても優秀で速力が上がったことから、たちまち従来のムシロ・草系の帆布原料にとって代った。武田・今川・後北条などの東国大名も木綿の確保には力を入れ、特権御用商人に命じてその統制にあたらせている。

西国の大名・国人領主は、中国・朝鮮・琉球、さらには南海との貿易に積極的な姿勢をとった。勘合貿易の主導権をめぐって細川・大内の間には激烈な争いがくり返されたが、山口に京都風文化を繁栄させた大内の富力も、こうした海外貿易の利潤によるところが大きい。また島津・大友らも領内の坊津《ぼうのつ》(薩摩)、府内(豊後)、日出《ひじ》(豊後)などの港津に外国船を招き、博多をはじめとする貿易商人の掌握に力を入れた。これらの港には南海・朝鮮・日本を結ぶ仲継貿易で活躍した琉球商人も多く渡来した。最近発掘調査の進んだ越前朝倉氏の居館址一乗谷からは、中国産の陶器類が数多く出土したが、それが高級品でなく、かつ大量であるところからすると、朝倉も中国との交易を直接に行ったことが考えられる。

さらに朝鮮は明の海禁政策ほどにきびしい抑制策をとらなかったために、日本側と活発な交易が行われた。「受図書人」という朝鮮側の公認＝信符を受けた人々の中には、博多商人のみならず、小早川などの国人領主もいた。また、山陰の大森銀山の開発が進んだ一六世紀中頃には、銀鉱石の積出港であった馬邇《まじ》の津には朝鮮の鉱石買付け船が多数渡来して、大いににぎわったという事実も知られている。

都市の発達

大名領国制の発達にともなって、戦国大名の城下は次第に都市的様相を整えていった。大友の府内、大内の山口、織田の岐阜・安土、今川の駿府、後北条の小田原などはその代表的なものである。それら諸都市の正確な人口を示す史料は存在しないが、一五六九(永禄一二)年の『耶蘇会士日本通信』では岐阜の人口を約一万と述べ、『実隆公記』一五三〇(享禄三)年の記事には「駿河府中二千余軒」とある。また山口の町には竪小路・大町・本町・立売・魚物小路・道祖本町・円政寺町・馬場・小路・上町などの町名が知られ、「大内氏壁書」によっても、固定店舗が軒をつらねた市町の繁栄が推定できる。またこの頃、堺は戸数六〇〇〇、博多七〇〇〇、柏崎三〇〇〇、尾道一〇〇〇、桑名も数千軒などという記録があり、城下町とならんで主要港湾都市も、二―三万の人口を擁するものが発展しつつあった。

戦国大名の城下町を兵農分離が体制的に確立した幕藩体制下の城下町と同視することは、もとより正しくない。越前朝倉の一乗谷では、最近の発掘によって、大名の居館に接して重臣たちの屋敷が計画的な地割に従って建設されていたことが明らかになった。「朝倉孝景条々」は家臣の一乗谷への集住を命じており、文中には「町屋」の文字も見えるが、現在のところ、それが城下町と呼ぶべき程の姿を整えつつあったか否かは疑問である。家臣が戦国大名城下に屋敷を設けている場合でも、家臣たちがその本領地の居館を完全に引き払ったり、従者たちをことごとく引きつれて城下集住を行ったわけではなく、輪番の形で大名城下に参勤したのである。

しかしそれにしても、戦国大名はその城下に商人を招くとともに手工業職人を集め、周辺部の給人・国人が支配する市場町を解体して、その機能を強引に城下に集中させようとさえした。土佐の長宗我部の場合、大高(高知)城下町建設によって、半径六キロメートル範囲の市は完全に消滅させられその機能が大高に集中されたことが、歴史地理学的調査によって確認されている。城下に集住させられた商人・職人は、諸役免許・分国中往還自由などの特典を認められることが多かったが、その上層は給分を与えられ、家臣化された。戦国期から江戸初期にかけての特権商人(研究上は「初期豪商」という)や手工業者の棟梁は侍身分であることが普通であり、商業・手工業そのものがいかに強く大名の軍事的要求と結合したものであるかを示している。

戦国大名の城下町は以上のような特徴と限界を内包しつつ、それなりに成長を遂げていった。したがってそこでは、近世に入ってからのように、大名領内において本城の城下町のみが独占的地位をもつ都市であるという関係は成立しない。大名は市場圏の分散状況に対応しつつ全領の流通組織を掌握するためにも、各要地に支城を設け、支城下町を建設し、周辺市場を吸収しようとしているが、それらも多くの場合不徹底であった。地方の中心市場や港津・交通要地などがそれなりに都市的様相をとって発達していたことは、後北条領国における藤沢・当麻《たいま》・品川などの例からも、ただちに推定される。このことは極論すれば、兵農分離以前の戦国大名領下においては、都市機能が本城下に集中しきれず、各地に六斎市を起点とする市場町が分布し、それが農民と給人の交換の場を形成しつつ、その基礎的条件の上に本城下の城下町が存在するという関係を示唆しているのである。

〔参考文献〕

中村吉治『近世初期農政史研究』岩波書店、一九三八年。
藤木久志『戦国社会史論』東京大学出版会、一九七四年。
勝俣鎮夫『戦国法成立史論』東京大学出版会、一九七九年。
永原慶二編『戦国期の権力と社会』東京大学出版会、一九七六年。

永原慶二「大名領国制の構造」（岩波講座『日本歴史8』一九七五年版）。
永原慶二、J・W・ホール、K・ヤマムラ編『戦国時代』吉川弘文館、一九七八年。

5　研究史上の問題点

大名領国制を社会構成史的観点からいかに位置づけるか、その結論を先に述べるなら、在地に展開してきた農民層の封建的階級分解（家父長的大経営の解体、その小領主と小農民への分解）をふまえて、在地的な封建的主従制を権力編成原理とした領域支配＝封建的土地所有体制が大名領国制の本質であると考える。それは一〇世紀頃以来、緩慢ではあるが着実に前進し、中世社会の背骨を形成した在地領主制の最高の段階といってもよい。〝封建的主従制に基づく領域支配〟というだけならば近世の大名領主とも異ならないが、ここでは兵農分離に基づく在地領主制の体制的止揚は行われておらず、権力の末端をなす下級家臣は村落共同体の中に根づいた姿をとっているのであり、それがこの期の大名領国制＝封建的土地所有体制を実現する基礎条件となっているのである。

ウクラード論的視点から見るなら、小農民経営の進展と同時に、家父長的奴隷制ウクラードも縮小しつつもなお存続し、幕藩制段階に入っても初期本百姓の労働力構成の中に連続してゆくような性質をもっている。封建的小農民ウクラードは本来、より後進的なウクラードとしての家父長的奴隷制ウクラードを一挙的に解体し去るほどの生産力をもつものではない。その上、日本の小農民経営は生産基盤・農業技術をはじめとする種々の条件において、その経営基盤は不安定で弱かった。それゆえ、小農民経営が展開しながら、それが破綻する場合には家父長的奴隷(制)に回帰してゆく関係を断ち切れないのである。しかし、半面、一四、五世紀以降村落内部で、一方では加地子名主・小領主的階層が出現し、他方では新たに成長した小農民が村落共同体成員権を獲得していく事実は、明らかに社会発展の基調が封建的階級関係を社会の根底から生みだし発展させてゆく方向に進みつつあることを意味しているのである。この時期を通じて土一揆や小領主的階層の率いる下剋上の動きが広く反復的に展開するのも、封建的領主―農民関係が下から発展しているからである。したがって、家父長的奴隷制ウクラードの存在だけを重視する見方では、この段階の社会発展の基調＝方向をとらえることはできない。封建社会の本来的段階におけるウクラードの在り方は元来こうした複合性をもっているし、日本の中世社会の場合、そうした傾向がとくに強く現われていると見て、それを理論化すべきであろう。

そのように考えると、荘園公領制的職秩序が解体し、小農民経営と封建的在地領主制の展開が次第に独自性を高め、その到達点として戦国期の大名領国制が見られるこの時期は、日本における封建制社会の本格的展開期と呼ぶべき段階であり、そこではアジア型の国家的封建制への道は止揚されたというべきであろう。戦国期を通じても、依然として天皇・将軍が存続しており、とくに幕藩体制の下で封建的土地所有制における幕府の圧倒的優位が実現された点を重視し、日本封建社会の「アジア的」特質を強調する所論もあるが、「アジア的」特質としては、なによりも主従制に基づく封建領主制が本格的に展開せず、私的地主が官僚制を通じて国家権力を形成し、封建地代が国家に優位な形で分配されるような関係をとることがもっとも重要な基本点である。そうした点からすれば、大名領国制期の封建社会の在り方を、「アジア的」範疇においてとらえるべきでないことは明らかである。ただ日本の場合、律令制―荘園公領制期を通じ、経済的には畿内中央地帯の先進性と中央都市を軸とする求心的な社会分業・流通構造の編成、政治的には国家の公儀性をつねに天皇が独占するという国制理念が伝統的に形成されているという、特殊な歴史的前提とその遺制が、中世後期においてさえ、なお長く一定の重みをもちつづけていた。したがって大名領国制も、個々に地方的に割拠するだけの道を歩まず、経済的には畿内の先進的な生産力と領国経済とを結びつけ、政治的には天皇制的国制理念を取り込むことによって自己の立場の公儀性を強めようとする傾向を強くもっていたことは事実である。しかし、それらは決して上述のような封建的領域支配の在り方と根本的に矛盾するものではないのである。そうした国制理念と社会経済の発展の基本方向とは、厳密に区別して考える必要がある。大名領国制の独自の意味を評価することに消極的な見解は、多くの場合、この伝統的国制理念や荘園公領制的諸関係の残滓を過大視することによって、中世後期に進展した社会経済的発展の実体的側面をとらえきっていないところに、その成立根拠をもつと思われる。

〔参考文献〕

安良城盛昭『幕藩体制社会の成立と構造』御茶の水書房、一九五九年。
同　『歴史学における理論と実証』第Ⅰ部（前掲）。
永原慶二「大名領国制の史的位置」（『歴史評論』三〇〇号、一九七五年）。

第五章　幕藩制社会の経済構造

1　視点

織田信長は一五六八(永禄一一)年、足利義昭を擁して入京し、これを将軍に就任させたことを転機として、濃尾の一戦国大名から、全国的な統一政権樹立に向けて新たな歩みをふみ出した。信長はこれ以後、近江の浅井、越前の朝倉の打倒、義昭の追放、安土城への移転、甲斐武田の打倒、一向一揆の鎮圧、西方毛利領へ向けての進出と、精力的な軍事行動を展開した。その間、本格的な検地を実施するには至らなかったが、広大な征服地に対して子飼い家臣を大幅に登用する新たな知行割を実施し、直属家臣団を安土城下に集住させるなど、兵農分離の方向を推進した。また関所の撤廃、堺・大津・草津の直轄、十合枡の公定をはじめ、広範な分野にわたる統一に向けての諸政策も遂行した。

そうした信長の統一事業は、一五八二(天正一〇)年の本能寺の変によって挫折したが、その基本線は豊臣秀吉によって継承された。秀吉も明智光秀・柴田勝家の打倒に引き続いて、長宗我部・島津を屈服させ、毛利・徳川とは妥協し、一五九〇(天正一八)年には小田原北条を滅ぼし、東北の伊達以下の諸大名をも服属させて全国の軍事的統一を完成した。この間、一五八三(天正一一)年に大坂城を築いて全国統合の拠点とし、八五年関白となって自ら武家・公家を併せて統率する立場についたことを明示した。九二(文禄一)年から二度にわたって行った朝鮮出兵は、軍事的に失敗に終り、豊臣政権の基盤を弱める結果となったが、これにともなって強行した諸大名に対する莫大な軍役賦課は、一面では秀吉の諸大名に対する主君としての地位を確定し、他面では諸大名の領国支配体制における中世的な在地領主制の止揚を促した。

明智光秀打倒の直後から山城・近江を皮切りに開始された太閤検地は、石高制に立つ画期的内容のもので、兵農分離とともに、「中世」から「近世」への移行を決定づける役割を果した。そして、秀吉の軍事的統一をあとづけるための経済的諸政策は、以後矢継ぎ早に打ち出されてゆくが、それらはさらに関ケ原合戦、大坂冬・夏の陣を経て徳川政権によって継承発展させられていった。

幕藩体制の社会経済構造がどの局面において、いかなる形で確立されていったか、その確立の指標は何か、という問題は複雑な内容をふくみ込んでいる。しかし、兵農分離・石高制・鎖国という三つの問題が、幕藩制社会の経済構造をとらえる指標としてもっとも重要な要素であり、それらを通じて、幕府優位の幕藩制的土地所有と本百姓体制および三都を機軸とした流通機構・社会分業体制が構築されていったと見る点では、諸学説はほぼ一致しているといってよい。ここでもそうした基本的理解を受けとめ、それらの構造がほぼ寛永—寛文(一六二四—七二)の頃に確立するという理解に従うことにする。

また、そうした幕藩制的経済構造が、いつ、いかなる意味において解体過程に入るかについては、右のような基本構造が元禄—享保期(一六八八—一七三五)にかけて発展するとともに、享保期以降徐々に矛盾と転換をあらわにし、一八世紀後半頃から本格的な解体過程に入るという展望に従うこととしたい。その意味で本章が対象とするのは、一六世期末の織豊政権期から、一八世紀初葉にかけての時期である。

この間に、日本の政治支配体制と社会経済構造は、中世的な諸関係を完全に克服して、封建社会としては世界史上にも類例のない求心的で統合された政治的・社会経済的編成を完成した。もとよりそれは、中世を通じて発展し、戦国期においてひとつの結着を見た大名領国までを解体し、幕府が全一的に封建的土地所有権を掌握するものではなかったが、幕府＝将軍権力によって諸藩の大名権力はきびしく規制されるとともに、民衆は幕藩権力の専制的な支配体制のもとにおかれ、二世紀半以上にも及ぶ長期間、固定性の強い社会経済体制が生みだされた。そうした意味で、幕藩制社会には一方に統合と繁栄が見られるとともに、他方の極には専制と抑圧が併存するのである。そのような幕藩制的経済社会の成立と構造の究明が、本章の主要な問題である。

〔参考文献〕

安良城盛昭『太閤検地と石高制』日本放送出版協会、一九六九年。
北島正元『江戸幕府の権力構造』岩波書店、一九六四年。
山口啓二・佐々木潤之介『体系・日本歴史4　幕藩体制』日本評論社、一九七一年。
中村吉治『幕藩体制論』山川出版社、一九七二年。
古島敏雄『古島敏雄著作集』全六巻、東京大学出版会、一九七四—七五年。
藤田五郎『藤田五郎著作集』全五巻、御茶の水書房、一九七〇—七一年。
宮本又次『宮本又次著作集』全一〇巻、講談社、一九七七—七八年。

2　豊臣政権の経済政策

検地と刀狩

織田信長は全国統一を目ざして積極的軍事行動を進めたにもかかわらず、検地という点では不徹底な「指出し」の徴集に留まっていた。これに対して、秀吉の行った太閤検地は、文禄年間(一五九二—九五)までに南は薩摩、北は陸奥・出羽までほとんど全国にわたって施行されたばかりでなく、内容的にも逐次、新しい制度・方式が整えられていった。すなわち、六尺三寸を一間とする検地竿を採用し、従来の三六〇歩＝一段を改めて三〇〇歩＝一段とし、大・半・小の表示を廃止して、一段の一〇分一の畝の単位を設けた。そして検地帳に登録する者は、直接の耕作者であることを原則とし、加地子名主や名子主《なごぬし》のような有力農民が作人や名子の保有地までを一括名請けして、「作合い」の収取関係を温存することは禁じられた。いわゆる一地一作人原則である。

こうして確定された本田畠には、上田一石五斗・中田一石三斗・下田一石一斗、上畠一石三斗・中畠一石一斗・下畠九斗を基準とする石盛を定め、屋敷地にも上畠なみの石盛を付けた。枡は領主・地域や用途によってまちまちであったものを、京枡に統一する方針が示された。豊臣政権の発祥地ともいうべき近江では、信長の時期にも石高表示が用いられていたが、それが基準年貢額であったのに対し、秀吉の石高は標準的な生産高を表わす数値であった。したがって年貢は、この石盛に基づいて算定された村高に対してその何パーセントという形で玄米納の原則でかけられるのである。江戸時代では四公六民ないし五公五民程度が標準であるが、豊臣政権は二公一民を基準としたようである。

以上のような枠組みをもつ太閤検地も、現実にはすべて規定通りに行われたとはいえない。太閤検地で確定された村高が、江戸時代に入って大幅に引き上げられるのはほとんど通例であり、有力な「おとな百姓」が小百姓の保有地をも併せて名請けすることも広く行われた。しかしこの検地によって、大名・家臣など知行人の収取する年貢率・額に枠がはめられ、また有力農民による中間収取が原則的に排除されたことは、直接生産者農民にはいちじるしく有利な条件をもたらした。戦国大名の領国制の下では、村落共同体秩序を事実上掌握する村落上層民＝小領主層を大名が下級家臣に編成することによって弱小農民に対する支配＝抑圧の体制がつくられていたが、いまや上層農民の小領主化の方向は、体制的に阻止された。

一五八八(天正一六)年に発令された「刀狩令」は、その方向を、より端的な形で確定しようとするものであった。刀狩の一例として知られる加賀国江沼郡で集められた武器は、刀一〇七三、脇差一五四〇、鑓身一六〇、笄《こうがい》五〇〇、小刀七〇〇であった。実際に刀狩によって、農民の保有する武器が全国でどこまで没収されたことになるのかは分らないが、それはたんに一向一揆に代表されるような農民一揆を抑止するばかりでなく、「百姓」と武士との職能・身分を明確に区別し固定するという意図と効果をもっており、兵農分離を体制化する上で重要なステップをなすものであった。

国わけ・城わりと兵農分離

検地と石高制は、大名・家臣団の知行地の宛行《あてがい》・再編の基礎でもあった。秀吉は検地と並行して、「国わけ」すなわち大名の新規取立て・転封、直轄領＝「太閤蔵入地」の設定など、領有関係の再編を全国にわたって遂行した。またこの間、「城わり」と称して、室町・戦国期にひろく簇生し各地に割拠した国人領主・土豪層の城郭を次々に破壊させていった。それはすでに信長が着手していた政策の継承であるとともに、元和一国一城令の先駆をなすものであった。

一五九八年の「慶長三年蔵納目録」によれば、太閤検地を通じて豊臣政権が掌握した全国石高は約一八五〇万石、そのうち太閤蔵入地は約二二〇万石であった(表6参照)。江戸時代の全国石高総計が、享保期で約二五〇〇万石、そのうち幕府蔵入地約四一〇万石と比較すれば、蔵入高の劣勢は目立つともいえよう。また蔵入地の約六〇%が五畿内と濃尾・近江・越前・播磨に集中していることは、豊臣政権の基礎が中央地帯におかれていたことも明らかである。しかし半面、蔵入地の相当部分が九州や東北地方にまで設定されていたことにも注目すべきで、東北の蔵入地は建設資材としての秋田杉と米の確保、九州蔵入地は朝鮮出兵の兵糧米確保を直接の目的として設定されており、それらは秀吉の内政外交方針をふまえて計画的に設定されたものであった。

このような形で展開された豊臣政権の「国わけ」政策は、石高制に基づく統一的軍役体系の整備、朝鮮出兵にともなう軍役賦課を通じて、諸大名領の内部的再編にも強力なインパクトを与えた。すなわち、大名がそれら軍役を完遂するためには、かれら自身がその領国支配体制において、権力集中を進め、家臣団に対して所定の軍役量や必要な兵糧米・武器を確保させなければならなかったから、そのためにも戦国期的な家臣団の在地性・割拠性を克服し、兵農分離

表 6　豊臣期諸国検地高・豊臣氏蔵入地一覧

道	国	検地高	豊臣氏蔵入地
		石	石
五畿内	山城	225,262	84,869
	大和	448,945	100,462
	摂津	356,069	210,031
	河内	242,106	156,535
	和泉	141,513	97,464
	計	**1,413,895**	**649,361**
東海道	伊賀	100,000	2,194
	伊勢	567,105	102,514
	志摩	17,855	
	尾張	571,737	144,674
	三河	290,715	6,549
	遠江	255,160	43,480
	駿河	150,000	
	伊豆	69,832	
	甲斐	227,616	10,000
	相模	194,304	
	武蔵	667,126	
	安房	45,045	
	上総	378,892	
	下総	393,255	
	常陸	530,008	10,000
	計	**4,458,650**	**319,411**
東山道	近江	775,379	231,062
	美濃	540,000	38,494
	飛驒	38,000	2,003
	信濃	408,358	55,265
	上野	496,377	
	下野	374,084	1,851
	陸奥	1,672,806	10,000
	出羽	318,095	(26,244)
	計	**4,623,099**	**338,675 (364,919)**
北陸道	若狭	85,000	3,000
	越前	499,411	131,637
	加賀	355,570	10,012
	能登	210,000	
	越中	380,298	
	越後	390,770	(5,000)
	佐渡	17,030	
	計	**1,938,079**	**144,649 (149,649)**
山陰道	丹波	263,887	55,174
	丹後	110,784	
	但馬	114,235	5,000
	因幡	88,500	
	伯耆	100,947	500
	出雲	186,650	2,000
	隠岐	4,980	
	石見	111,770	
	計	**981,753**	**62,674**
山陽道	播磨	358,534	112,203
	美作	186,019	
	備前	223,762	
	備中	176,929	
	備後	186,150	1,500
	周防	167,820	
	安芸	194,150	
	長門	130,660	1,003
	計	**1,624,024**	**114,706**
南海道	紀伊	243,550	55,418
	淡路	62,104	28,959
	阿波	183,500	
	讃岐	126,200	13,250
	伊予	366,200	70,978
	土佐	98,200	
	計	**1,079,754**	**168,605**
西海道	筑前	335,695	(186,077)
	筑後	265,998	
	豊前	140,000	
	豊後	418,313	168,211
	肥前	309,935	10,000
	肥後	341,220	300
	日向	120,088	
	大隅	175,057	(10,000)
	薩摩	283,483	(19,728)
	壱岐		
	対馬		
	計	**2,389,789**	**178,511 (394,316)**
合計		**18,509,043**	**1,976,592 (2,223,641)**

〔備考〕　山口啓二『幕藩制成立史の研究』50 頁より引用.

を推進する必要に迫られたのである。

兵農分離を促す身分統制令は、刀狩令につづいて、一五九一(天正一九)年にも発せられた。ここでは「町人百姓」と「奉公人侍中間《ちゆうげん》あらしこ」との身分的区別を固定して相互的な身分転換を抑え、百姓が町人へ転換することも禁じている。これによって士農工商身分の固定化の方向が打ちだされたわけであるが、それらは大名の転封や朝鮮出兵軍役などを通して、現実に推進されていったのである。

都市・流通支配

豊臣政権下では都市支配も、信長時代に比べると格段に徹底した姿を示す。京都・伏見・大坂・大津・奈良・堺・博多・長崎などの重要都市は蔵入地にくり込まれ、直轄されるようになった。

これに並行して、公家・社寺が本所として座公事を徴収しつづけていた諸座の解体や、率分《りつぷん》関《せき》(皇室領の関)以下諸国の関所の撤廃が推進された。畿内中央地帯だけではなく、博多でも「諸問《とい》諸座一切あるべからず」とする原則が強制された。「諸問諸座」の否定とは、もとより商人組織の全面的解体を意味するのではなく、豊臣政権が都市・流通支配を推進してゆく場合に障害となる旧来の諸特権を打破しようとするものであった。

したがって、半面かうすれば、豊臣政権は豪商の掌握と特権付与によるその利用にもっとも積極的であったといわなければならない。日明貿易で巨富を蓄えてきた堺の豪商小西隆佐は九州出兵の際の軍需物資調達に当り、博多の豪商神谷宗湛・島井宗室も朝鮮出兵時の兵糧買付けなどに活躍したが、そうした豪商の御用商人化なくしては、秀吉の軍事行動も権勢も成り立ちえなかったのである。大坂の建設とともに、堺をはじめとする周辺都市から商人を移住させ、石高制によって大量に集積されるに至った蔵入米および諸大名の年貢米の取引を円滑化するとともに、その流通機構の中枢を抑えようとしたことも、在地領主制の克服の上に全国統一を実現した秀吉にして初めて構想された政策である。

このような都市・流通支配とともに、豊臣政権は全国の金・銀山の支配に力を注いで、富の源泉の直接的掌握をめざした。全国に散在する金・銀山は、その所在地を所領とする大名の管下にあったが、秀吉は大名の責任において運上金を上納させる仕組みを整えた。「慶長三年蔵納目録」によれば、産金地は佐渡・陸奥・出羽・甲斐・駿河・信濃など東日本にそのほとんどが集中しており、それらから上納された金は三三九七枚、銀山は但馬・因幡・越中・越前・飛驒・石見など概して西日本に片寄り、それらからの上納銀は七万九四一五枚、他に「諸役運上」として金一〇〇二枚、銀一万三九五〇枚があった。秀吉が天正一五、六年頃から後藤祐乗に鋳造させた天正大判・天正小判・太閤一分金などは、おそらくこれら上納金を原料地金としたものであろう。このうち天正大判は主として贈答用に用いられ、一般の流通貨幣とはいえないが、貨幣をもっぱら中国からの輸入銭に依存していた鎌倉・室町時代と対比するとき、秀吉の貨幣鋳造が統一的貨幣制度の形成と交換手段の合理化にもたらした積極的意義は高く評価されるべきであろう。

南蛮貿易

外国貿易の面では、日明勘合貿易の途絶と明の海禁政策という特定の条件に恵まれて登場したポルトガル商人の日明仲継貿易での活躍が、秀吉の貿易政策への大きな刺激となった。

当時、ポルトガル商人は主として明の生糸・絹織物を日本に持ち込み、日本からは銀を手に入れるという形をとり、その独占によって手にする利益は莫大なものがあった。一方、明側のきびしい倭寇禁圧政策によって中国沿岸貿易から閉めだされた日本商人たちは、台湾・フィリピン(呂宋《ルソン》)・安南などに新しい商業活動の舞台を求めて、冒険商人的活動をくりひろげていた。

そうした状況の中で、一五八七(天正一五)年、九州を平定して博多にあった秀吉は、突如キリシタン禁教令を発し、宣教師の国外退去を命じた。従来、ポルトガル商人の活動はキリシタン布教をめざす宣教師の活動と一体であり、それは信長によっても容認されてきたところであるが、ここでにわかに布教と貿易との分離方針が打ち出されたのである。その原因は断定できないが、おそらく西国大名の個別貿易権の規制と関係しているであろう。さらにポルトガル船が日本人奴隷を大量に海外に積み出している事実を見た秀吉が憤激したことや、長崎が一大名によって教会領に寄進されている事実に領土的危険を感じたことなども指摘されている。あるいはキリシタン信仰が九州の民衆の間に急速に広まりつつある事態の中に、第二の一向一揆の危惧を感じとったのかも知れない。

しかし、秀吉の貿易利潤追求の積極姿勢はこの時期以降も変らなかった。一五八八(天正一六)年、刀狩令と同時に海賊取締り令を発していることは、日明勘合貿易の復活と独占をめざすものにほかならず、一五九一年のフィリピン、九三(文禄二)年の高山国(台湾)に対する入貢の督促も、形式的には政治的服属要求であるが、実質的にはそれらとの間の官貿易の独占をめざすものであった。その意味で秀吉の南蛮貿易への意欲は一貫したものがあったが、当時東南アジアから東アジアにかけての貿易活動の主導権を掌握していたのはポルトガルとスペインであり、かれらの活動が布教と貿易をつねに一体として推進している事実からすれば、秀吉の禁教令は、事実上、南蛮貿易に対してもブレーキをかける効果をもたらさざるをえなかった。

〔参考文献〕

中村吉治『近世初期農政史研究』(前掲)。
原田伴彦『日本封建都市研究』東京大学出版会、一九五七年。
安良城盛昭『幕藩体制社会の成立と構造』(前掲)。
宮川　満『太閤検地論』全三巻、御茶の水書房、一九五七—六三年。
山口啓二『幕藩制成立史の研究』校倉書房、一九七四年。
脇田　修『織田政権の基礎構造』東京大学出版会、一九七五年。
同　　『近世封建制成立史論』東京大学出版会、一九七七年。

3　幕藩制的土地所有と本百姓制

幕藩体制の成立

秀吉は、第二次朝鮮出兵の最中、一五九八(慶長三)年に死去し、一六〇〇(慶長五)年の関ケ原合戦の勝利によって、徳川家康が豊臣政権の後継者としての地位を確立した。

西軍の宇喜多・長宗我部は改易され、毛利・上杉らは大幅に減転封された。改易は八七家四一四万石、減封は三家二〇七万石に及び、その四分の三が東軍諸大名に与えられ、佐渡をはじめとする残り部分は徳川の蔵入地とされた。関東は蔵入地の他は主として一門・譜代に分配され、全体として大々的な大名領地と徳川蔵入地の再配置が進められた。その結果、徳川の領土は関東・甲信・東海・美濃・近江・越前・佐渡・陸奥南部などを中心に六百数十万石に達した。

一六〇三(慶長八)年、家康は征夷大将軍に任ぜられ、江戸幕府を開いた。これによって西国諸大名の多くも徳川氏に臣礼をとるようになったが、豊臣秀頼はなお摂・河・泉を中心に六〇余万石を保持して大坂城にあり、全国経済の心臓部を掌握していた。徳川にとってのこの大きな脅威が除去されるのは、一六一四(慶長一九)年およびその翌年の大坂冬・夏の陣であり、この豊臣滅亡によって江戸幕府は初めて全国統一政権の実質を確立することができた。

幕府は大坂落城の翌々月、一国一城令を発して、大名領内の支城をことごとく破却させ、その翌月には武家諸法度を定め、城郭の無届修理や新規建設を禁じ、大名の叛乱の可能性を封じた。家康は、大坂落城の翌年死去したが、この間にも大幅な改易・減封を行い、秀忠も引きつづき福島正則以下四四家を改易、豊臣遺領を蔵入地と譜代家臣に分配して、幕府の軍事的安定を目ざした大名配置を推進した。

その結果、約二〇〇近くの大名領＝藩が確定された。一万石から一〇〇万石をこえる前田＝金沢藩に至るまで、大名領＝藩の規模にはいちじるしい格差があり、また大坂・江戸周辺のような「非領国」的地域もあったが、これによって封建支配の基礎単位が全国規模で確定された。同時に知行高による軍役基準も設定され、ここに日本の全国土にわたり将軍を頂点とする系統的な封建的土地所有体制が確立した。それは他面からいえば幕藩領主層の階級的結集の形態にほかならず、農・工・商＝民衆に対する独自の階級的支配体制の創出であった。私的主従制に基づく封建制度が、ここに至って国家の公的統治機構を完全に一体的に掌握するという世界史上でもユニークな封建国家体制が確立したのである。

幕藩制的土地所有と石高制

幕藩体制によって実現された封建的土地所有体制は多くの特徴を備えている。

第一に、将軍は大名の知行を、いつでも改易したり転封させうるほどに強大な権力を集中し、いわば大名の封建的土地所有権に優越する上位の国土支配権ともいうべき権能を掌握していたことである。その特徴を重視する論者の中には、これを「国家的封建的土地所有」と規定するものもある。しかし封建制社会の発展が私的土地所有の進展の上に出現したものであり、ここにおいても戦国期を通じて形成されてきた大名領が封建的土地所有の基礎単位とされていることは否定できないから、それを無視して「国家的封建的土地所有」ということは妥当でない。将軍＝幕府がいかに強力であっても、個々の大名領で生み出される剰余＝封建地代の相当部分を幕府が恒常的に割取する関係は存在していないのである。その点で「国家的封建的土地所有」という範疇を幕藩体制的土地所有に適用するわけにはゆかないが、個々の大名の封建的土地所有権が、知行割・転封を通じて土地との結びつきを弱められていたことは明白である。

そしてこれと似た関係は、大名とその家臣団との間にも形成された。大名の転封に従って新しい場所に移らされたうえ、城下町に居住を強いられた家臣団は、大名から給地を与えられても、事実上そこを独自に支配することは不可能であった。全国的に見ると、初期にはまだ地方《じかた》知行制がかなり広く行われたが、やがて家臣団の知行は俸禄化されていく。そのような点からすれば、幕藩制的封建的土地所有は、全体としてはきわめて堅牢な構造をもちながら、個々の大名・家臣の封建的土地所有はさまざまの規制を加えられ、自立的には存立しがたかったといわなければならないだろう。

第二に、幕藩制的土地所有は、中世的な在地領主制を止揚していることである。ここでは家臣団はすべて城下町に集住して在地性を払拭し、直営地を一切もっていない。薩摩藩では下級家臣は外城《とじょう》制下の「郷」の中心集落たる「麓《ふもと》」に居住し、幕末に至るまで手作地を持っていたが、そうした郷士制的関係は全国的に見れば例外的である。この点が幕藩制的土地所有が生産物地代を原則とする根拠であった。

第三に、幕藩体制のもとでは、農民層の封建的上下分解にともなう小領主層の成長と下剋上的動きが抑止されたため、封建的土地所有が世襲的な武士身分にのみ独占的に把握されるという特色がある。ここでは実力による新たな封建的土地所有の創出は体制的に否定されてしまっているし、富を蓄えた町人が封建的土地所有を買得することも一切認められない。

以上三点に要約したところが幕藩制的土地所有の特質であるが、これをもっとも集約的に表現するものが石高制であった。石高は将軍から大名へ、大名から家臣に宛行われる知行高であり、それは現実的な土地というより、収納を許された年貢高の基準値であり、同時に軍役高の基準値でもある。その意味で、大名・家臣の石高制に規定された封建的土地所有は一種の抽象性を帯びざるをえなかった。それは幕藩体制に結集し、都市居住者化した支配階級の共同支配組織によって実現されたものであり、そこではいかなる形の領主的大経営も存在せず、すべての耕地は農民の経営に委ねられている。そのため法制史学の側からはしばしば、「土地所有」というより「土地領有」と規定すべきだとする見解も示される。たしかにそれは特徴的傾向の把握という点では妥当であるが、本質的には封建的土地所有の一つの在り方と見るべきである。

本百姓制

幕藩制的土地所有の半面は、小農民経営の展開をふまえた本百姓制の成立であった。太閤検地およびそれを継承した幕藩領主の検地を通じて、「作合い否定」の原則は次第に貫徹され、弱小農民の小規模保有地も直接検地帳に登録されていった。中世以来の家父長的大経営を維持し、名子《なご》・家抱《けほう》・門屋《かどや》・間人《もうと》・頭振《あたまふり》など多様な呼称をもつ隷属農民を従属させ、あるいは譜代下人を抱えて検地帳上にも「分付」形式で旧来の立場を維持しようとする手作地主(研究上「初期本百姓」という)の動きもなお根強く存在したが、一七世紀を通じて、家父長的大経営の解体と小農民経営の自立的展開、あるいは譜代下人の年季奉公人化や名子的従属百姓の名子抜け＝水呑百姓化、という一連の動向は着実に進行した。幕藩領主が検地帳への登録を通じて年貢負担農民として直接把握した「本百姓」には、こうした中で新たに小保有者化した農民も広くふくみこまれていた。

幕藩領主は、本百姓支配を確保するためのさまざまの施策をとった。第一は、村落制度の編成である。ここでは、中世後期の支配単位であった荘・郷などは解体され、「村」が新たな支配基礎単位とされるとともに、「村切り」を行って本百姓の土地保有を極力一つの「村」内部に限定し、他村にまたがる出入作関係を整理した。「村」は小農民経営を補完する経済機能をもつ村落共同体そのものと完全に一致しているとはいえないが、それにもっとも近い性質をもっていたから、「村切り」は本百姓の再生産単位を村毎に確立し、年貢の村請制をはじめとする村落支配の体制を確立する上で重要な意味をもつものであった。

第二は、田畠永代売買禁止令以下一連の農民層分解抑制策である。一六四三(寛永二〇)年幕府が発したいわゆる田畠永代売買禁止令は、直接にはその前年の深刻な凶作によって広く生じた弱小農民の没落を阻止しようとするものであったが、一六七三(延宝一)年のいわゆる分地制限令(名主は二〇石以上、百姓は一〇石以上の高持でなければ分割相続を許可しない)や、本田畠には五穀以外の商業作物を植えてはならないとする作付制限令とともに、本百姓層の分解を直接の権力的規制を通じて阻止しようとする幕府の農民支配の基本法ともいうべきものであった。

しかし実際の問題として、幕藩領主がもっとも切実に求めたのは年貢の確実な納入であり、そのためには田畠永代売買禁止がかえって当面の年貢納入を困難にするという矛盾もさけられなかった。幕藩領主はその矛盾の解決のために、質地・年期売りは認める方針をとることが多かった。また幕府の永代売買禁止令にしても、罰則までをともなうものであったにもかかわらず、実際にはかならずしも十分な効果を発揮することができなかった。

ところで、このような幕藩領主支配の基盤としての本百姓制は、一面では中世的な家父長的大経営を解体させるという効果をもったが、現実の村落社会では、検地帳に登録された本百姓のうちでも、寡婦・病者などの弱小農家を除く役儀負担能力を備えた「役屋」を一種の特権的農家化し、それからはずされたものや無高水呑層は、村落共同体の成員権さえ認められないことが多く、村落内部に本百姓と水呑、役屋と非役屋、重立ちと小前、本家と分家などという錯綜した身分階層秩序を展開させるという側面をもった。またとりわけ畿内に濃密ではあるが全国的に展開していた職能差別＝卑賤観に基づく被差別民を、穢多・非人として幕藩制的身分の底辺に位置づけたことも見のがせない。それは村切りや五人組制・宗門改制を通じて、差別を露骨にする形で固定化された。

収取体系と農民経済

幕藩体制下の収取体系は年貢(本途物成)・小物成・高掛物・助郷《すけごう》役や臨時の国役《くにやく》などから成り立っている。その中心をなす年貢は、検地竿が豊臣期の六尺三寸から六尺一分と短縮され、度重なる検地による土地把握もいちだんと強められたため、農民にとってさらに重いものとなった。年貢率は平均して石盛の五〇％前後であったが、検見《けみ》取《とり》方式が広く行われ、豊凶に応じて弾力的に剰余部分の追求がはかられた。年貢は田畠をふくめ米納が原則で、畠については部分的に豆などの現物あるいは金・銀・銭で納めることが認められた。

一方、助郷役は街道の宿駅に近い村々に賦課された人馬役であるが、参勤交代制の確立にともなって次第に加重され、賦課される村の範囲も広げられる傾向にあった。また国役は河川・道路の修築のために賦課される臨時費用であり、幕府と地元とで分担すべきものであったが、農民にとって国役普請のための労役の割当が負担を大きくした。この二種の労役は、家族労働力の完全燃焼によって集約的な稲作経営を行い、高率の米年貢を支払う小農民にとって、きわめて矛盾の大きな性質のものであった。労働力多投型の集約的稲作経営と労役とは真正面から矛盾しあうのである。そのためこれら労役収取をめぐって、農民側の抵抗はとくに広範かつ多様な形態をとって展開されている。

兵農分離とともに、農と商工との分離も行われたうえ、このような負担体系を強いられた幕藩制下の農民経済は、基本的には自給経済の枠内におしとどめられた。石高制年貢は屋敷地・畠地についてさえ米年貢が賦課されるから、農民の食料は米以外の穀物を主とせざるをえなかった。河内国出戸村の事例では石高の八〇%前後が米で賦課されている。畿内を中心に一七世紀中頃から次第に顕著になりはじめる商業的農業地帯以外は、農民の生みだす剰余の大部分は領主権力に吸収され、農民自身の手による商品化はごく限られた窮迫販売型のものだったと思われる。慶安御触書が、年貢のためには雑穀を売り買いする必要があるから、「少《すこし》は商心も在之」ることが大切であるといみじくもいうように、年貢負担の側面からも農民経済はいやおうなく一定の交換関係に入らざるをえなかったのであるが、それは基本的性格としての自給性を根本から変えるものではなかった。

小農民経営

幕藩体制の本来的段階(第一段階)と呼ぶべき江戸前期の自給的小農民経営は、石高制の年貢米収取に規定されて、稲作が強制され、優先されざるをえなかったが、農民自身の食糧を確保するために、水田の裏作に麦が植えられ、畠地には稗・粟・大豆などが植えられた。京都・奈良・大坂周辺などでは野菜栽培＝販売も進んだが、全国的に見れば年貢米納入に規定された自給的穀物生産農業が、この時期の農業の基本的姿であるといってよい。

しかし、ここでは小農民経営の発展に応ずる鍬の発達を基礎として、土地生産力の明確な上昇があった。中世以来の家父長的大経営は、牛馬による犂耕を不可欠とし、その形はこの時期の「初期本百姓」＝地主手作経営においても基本的には変らなかった。ところがこの牛馬耕に用いられる犂は犂床をもついわゆる長床犂であって、使用上安定性はよいが、深耕ができないという弱点をもっていた。これに対して鍬は深耕がきく。しかも耕起・砕土・代掻き・中耕など目的に応じて、おなじ平鍬でも、重量・形態を変えることによって、合理的な利用が可能である。そのため、鍬は農牛馬をもちえない小農民においても土地生産力の上昇にはきわめて効果が大きい。その意味で近世的小農民経営は鍬中心の農法といってよいのである。

そうした形で主として土地生産力の上昇を追求する農法のもとでは肥料が重要な役割をもつが、購入肥料の使用は後述するように木綿作などに限られており、基本的には刈敷・厩肥・人糞・灰という前代以来の形が引き継がれていた。しかし小農民の自立的展開につれて採草源としての山野利用の村落共同体的規制がきびしくなり、入会慣行が村々で確立されていった。またそれとともに入会権をめぐる村落共同体間の争いが次第に激しくなり、幕藩領主はその紛争調停を行うことによって、農民に対する公儀的立場を強めていった。

一方、労働の生産性と緊密な関係にある農具の面では、平鍬の多様化は見られたが、打起こし用の備中鍬の出現・普及は一七世紀末頃からと見られ、脱穀は扱《こ》き箸《ばし》、籾磨《もみずり》は挽臼《ひきうす》、選別は箕《み》をゆり動かしながら行う形が一般的であった。これらの点からいえば、小農民の関心は土地生産力の追求に重点があり、労働生産性の向上には概して関心が薄かったといわねばならない。

こう見ると、江戸前期の自給型小農民経営は、ある意味では、戦国―織豊期に萌芽させつつあった農産物加工業や商品作物栽培の芽を枯らしてしまったという側面をもっている。しかしそのことは、農民が商品交換からまったく遮断されたことを意味するわけではない。本田畠以外に作付された茶・蜜柑・桑・楮《こうぞ》・漆などは地域性をもちつつも広く栽培されており、それらが商品作物として農民の現金収入源となっていたことは見のがすべきでないだろう。

新田開発

石高制を通じて極限まで年貢米収取を追求した幕藩領主は、さらなる富の獲得のため新田開発に力を注いだ。この期には、幕藩領主およびその支持をえた旧土豪的階層の主導による河道の付替え・築堤・新田開発が、各地で活発に行われ、耕地面積も飛躍的に増加した。江戸時代に入り、大名の領域が確定し、軍役負担が緩和された上、戦国時代以来築城術・鉱山掘鑿技術と一体で進歩してきた土木技術が、江戸時代に入ると長水路を中心とする関東流、水制工事を中心とする上方流など実地の経験の中でさらに高められたことが、それを支える有力な原因であった。

幕府による利根川水系工事は、江戸を水害から守るとともに、水路を開鑿して物資輸送条件を整えることに目標をおいており、その水系沿いの低湿地の本格的水田化は江戸中期のことであるが、荒川の統御による新田開発は関東郡代伊奈備前の手によって寛永年間に推進されはじめた。河道の付替えでとりわけ大規模なものは北上川・木曾川などであり、築堤による河川統御として大きな効果をあげたのは、荒川・富士川・木曾川・常願寺川（越中）・加古川（播磨）・遠賀川（筑前）・筑後川などであった。それらはみな天正頃から江戸初期に、その地の大名の主導によって行われ、河道の固定によって水から守られるようになった旧乱流地帯が、いずれもスケールの大きい新田となった。また用水を上流から取り、下流域の台地上まで長水路で導いて、これまで水掛りの悪かったところを水田化する形の新田開発も各地で進められた。

その結果、中世の主要水田が主として谷地田か河川の自然堤防裏側の低湿地帯に立地していたのに対し、一七世紀を通じて排水の改善された低地および台地上の平地部が良田となった。つまり中世では谷地田が上田とされ、平地部水田が水枯れや水腐れのために下田とされること

表7　江戸時代における耕地面積の推移

年　代	耕地面積	典　　拠
	町	
1600年頃	1,635,000	慶長3年大名帳
1720年頃	2,970,000	町歩下組帳
1874年	3,050,000	第一回統計表

が多かったのに対し、いまや逆転して、谷地田は下田となり平地部水田が上田とされるに至ったのである。そして、同時に耕地面積も急増した。その状況を示す全国耕地面積の推移は表7の通りで、江戸前期における急増と、後期における停滞とが対照的である。

こうして造成された新田は、開発の直接の担い手であった地元の土豪的有力民や労働力を提供した一般農民にも分配されるのが普通であった。したがって自己の所持地に乏しい弱小農民にとって、それは経営的自立の条件を与えられる意味をもち、幕藩領主側は、年貢の増収とともに小農民経営の安定化という点でも得るところが大きかったのである。

〔参考文献〕

佐々木潤之介『幕藩権力の基礎構造』御茶の水書房、一九六四年。
朝尾直弘『近世封建社会の基礎構造』御茶の水書房、一九六七年。
今井林太郎・八木哲浩『封建社会の農村構造』有斐閣、一九五五年。
木村　礎『近世の新田村』吉川弘文館、一九六四年。
竹安繁治『近世土地政策の研究』大阪府立大学経済学部、一九六二年。
深谷克己『百姓一揆の史的構造』校倉書房、一九七九年。

4　幕藩制的市場構造

幕藩制社会の形成にとって、封建的土地所有・本百姓制の確立とならんで重要な条件は、その社会の再生産に欠かせない市場構造の編成であった。そして、その特殊な前提として重要な意義をもったのが鎖国政策であった。

鎖国と貿易独占

家康は、対外貿易について秀吉以上の積極性を示していた。日明公貿易の復活を期待したばかりでなく、ルソンのイスパニア政庁などにも書簡を送り、朱印船の保護を求めた。幕府が慶長から寛永に至る期間に発行した朱印状は三百数十通におよび、京都の角倉了以《すみのくらりょうい》、摂津平野の末吉孫左衛門、長崎の末次平蔵以下の朱印船貿易家が、これを受けてルソン、コーチ、カンボジア、マレー、シャムなど広い範囲に活躍した。幕府はさらに、京都・堺・長崎などの貿易商人に、一六〇四(慶長九)年「糸割符仲間《いとわっぷなかま》」を結成させ、ポルトガル商船のもたらす生糸の優先的一括購入の特権を与えた。ポルトガル商船舶載の中国生糸を長崎奉行を通じて買占める方式はすでに秀吉の時にも行われていたが、ここでその体制を恒常的・組織的なものとして整えたのである。

糸割符仲間の組織化のねらいは幕府の貿易独占にある。当時、明側には生糸・絹織物生産の質量両面にわたる発展があり、日本側には産銀量の急増と西陣絹織物業を中心とする中国産白糸需要の高まりがあったから、この貿易独占が巨利をもたらし幕府財政の強化に大きく寄与することは明らかであった。しかもそればかりでなく、幕府は貿易独占を通じて西国諸大名が戦国以来独自の貿易を行って鉛・塩硝・薬種等を手に入れていた事態を抑止できるという軍事的効果もあった。そしてこの間、幕府はその主導のもとにイスパニアとも通商を開こうとしたが、これは成功しなかった。しかしポルトガルにおくれてアジアに進出してきたイギリス、オランダの商船も来航するようになり、一六〇九年、幕府はオランダ商船に平戸での貿易を許可した。幕府としては日明仲継貿易をポルトガルだけに独占させる体制を打ち破ろうとしたのである。

しかし西国大名らの個別貿易を抑えて幕府の貿易独占をさらに強化するには、秀吉の打ち出した布教と貿易の分離、キリシタン禁制を継承するほかなかった。幕府は一六一二(慶長一七)年から一三年にかけてキリシタン禁教令を強化したが、西国大名にとってその政策の受け容れは幕府への忠誠心の証にほかならず、しかもそれはポルトガルとの独自貿易の道を閉ざす結果を不可避とする点で、幕府は貿易独占を強化することができたのである。かくして幕府は一六一六(元和二)年には明船以外の外国船の寄港地を平戸・長崎に限ることとし、それを起点として鎖国への道をふみだしていった。

鎖国体制は、周知のごとく島原の乱を経て、一六三九(寛永一六)年のポルトガル船の来航禁止、四一年のオランダ商館の長崎出島への移転に至るまで、いくつかのステップを経て完成された。その一面がキリシタン禁制にあったことはいうまでもないが、経済的には幕府の貿易独占体制の確立、諸大名の独自貿易の抑止を主要な意図としていたことは明らかである。幕府はこれによって、封建的土地所有の集中体制にまさしく照応する貿易権集中の体制をつくり上げ、その面から幕藩体制の権力基盤を固めることになったのである。

幕藩領主財政

こうして幕府は、全国総石高約二三〇〇万石中約六八〇万石におよぶ天領を掌握するとともに、鎖国を通じて貿易独占の体制を完成した。また鉱山支配も、諸大名に預けて運上をとる豊臣政権の方式から進んで完全な直轄支配とし、急増した産出高を裏づけに貨幣鋳造権も独占した。江戸・大坂・京都・伏見・堺・奈良・山田・博多・長崎などの重要都市もことごとく直轄し、内外商業の担い手たるこれら諸都市の豪商たちを幕府権力のもとに組織した。これらによって幕府は、財政面でも諸藩に対して圧倒的優位に立った。

一方、諸藩の財政は初めから多くの困難を抱えていた。関ケ原合戦その他の事情で減封された藩はもとより、それ以外の藩でも関ケ原・大坂の陣とつづいた過重な軍役や幕府成立期に集中した国役普請の負担が大きく、それらが藩財政を圧迫した。参勤交代制と妻子江戸住み制にともなう江戸の消費も重くのしかかった。表8は長州藩財政の窮乏状況を示す。

こうした条件の中で石高制が貫徹し、初期にはまだ相当広く残存していた地方知行制が俸禄

表8　1643年の長州藩財政収支

		項　目	米	銀
I	収入	物成米	石 34,086	
		物成売米		貫 472.197
		浦浜畠銀		81.200
		計	34,086	553.397
	支出	京都遣方		268.000
		大坂遣方		50.000
		山口・三田尻遣方		207.400
		萩遣方	1,320	
		浮米・切米・扶持米	32,616	
		切銭		181.300
		大坂小払	150	
		借銀利子		620.000
		計	34,086	1,326.700
	不足			773.303
II	収入	山代物成		700.000
	支出	江戸遣方		1,260.100
	不足			560.100
不足計				1,333.403

〔備考〕　峯岸賢太郎「成立期藩経済の構造」(『日本経済史大系3　近世上』244頁)より引用.

制に切り替えられるにつれて、年貢米の販売市場の整備がどの藩でも火急の要求となった。しかし藩内市場はそれほどの大きさをもってはいない。たしかに城下町の発達によって、藩の中核的市場が形成され、室町―戦国期以来各地に形成された六斎市やその関係商人は、城下町に強制的に移された。城下町は大名の知行石高一〇万石についてほぼ一万人の人口をもつといわれ、加賀一〇〇万石の城下金沢の人口が一〇万程度であったことが指標とされる。このうち約半数が庶民人口であり、米の消費者であった。城下町とともに、藩内には山方・浜方・鉱山など地域的分業に基づく米の消費市場もある程度は形成され、全体として藩内の米穀市場は拡大されつつあった。しかし、どこの藩でも年貢米を藩内ですべて売りさばけるほどの市場の大きさはなかったし、領内非自給物資を中央地帯＝上方から買入れたり、江戸諸経費や国役経費を確保するためにも、幕府の発行する通貨を手に入れなければならなかったから、諸藩は年貢米の相当部分を大坂あるいは江戸に送り、ここで売りさばくことが必要であった。

大坂・江戸への廻米が円滑に行われるためには、全国的な海運網が開拓される必要があった。菱垣《ひがき》廻船(寛永初年大坂北浜に江戸積船荷問屋が開店、以後発展)・樽廻船(正保年間菱垣廻船に対抗して営業を始め寛文年間確立)は主として上方の物資を江戸に送る役割を担うものであったが、幕命によって河村瑞軒が開設整備した一六七一(寛文一一)年の東廻海運、七二年の西廻海運(これに先んじ加賀藩が開いていたが瑞軒が改修した)は、まさしく年貢米の全国的な廻米ルートであった。これによって諸藩の年貢米は大坂・江戸に廻送することが容易となり、とくに従来敦賀・小浜に荷揚げし、陸路湖北に抜け、さらに水路・陸路を経て京都・大坂に至る輸送ルートをとる北陸・東北・山陰の物資も、西廻海運によることで大きく能率をあげることができるようになった。その結果、加賀藩では一七世紀末頃までには約二〇万石の年貢米を大坂に廻米することができるようになった。

年貢米の相当部分を大坂・江戸に廻送し、蔵屋敷(大坂の諸藩の蔵屋敷は延宝年間九〇、天保年間には一二四に達した)・蔵元を通して売却、それによって得た幕府通貨で藩が必要物資を買付けるという形は、諸藩ほぼ共通であった。関ケ原合戦後、常陸から秋田に減転封となった佐竹藩の場合でも、鉄砲は近江の国友、堺の鶴屋権右衛門、京都の大島宗喜らから買付けており、武具類・鉄・碇・かすがいなども上方から購入している。したがって、このような形で廻米量と上方からの買付け物資量がともに増加すればするだけ、諸藩の経済は上方への依存度を強め、藩経済の自立性を弱めることとなった。藩経済がまったく自己完結的な市場構造をもつことは、藩領の規模の格差や自然的条件差からしても元来ありえないであろうが、こうした形で幕府が直接掌握する三都市場に結びつけられることは、そのまま諸藩の幕府への従属性を強めるものといわなければならない。

全国市場と三都

諸藩と大坂・江戸市場との結合が深まるにつれて、年貢米および各地の特産品を主要商品とする全国市場の形成が進んだ。諸藩も物資搬出のため、領内河川舟運の開発をすすめた。阿武隈川・最上川・利根川・富士川などをはじめとする大河川は上流まで舟運が通じ、随所に搬出のための舟着場=「河岸《かし》」が設けられ、それら河川舟運が東廻・

西廻海運に結合された。それに対応して大坂・江戸をはじめ主要都市では、新たな流通路の担い手としての問屋商人が、織豊—江戸初期に御朱印船貿易などに活躍した初期豪商層を圧倒し、これにとって代った。

こうした中でも諸藩からの蔵米(年貢米)・納屋米(商人米)および特産物が集中してくる大坂の発展はめざましかった。諸藩の蔵米は西廻海運の開始以降毎年一〇〇万石前後に達し、蔵元・掛屋(両替商が兼ねることが多い)と呼ぶ御用商人が仲買を通して北浜(のち堂島)米市場で売りさばいたが、一七世紀半ば頃から一八世紀初頭にかけて、諸国買物問屋と呼ばれる国別の荷受問屋をはじめ主要商品の集散機能を担う木綿・菜種・藍玉・材木・干鰯《ほしか》などの仲間組織も次々に編成された(表9)。一方、大坂から江戸に向けて移出する商品を扱う問屋の代表的組織としては菱垣廻船積問屋が、江戸で十組《とくみ》問屋ができたのと前後して組織され、やがて二十四組問屋として整備された。また取引の拡大にともなって両替商も、鴻池らの十人両替以下本両替・銭両替などに分化しつつ成長し、両替・為替・手形振出し・預金・貸付などを行うとともに、大名貸を通じて巨利を博した。さらに大坂自体の消費をまかなう天満青物市・雑喉場魚市なども発達して、大坂の人口は一六二五(寛永二)年の二七万九六一〇人から一七〇九(宝永六)年の三八万一六二六人に激増した。この間、戦国期から江戸初期にかけて富田林・平野などをはじめ大坂周辺に数多く成長した在郷町の経済機能も、多くは大坂に吸収され再編された。江戸時代

表9　正徳年間(1711–15)の大坂諸問屋

A．諸国問屋・船宿

諸国問屋	軒	同船宿 軒	諸国問屋	軒	同船宿 軒
松前問屋	8	—	周防国問屋	3	5
江戸買物問屋	31	—	薩摩国小問屋	32	—
関東筋問屋	196	—	讃岐国問屋	76	20
駿河舟問屋	1	—	阿波国問屋	100	23
陸奥国問屋	20	2	淡路国問屋	44	9
出羽国問屋	31	—	播磨国問屋	64	28
駿河遠江国問屋	9	—	備前国問屋	67	4
尾張国問屋	43	—	備中国問屋	39	7
伊勢志摩国問屋	41	—	備後国問屋	56	—
加賀能登越中国問屋	23	—	安芸国問屋	63	61
			長門国問屋	30	5
越後国問屋	22	—	豊前国問屋	24	8
越前国問屋	12	—	豊後国問屋	53	14
若狭因幡国問屋	3	—	肥前国問屋	121	7
丹後国問屋	4	—	筑前国問屋	12	5
但馬国問屋	10	—	筑後国問屋	16	3
石見国問屋	18	—	日向国問屋	75	5
出雲国問屋	14	3	大隅薩摩国問屋	38	1
伯耆隠岐国問屋	5	3	周防岩国米穀並諸問屋	1	1
摂津国問屋	88	25	壱岐国問屋	3	1
和泉国問屋	65	17	対馬国問屋	6	—
紀伊国問屋	134	20	北国問屋	21	—
土佐国問屋	63	24			
伊予国問屋	66	15	合計 (45)	1,851	316

〔備考〕「正徳年間大坂市中各種営業表」(『大阪商業史資料』)より作成．竹中靖一・作道洋太郎編著『図説日本経済史』65–66頁より引用．

表9 （つづき）

B．専業問屋その他

専業問屋	軒	専業問屋	軒
本両替屋	24	ぬか問屋	8
南両替総組合	100	毛綿問屋	18
三郷総銭屋組合	300	諸国蠟問屋	12
両替総仲間	660	諸国薪問屋	6
書巻物反物問屋	5	諸国石問屋	6
唐和薬種問屋	208	菜種子問屋	306
諸紙問屋	25	藍玉問屋	9
紙問屋諸蔵立会組頭	93	刀脇指小道具問屋	5
米売買遣操両替株	株 70	小刀庖丁問屋	24
青物屋仲間	100	武具馬具屋	8
油粕問屋	25	鰹節問屋	7
多葉粉問屋	22	川魚問屋	5
鉄はがね問屋	10	苧問屋	3
大工道具問屋	6	諸国藍問屋	18
仏具屋	5	木綿問屋	9
鯨油壱岐平戸呼子すじ油ひげ油問屋	8	漆問屋	2
		煎茶問屋	64
竹問屋	4	八百屋物問屋	43
諸国炭問屋	17	生魚問屋	28
瀬戸物問屋	6	塩魚干魚問屋	25
砥石問屋	7	干鰯問屋	?
熨斗問屋	4	算盤問屋	?
石灰問屋並薬灰問屋	50		
繰綿屋仲間	?		
		合計（45種）	2,355

表9 (つづき)

C．国別専業問屋その他

	軒		軒
阿波材木問屋	6	江戸積油問屋	6
日向材木問屋	4	江戸積酒類天井板杉木問屋	181
北国材木槙問屋	4	江戸積塗物問屋	5
秋田材木問屋	2	江戸積釘問屋	16
尾張材木問屋	3	江戸積毛綿問屋	3
土佐材木問屋	5	江戸積蠟燭問屋	34
大和紙問屋	3	下米問屋組合	人 6
北国布問屋	6	大坂菱垣廻船問屋	軒 10
紀州綛問屋	3	江戸大廻樽船問屋	5
備前焼物問屋	1	小計(9種)	266
紀州網問屋	3	京積俵物買問屋	34
丹波摺鉢問屋	1	京積油問屋	3
備後畳表問屋	13	小計(2種)	37
土佐薪問屋	5	堺大坂長崎廻船荷物積問屋	3
熊野薪問屋	6	丹座製法人	人 7
丹波播磨畳問屋	3	酒造類株	軒 636
北国干物問屋	8	小計(2種)	643
秋田銅鉛問屋	6		
合計(18種)	82	合計(14種)	949

初期から、全国動向からはとびぬけて商品生産の進んだ木綿関係商品の取引地として繁栄した摂津の平野が、一七世紀末葉には大坂の綿商人に圧迫され、かつての繁栄を失いはじめたのはその一例である。

大坂の発展に並行して京都も新たな変貌を遂げた。ここでも諸国買物問屋が広く成立したが、油・漆・紙・木綿・塩魚などの商品別問屋とともに長崎問屋・朝鮮問屋のような輸入品問屋も出現した。また輸入白糸による西陣機業だけでも、一七〇五(宝永二)年には機屋二〇〇〇軒に達し、西陣機業関係人口は一七世紀後半には一万をこえるといわれ、その他工芸品生産の全国的中心地でもあり、伝統的政治都市から商業・手工業の都市へと転換し、人口は一八世紀の初め、約三五万に及んだ。

一方江戸は、幕府所在地として特殊な発展を遂げ、一六九三年には町方人口だけでも三五万、一七二一年には五〇万をこえ、武家人口を併せると一〇〇万に近い厖大な人口を擁するに至った。しかし当時の関東はこの急激に出現・膨脹した巨大都市の後背地としてはまったく未発達であり、主要な消費物資はほとんど大坂からの回送に依存するほかなかった。そのため江戸には大伝馬町の木綿問屋をはじめ上方物資の各種荷受問屋が発達した。それらは、江戸の小売商に商品を供給するとともに、関東・東北などの地方問屋への仲継も行った。そして一七世紀末頃になると、菱垣廻船など大坂商人に対抗し、下り荷を扱う江戸諸問屋(小間物・太物・荒物・塗物・水油・繰綿・酒類・銅・釘・鉄物・紙・ろうそく・畳表など各種商品を扱う諸組)が十組問屋を結成した(一六九四年)。一方、白木屋・越後屋など大型の小売業者も開店した。

こうして三都の商業・金融組織は、一七世紀中頃から後期にかけて急速に整備され、幕藩制社会の市場構造の骨格が形成された。それは基本的には中世末以来萌芽しつつあった農村内部の社会分業・市場関係を解体し、農村手工業者・商人を城下町に集住させ、農民経済を商品経済から遮断しつつ、大名の手に集中された年貢米と特産物を全国市場に放出し交換するという特殊な構造をもっている。それゆえにこの全国市場の形成は、原理的には農村内部における経済発展＝社会分業の進展の直接的結果ではなく、自給性の濃い農民経済とこの全国市場の発展とは構造的に共存しうるものなのである。ただそれにもかかわらず、三都の発展は不可避的に農民経済にも強い刺激を与え、幕藩制経済の構造原理に対抗しつつ農民的商品経済の発展をもたらすのである。

商業的農業の進展　幕藩体制下の百姓は、支配原理の上では自給性を強制され、剰余部分を封建地代として全面的に領主に収取される関係にある。しかし小農民経営は自己発展しうる可能性を本来的に保持しているのであり、畿内地域の綿作を中心とする商業的農業の進展は、その可能性をもっとも端的な形で表出したものといえる。

戦国期に導入された木綿栽培は、江戸時代に入ると摂津・河内・和泉・大和など畿内を中心に伊勢・尾張・三河・播磨などに急速に拡大した。幕府はすでに一六二八(寛永五)年の法令で「百姓の着物の事、百姓分の者は布・木綿たるべし」と規定しており、この時点で木綿はもはや農民衣料として定着している。したがって、本田畠に対する作付制限令は初めから木綿栽培と矛盾せざるをえない。個別的に判明している事例でも、河内国丹北郡東出戸村の一六三二年の木綿作付面積は総耕地の七九％、同国若江郡小若江村では一六七七年に畠の一〇〇％、総耕地の五四％、一七〇五年の摂津国平野郷では田の五二％、畠の七八％に及んでいた。畿内を中心とする農村では、木綿栽培が幕藩制の第一段階から広く展開しつつあったことは疑いない。

ただ木綿栽培は、生産条件としては、干鰯など購入肥料の多投のほか、旱魃時における灌水、収穫時の多労働など、稲作にくらべて段当約二倍の労働力を必要とする。その上、木綿は豊凶が激しく、凶作の打撃は小経営に深刻である。その点からすると、木綿栽培はどちらかといえば上層農家向きであったといわなければならない。和泉国踞尾《つくのお》村(堺市)の北村家は、一六四七年一七九石余(一六九一年には四〇〇石)の大高持百姓であるが、一六七六年時点で、三町二段余、うち木綿作一町四段余を、譜代下人下女・年季奉公人など併せて一二人の労働力によって直接経営していた。このことは、大高持にとっても、木綿作を中核とする手作経営の収益が、小作に貸出してとれる小作料収入をこえていたことを意味しており、逆からいえば小作経営の木綿栽培収益は、大高持の木綿栽培収益より劣っていたことを示唆するものである。

しかしそのような経営格差にもかかわらず、木綿栽培は全階層に拡大した。一六八六年の摂津国上瓦林村(西宮市)では、村内全農民が持高にほぼ比例して木綿を作付けている事実が確認できる。経営条件の格差が存在するかぎり、木綿栽培による利潤が全階層に平均的に均霑《きんてん》したと見ることは許されないが、下層農民までがこうした商業的農業による利潤獲得の刺激を受け、生産意欲を高めたであろうことは疑いない。

なお商品作物としては木綿のほか、畿内・西国方面では燈油原料の菜種、藍・煙草などがあり、東日本では桑＝養蚕が代表的なものである。また山方では山畠における紙原料の楮栽培が行われ、林業では江戸初期の三都・城下町の大建設期に採取可能な自然木の多数を伐り出したこともあって、中期頃から育成林業が進みだした。

こうして、地域特産物という限界と、経営条件の階層別格差をともないつつも、商業的農業は、幕藩制の第一段階においても一定の範囲で存在した。それは幕藩領主の農民支配の原理的方向とは矛盾しあうが、現実には第一段階を通じても着実に進展したことを認めないわけにはゆかない。そしてそれと並行して、農業技術も発達した。自給的農業においては労働生産性向上への関心が低いことから農具の改良は余りみられなかったが、一七世紀の末頃に近づくと、鍬にも従来の平鍬とは形状・性格を異にする備中鍬が出現し、耕起の能率を高めるようになった。脱穀調整器としての千歯《せんば》扱《こ》き・唐箕《とうみ》・千石簁《せんごくどおし》もほぼ同じ頃に出現し、いずれもそれ以前の同類農具にくらべて格段の能率を発揮するようになった。畿内・西日本における二毛作の普及が、冬作麦の刈入れから夏作稲の田植までの期間を手早く能率化することを要求し、それが耕起具の改善を促したし、脱穀調整器の改良も、農産物商品化の進展にともなって増大する労働力需要に対応する必要から生みだされたのである。

一七世紀の後半頃からは農業以外の諸産業でも新しい展開が目立ってきた。

諸産業の展開

漁業も都市人口の急増にともなって、専業化した一産業部門としての形を整えるようになり、とくに各種の漁網が発達した。なかでもふくろ網・建て網技術の発達がいちじるしい。前者の型に属するものの代表例は九十九里浜の鰯地曳網であり、一〇〇人にも及ぶ協業労働力によって大規模な漁獲を行った。畿内木綿作の肥料とされた干鰯は主としてこの九十九里浜産である。後者は海中に定置して魚群を追い込む型で漁網の中でも発達した形態のものであり、鮪・鰤・鯛など大型の魚の漁獲は主としてこれによった。

塩業では、この時期に塩田が揚浜式から入浜式に移行した。人力によって海水を汲み揚げる揚浜式と異なり、海水を潮の干満を利用して導入する入浜式では、塩田の造成そのものに多大の資金・労働力を必要としたが、それによって生産性は飛躍的に高まった。阿波の撫養《むや》、備後の松永、安芸の竹原などをはじめとする瀬戸内沿岸の有力塩田は、多くの場合、藩の支援のもとに江戸前期のうちに開発され、大量の塩業労働者を雇傭して製塩する形にまで発展した。

またこの時代に入って大きく発展したものに醸造業がある。池田・伊丹・尼崎・西宮などを中心とする酒造業は、大坂に廻送されてくる良質米とこの地域の水質および輸送の便を選んで発展したものである。のちに灘の銘酒として知られる灘目《ただめ》の酒は、中期以降これら先行酒造地に対抗して登場してくるものであって、前期においてはまだその地位を確立していない。これらの地域で生産される酒は樽廻船によって江戸に大量輸送された。一六九七年の「下り酒」(江戸への積出酒)は六四万樽におよんでおり、その生産方法も大規模な醸造工場で多数の労働者を使用する形が採用され、「千石造り」が中位の目安とされた。

醸造業の一分野として醤油製造も、江戸前期に盛んになった。関西では京都・大坂・湯浅(紀伊)が主産地として知られ、関東でも銚子・野田が水運の便を背景に主産地として展開した。今日に続く銘柄「ヤマサ」「ヒゲタ」は江戸前期に銚子で創業された。

これに対して、後期には桐生・足利・秩父などをはじめとして関東・東山道地帯に広く発展する絹織物業も、この時期ではなお西陣の独擅場の観があった。関東の諸機業地では取引開始年代を江戸前期、慶長—寛永頃とするものが多いが、全国市場の中で占める地位はまだほとんど問題にならなかったようである。甲斐郡内の紬、下総結城の紬、伊豆八丈島の紬などもその名が知られるが、この時期にどの程度の地位をもっていたかは明瞭でない。

綿織物業の展開は、畿内を中心とする木綿作付地帯とほぼ重なり合う形で見られるが、木綿は元来庶民衣料だけに農家の自家生産として織布される形が広く存在したため、本格的機業地の分化・展開はおくれるのである。

当代の産業構造を考える上ではさらに製紙業・窯業なども見のがせないが、ここではやや角度を変えて、農村における手工業者・商人などの存在形態についてふれておこう。兵農分離とともに農民と商人・手工業者の分離も推進され、かれらが城下町に吸引されたことは事実であるが、そのことは農村が完全に農民だけの村となったことを意味しない。少なくとも、農具の修理・打替えにあたる鍛冶屋、自給衣料原料の染色にあたる紺屋、非自給物資を供給する小商人などは、自給農業型の村落にも欠かせないものであり、それは小商品生産の展開に基づく地域内社会分業以前からの存在である。

表10 1686年河内国富田林村の商人職人構成表

かじ	9	木綿屋	3
大工	2	さらしや	1
たるや	5	こん屋	4
木引	1	はたや	1
屋ねふき	1	米や	4
くるまや	1	志ほや	2
馬	9	みそや	1
茶屋	1	酒や	1
あめや	1	かうしや	1
もちや	1	あふら	3
とうふや	1	木や	1
うをや	1	かわらや	1
まんちうや	1	ほうきや	2
小間物屋	1	竹や	1
籠屋	1	かさや	2
かみゆい	1	おけ屋	1
針立	1	やはん	1
くすし	1		
布や	7	計	76

〔備考〕 脇田修『近世封建社会の経済構造』304頁より引用.

しかし一七世紀の末近くなると、表10に示すように河内富田林村の商人・職人はかなり多様な展開を遂げている。富田林は戦国期から寺内町として発展した歴史をもち、この時点で制度上は「村」とされているが、実体は在郷町としての姿を保持しているものであるから、これが一般の村の姿とはいえない。しかしそれにしてもこれらの商人・職人の顧客は周辺農村の人々であろうから、それらをふくむ地域として見れば、先進地帯においてはすでにこの程度の職業分化が農民経済と結合した社会分業の展開水準であったのである。

領主的商品と農民的商品

このような事実をふまえると、幕藩制の本来的段階においては、領主経済は年貢米の商品化を起点として全面的に商品経済に入り込んでいるが、農民経済は全一的に自給経済の枠内におしとどめられ、手工業・商業は総じて領主経済に結合している、という図式を余りに単純に受けとめることが正しくないことは明らかである。

問題の手掛りとして表11に示した一七一四(正徳四)年の大坂の移出入品の状況を見よう。もちろんこれはすでに元禄の発展期を経た時点の状況を示すものであるから、それからただちに幕藩制第一段階の状況を想定するわけにはゆかない。しかしここに移入品として現われている商品の多くは前期においても存在しえた性質のものである。菜種・木綿・絹・苧・藍玉・紙・煙草・砂糖・大豆・小麦などはすべて農産物ないし農産加工品にほかならない。もとよりこれらにしても大坂への移出は藩側の掌握する流通ルートに規定され、大坂での商品化も藩と結ぶ商人の手を媒介にしていたであろうから、これらが自由な農民的商品であると見ることは正しくないだろう。しかし、この種の商業的農業が畿内・西日本の一定地域で展開していたことは動かしがたい事実であり、またそれらが元禄期に突如として集中的に出現したと考えることはできないのである。さらに材木・掛木などの山方商品、干鰯・塩などの浜方商品、鉄・銅などの鉱業商品も存在し、そこに主要商品を背景としての社会分業の態様を知ることができる。

移出品は移入品にくらべると加工品が多く、かつ、総価格の点で移入品をはるかに下廻っている。一位の菜種油は、原料菜種を移入し、大坂で絞油して移出するのである。のちに絞油業は水車利用の容易な灘目地域が全国の中心的生産地となるが、この時期ではまだ大坂で絞られていた。その他の移出品目を見ても完成品の多いことは、大坂が加工業の町であったことを示している。古手《ふるて》は、木綿作の不可能な東北地方などの農民衣料として重要な地位を占めるものである。これら移出品のすべてが江戸の消費のみにあてられたのではなく、江戸で仲継され、関東・東北の農村部に供給されたものを少なからずふくんでいたわけである。これらの商品も、すべてが元禄以後とばかりは断定しにくいものである。

こうした事実をふまえれば、(1)「天下の台所」を通して全国市場に登場してくる商品には、領主的商品と農民的商品の二系統が存在したこと、(2)幕藩制社会の本来的段階(第一段階)においても、一定の農民的商品がさまざまの制約を負いつつも三都市場に結合されていたこと、(3)そうした商品生産・販売に支えられて、地域的にも一定の社会分業＝農民的商品交換関係が成立しはじめていたことは確認する必要がある。農民支配の基調は自給的な小農民経営を土台としながらも、幕藩制社会の市場構造は実体的にはおよそこのような内実を備えていたのである。

表11　1714年大坂入荷商品部門別・種類別銀高

部門	種類	品名	銀高	最高額商品	最高額商品銀高	部門銀高
			貫		貫	貫
農産・農産加工	穀物	米・大豆・小麦その他	53,740	米	42,659	160,416 (56.0%)
	青果その他	青物・瓜・茄子・柑類なり物等	2,495	青物	686	
	嗜好物	烟草・砂糖・煎茶	13,570	烟草	6,496	
	油原料	菜種・胡麻・綿実・荏子等	37,400	菜種	28,049	
	木綿類	木わた・毛綿綛・白木綿・嶋木綿等	30,434	白木綿	15,750	
	絹類	絹・紬・真綿・京織物・京染物等	6,784	絹	3,013	
	麻類	苧・布・奈良晒・蚊帳	7,941	布	3,401	
	染料	藍玉	1,466			
	莚縄類	畳表・七島莚・莚類・縄類等	6,586	畳表	2,866	
林産	竹木類	材木・掛木・結木・竹・竹皮等	38,148	材木	25,751	58,342 (20.3%)
	炭類	炭・池田炭	2,578	炭	2,504	
	木蠟		1,915			
	紙		14,464			
	その他木製品	椀折敷・万木地椀物	1,237	椀折敷	1,064	
水産	塩		5,230			34,565 (12.0%)
	魚類	生魚・塩干魚	8,875	塩干魚	5,400	
	海草類	昆布・わかめ・海苔	328			
	水産加工品	鰹節・鯨油・干鰯	20,132	干鰯	17,760	

鉱産	鉄類	鉄・釼	12,392	鉄	11,804	26,270 (9.1%)
	非鉄金属	銅・鉛・錫	8,388	銅	7,171	
	その他鉱産物	諸石・硫黄・砥石・明礬等	2,614			
	焼物		2,876			
輸入品	繊維品	唐織物・唐諸糸・羅紗毛氈	1,400	唐織物	1,293	6,117 (2.1%)
	薬種		3,578			
	蘇木		827			
	その他輸入品	胡椒・唐蠟・唐紙・唐革・唐茶	312			
その他		和毛皮・筆毛鹿皮等	1,851			1,851
計						287,561

〔備考〕 山口啓二・佐々木潤之介『体系・日本歴史4　幕藩体制』113頁より引用.

〔参考文献〕

朝尾直弘「鎖国制の成立」(『講座日本史4』東京大学出版会、一九七〇年)。
脇田　修『近世封建社会の経済構造』御茶の水書房、一九六三年。
同　　「近世都市の建設と豪商」(岩波講座『日本歴史9』一九七五年版)。
中井信彦『幕藩社会と商品流通』塙書房、一九六一年。
安岡重明『日本封建経済政策史論』有斐閣、一九五九年。
同　　「幕藩制の市場構造」(岩波講座『日本歴史10』一九七五年版)。

原田伴彦『日本封建都市研究』(前掲)。
八木哲浩『近世の商品流通』塙書房、一九六二年。
北島正元『江戸商業と伊勢店』吉川弘文館、一九六二年。
林　玲子『江戸問屋仲間の研究』御茶の水書房、一九六七年。
渡辺信夫『幕藩体制確立期の商品流通』塙書房、一九六六年。

5　研究史上の問題点

幕藩制社会は、社会構成史的視角からするとき、生産物地代を原則とする封建社会であると見る点については、これを絶対主義段階または封建社会の変質・解体段階と見なす一部の理解を除けば、諸家のあいだにほとんど異論がない。封建社会の土台をなす小農民経営は幕藩制の本来的段階において、はたしてどこまで全面的に展開していたのか、そこではなお譜代下人・門屋などの従属的労働力を包摂するいわゆる「初期本百姓」経営が基幹経営であったのではないか、といった点では論議も分かれ、検討すべき余地はなお残されている。けれども太閤検地以降の幕藩領主の基本政策が小農民経営の確保におかれていたことについては疑問の余地がないし、譜代下人や門屋的従属農民なども一七世紀末頃までには縮小ないし消滅してゆくことが傾向的に認められるので、幕藩制社会を小農民経営を基礎とする封建社会とすることは、大筋としては広く承認されているのである。一部に行われている封建社会の変質解体段階とする所論は、江戸時代における全国市場の展開や三都商人の巨富の蓄積、あるいは幕藩体制下の農民の土地保有が事実上「所有」というべき性格を備えだしており、農民の社会的存在形態も古典的な「農奴」範疇では律しがたい発展面を保持していることを論拠としていると見られるが、ウクラード論的視角から封建的小農民経営そのものに疑義を提出しているわけではないので、共通の理論的枠組み・方法の上に提起された異説とはいえないのである。また幕藩制社会＝絶対主義段階説は、明治維新をブルジョア革命と規定する立場から、その前提社会としての幕藩制社会を一括して絶対主義段階とするのであるが、これはいわば理論的要請から出発した試論であって、幕藩制社会を絶対主義段階とする具体的論拠や論証が系統的に提示されているとはいえないものである。

その意味で、幕藩制社会の社会構成史的位置については、段階論的観点からの問題は比較的少ないといえよう。しかしその特質や構造論的観点からは、少なくとも次のような諸点が大きな問題となっている。第一は、中世を家父長的奴隷制社会、幕藩制社会を農奴制に基づく封建社会と規定する安良城盛昭のような理解に立てば、中世から近世への移行は、いわば直線的な社会構成体の前進過程ということになる。しかし、これを、中世後期の下剋上・戦国動乱に見られるような封建的土地所有・領域支配体制の競合的展開状況が統一政権によって抑止され、その時点で勝利者となった幕藩領主が封建的土地所有を独占し、固定化する過程ととらえれば、幕藩制社会の成立とは一種の専制的統一が実現される封建社会の特殊な形態＝段階であり、資本主義の独占段階への移行が、資本主義の歴史においていわば進歩の過程であると同時に不可避的に独占に伴う反動性を随伴するのに似た意味で、そこでは〝専制＝反動の体系〟という側面を無視しえない、ということになる。この点は幕藩制社会の史的評価として重要な意味をもっている。

第二に、すでに本章でふれたところであるが、幕藩制下の封建的土地所有体制の特質、幕府への集中、諸大名の「鉢植え」化を、「国家的封建制」あるいは「百姓は公儀のもの」とする関係(転封の際百姓はすべて従前の地に残す)から、農民の性格を「国家的農奴制」と規定することの適否である。本書の立場はこれを支持するものではないが、幕藩制社会の構造的特質論としては重要な論点であり、これは右の「専制的統一」の視角をとることによって、積極的に受けとめることができるであろう。そしてこの点は、幕藩制的土地所有の集中的性格は、日本における封建的土地所有制の強さではなく弱さの表現であり、「百姓」＝小農民経営の原生的脆弱性、それと対応する各地の「独立手工業経営」の未成長ないし欠如が、相互に独立的な所領の存続を許さず、その集中を必至化する、という芝原拓自の指摘にかかわる問題である。すなわち、〝集中性〟の経済的根拠の問題である。芝原はこれを、小農民経営の弱さとそれに規定される個別領主制の弱体性という観点から説明するのであるが、一方には江戸時代の経済発展を概して高く、発展的側面に重点をおいて見る前記のような見解もあり、この点も重要な論点といわなければならない。

第三に、この点は本論でも述べた領主的商品と農民的商品の対抗の問題ともかかわってくる。幕藩制社会第一段階の理解については、安良城盛昭の全剰余労働収奪体制説と、堀江英一の領主的商品一元論(第一段階では農民的商品は未成立と見る)の影響が決定的に大きい。この二者は表裏の関係にあり、この論理を取り込めば、第一段階＝〝自然経済〟説に従わざるをえず、それを否定する論者は農民経済をふくめたこの段階の経済発展を無限定に強調するきらいがある。この点について本書では、幕藩領主の農民支配の政策基調としての自給性の問題と現実における一定の農民的商品の存在とを論理的に区別してとらえることにつとめ、しかも安易に発展面を強調する立場には従いえないという理解をとった。一定の農民的商品生産が存在しながら、なお芝原が指摘するような小農民経営の弱さが克服されえないのは、その商品生産が地域内的社会分業に基づくものでなく、特産物的生産の要素を克服しえないこと、また商品化過程＝流通組織が強固に幕藩領主およびそれと結ぶ特権商人に掌握され、農民の手による自由な商品化が阻害されていること、などによるであろう。そうした意味で、封建社会における農民的商品生産・流通の在り方の理解を理論的に深化させてゆくことが、これらの争点の解決のために必要であると思われる。

〔参考文献〕

本章各項に掲げた安良城盛昭・佐々木潤之介・朝尾直弘らの諸論稿の他、

芝原拓自『所有と生産様式の歴史理論』青木書店、一九七二年。

永原慶二「封建社会のアジア的特質」(『講座史的唯物論と現代3』青木書店、一九七八年)。

同　　「日本封建制のアジア的特質」(『一橋論叢』七七―四、一九七七年)。

第六章　幕藩制経済の動揺と再編

1　視　点

幕藩制経済の基本構造は、ほぼ寛文―延宝期(一六六一―八〇)頃までに完成し、元禄期(一六八八―一七〇三)にかけて発展するとともに、そこを転期として変質・動揺の過程に進んだ。すでに見たように、幕藩制経済構造は、(1)幕藩制的土地所有体系、(2)封建的小農民経営―本百姓体制、(3)領主的商品を中心とする幕藩制的市場構造、の三つを主要な契機として成立していたといえるから、変質・動揺の問題もその視角から論じられなければならない。

その意味で、幕藩制経済構造の変質・動揺の筋道は、具体的には、農民的商品生産の展開に基づく農民的剰余の一般的成立、それを前提とする地主小作関係の進展、幕藩領主による剰余の独占体制の動揺と領主財政の窮乏、その解決策としての「改革」=収奪の強化、階級矛盾の露呈としての百姓一揆と打こわし、他方における局地的市場圏の形成、といった一連の動向の中に位置づけられる諸現象の展開としてとらえられるであろう。

すでに見てきたように、農民的商品生産は第一段階においても現実には畿内を中心に一定の展開があった。その代表的商品としての木綿は特産物＝隔地間取引商品的性格をまだ克服しえず、また流通面においても領主的・特権問屋的規制を強く受け、自由な農民的商品とはいえないが、それでもその生産者たちに自給的穀物生産とは異なる有利さをもたらし、それゆえにこそ木綿栽培はすでに第一段階において急速に拡大しはじめていたのである。

元禄期の繁栄は、幕藩制的市場が確立し、諸藩から大坂に送り込まれる領主的商品量が増大するとともに、こうして発展しはじめた商業的農業・農産物加工業の生みだす農民的商品の大坂への移入が急増したところにその基本的要因があった。しかもそれはかならずしも畿内だけの問題でない。東北の会津藩でさえ、元禄期には「民力差し潮の如し」といわれるような状況があった。そうした意味で元禄期は、第一段階の到達点であると同時に、幕藩制経済の変質・動揺の開始点でもあったのである。

本章は、このような形で始動する幕藩制経済の変質・動揺が、どのような内容と段階をたどって進行していったのかを主題とする。それは、(1)元禄・享保を中心とする一七世紀末―一八世紀の前半、(2)宝暦―寛政の一八世紀後半、(3)文化・文政―天保の一九世紀前半、の三段階に区切ってとらえてゆくのが妥当と思われる。通常の政治史的区分との関係でいえば、第一段階は吉宗の享保改革、第二段階は田沼の政治と松平定信の寛政改革、第三段階は将軍家斉の大御所時代と天保改革の時期にあたる。問題の焦点は、前述のような幕藩制的編成を受けている封建経済を下から解体に導くブルジョア的発展と幕藩領主側の「改革」という対抗的二側面の相関的把握にあるわけである。

なお、天保期を近代化の起点として明治維新史に引きつけてとらえる見方もあるが、ここでは日本の幕藩制の解体と近代化における国際的契機を重視する立場から、ペリーの来航、安政の開港以降を次章で扱うこととし、天保改革までを本章の範囲とする方が適切であると考えた。

〔参考文献〕

土屋喬雄『封建社会崩壊過程の研究』弘文堂、一九二七年。
津田秀夫『江戸時代の三大改革』弘文堂、一九五六年。
辻　達也『享保改革の研究』創文社、一九六三年。

2　幕藩制経済の変質

元禄・享保期の繁栄と財政不安

一七世紀の末、元禄期に入ると、農民的商品生産は、畿内の木綿のみならず、従来自給農業地帯的色合いの濃かった関東・東山道方面の後進的村々にも養蚕・製糸業を展開させはじめた。それらの生糸は地方機業の原料のみならず、西陣への登せ糸としても荷動きが活発となった。

この間一七世紀を通じ、全国の石高は一五九八（慶長三）年の一八五〇万石から一六九七（元禄一〇）年の二六〇九万石へと増大した。また日本の総人口は、一七世紀初頭の推計約一八〇〇万人から一七二一（享保六）年の約二六〇〇万人まで増加した。年平均増加率は〇・四％（速水融の推計では一七世紀初頭人口が従来の所説よりはるかに少ないため、年増加率は〇・九―一・三％）、一七二一年から一八七二年（壬申戸籍の数値）の平均年増加率〇・一％に比べるとその増加率はいちじるしく高かった。これも一七世紀を通じての生産力の発展を裏づける数値である。

こうして、石高・人口増加と表裏の関係で進行した経済発展の中で農民的商品の移入量が加速度的に増加した元禄期の三都、とくに大坂の繁栄は瞠目すべきものがある。商業組織の面では、初め問屋組織の主力であった国問屋とならんで、商品別の諸問屋が発達した。商品別問屋の中でも積送先別に、江戸積釘問屋・京積油問屋といった形の分化も進んだ。国別問屋は一八世紀後半には専門商品別問屋が優勢となって圧倒されてゆくが、正徳年間（一七一一―一五）には一八〇〇余軒にも達しており、また商品別問屋・廻船問屋・両替商などは同じ頃八二業種以上に及んでいる（表9参照）。そうした発展の中で町人が独自の社会階層として自己形成を遂げた。他方、原料品が大量に運び込まれた大坂は、繰綿・綿織・絞油・銅吹替（精錬）などをはじめとする加工業の場としても急成長し、周辺農村人口をその労働力として吸引するようになった。先述のような農業技術の改良、労働生産性の向上も、こうした農村労働力の都市への流入と不可分の関係によってもたらされた。元禄期は、都市と農村がある程度並行的にその繁栄を実現したところに特徴がある。

しかし、都市・農村の繁栄の陰で、幕藩領主経済には不安がしのびよっていた。商品経済の拡大によって、幕藩領主経済はとどまることない貨幣支出の増勢に脅かされはじめたのである。幕領の総検地は寛文・延宝のそれを引き継いで元禄期にも行われ、新田の打出しがはかられた。窮乏しはじめた旗本のためには、寛永のそれにつづいて一六九七(元禄一〇)年ふたたび「地方《じかた》直《なお》し」が行われ、五〇〇俵以上の蔵米支給を受ける旗本の禄米は知行地に切り替えられ、窮乏に対する救済の手も打たれた。

だが、何よりも幕府を直接窮地に陥れたのは、金銀産出量の急減と長崎貿易による金銀の流出であった。商品経済の発展によってただでさえ貨幣の流通量が不足している状況の中で、金銀地金が不足しはじめたことは深刻な事態であった。その打開のために、幕府は荻原重秀の主導のもとに金銀貨の改鋳に乗り出し、金銀の純分を切り下げることによって金貨の数量は一・五倍に、銀貨は一・二五倍に改鋳した。同時に金貨と銀貨とで純分含有量の差が生じたのに対応して、金銀貨の公定相場を金一両＝銀五〇匁から、一両＝六〇匁に改訂した。この貨幣改鋳は通貨需要の増大に対応する措置であり、これによって幕府は五〇〇万両に及ぶ出目《でめ》も獲得した。しかし、この悪鋳は物価騰貴を呼び起こし、結果的には悪影響が領主経済にはねかえってくることもさけられなかった。

地主小作関係の展開

幕藩制経済をさらに根底から変化させる動きとしては、この頃から目立ちだした地主小作関係の展開がある。農民層内部における土地貸借関係というかぎりでは、初期本百姓と名子・門屋などとの間にも従属的小作関係が存在したが、これはむしろ元禄期頃までに大勢としては解消する方向に進んだ。他方、それとは対極的なものに無高水呑百姓が大高持百姓との間に結ぶ地主小作関係もあった。その場合にも身分的隷属関係は生じないとはいえないが、土地生産力が高く商業的農業も発展し、農外収入なども得やすい畿内農村では、身分的には比較的自由で、複数の地主から借耕する小作経営も不可能ではなかった。

また、この頃になると町人地主も出現した。一八世紀初頭、北流して淀川に合流するためにたえず氾濫をもたらす大和川の河道を、まっすぐ西にのばして大阪湾におとすようにした付替え工事によって生じた旧河道の新田は、十人両替の筆頭鴻池や菱屋が地主となって鴻池新田・菱屋新田と呼ばれた。木綿作地帯のうえ、年貢率の低いこの新田は、商人が利廻計算に基づいて投資しても有利な収益を期待することができたのである。

しかし幕藩体制下でもっとも一般的なものは、窮乏した本百姓がその所持地を富裕な本百姓に年期を限って入質し、自らが用益権を留保する質地小作関係であり、これは全国的に展開していった。質地小作にもせよ金主たる質地地主が一定の小作料を収取できるには、年貢以外に剰余が存在しなければならない。質地小作は東北地方など商品生産のおくれた地方でも広く展開するが、厳密に検討すると、そこでは年貢量に比較して土地の生産性が高い特定の耕地片、石盛が比較的低く、縄延《なわのび》のある耕地片などが選択的に質地の対象とされ、すべての土地が均等的に質入れ対象とされえたわけではない。しかし大勢としては、一七世紀後半にはいわゆる代表越訴型の年貢減免闘争も高まり、領主側の年貢増徴もむつかしくなったこともあり、質地小作関係は、ほぼ全国諸地域にわたって展開をみせたといえるのである。

田畠永代売買禁止を前提とするかぎり、有期的な質地までを抑止することは、かえって年貢収取にも不都合であったから、幕府は従来質地を認めてきた。ところが質地小作関係が拡大し、かつ年期が過ぎて質流れとなれば永代売と実質は変らない。その結果、百姓身分の内部で小作料収取関係が定着拡大してくることになれば、幕藩領主による剰余生産物の独占体制はくずれることになる。そのような状況に対して、元禄以降の幕府の政策は揺れ動いた。一六九四(元禄七)年には田畠永代売買禁止の罰則規定を、従来の「売主牢舎之上追放」から「欠所に及ばず」(一七四四年には過料)へ、買主過怠牢から過料(一七四四年には田畠取上げ)へ、証人過怠牢から過料(一七四四年には叱)へと緩和し、同年質流れについても年期は一〇年以内と規定するとともに部分的には質流れも承認する法令を発した。しかし一七二二(享保七)年には質流れ地禁止令を発するとともに、すでに年期を過ぎている質地についても一定の元利を支払えば請け戻すことを認め、さらに今後質地の小作料は元金の一五%以内に制限させることとした。質地小作関係に対する明確なブレーキである。しかし、この法令を質地取返しの一般的許可と解した困窮農民が出羽長瀞《ながとろ》・越後頸城《くびき》地方などで質地奪還騒動を引き起こし事態が大きく混乱すると、幕府は翌年にはこの禁止令を撤回した。

このような動揺の結果、幕府は事実上、幕藩領主による剰余生産物の独占体制の放棄を余儀なくされ、百姓身分内での土地移動と地主層の形成を黙認する方向に転換した。商品経済の発展にともなって出現した豪農・商人地主の出現を力ずくで抑制することがもはや困難となったため、幕府はその出現を前提として、農民支配・年貢収取体制を立て直そうとするに至ったのである。この頃以降、多くの村々で村役人層が村の草分け的な家筋から新興地主層に交替しはじめ、あるいはその地位をめぐる紛争が頻発するのはそれを示している。また享保改革の一環として一七二二年江戸日本橋に高札を立て町人請負新田の開発を促したのも、幕政が地主制容認に踏み切ったことと無関係でない。このとき実現した大規模な町人請負新田としては越後紫雲寺潟の干拓があり、下総北部の利根・鬼怒川氾濫原の飯沼の水抜き干拓による飯沼新田も江戸その他の町人が普請を請負い、沼廻り二四カ村の労力提供による一五〇〇町余の新田であった。幕府はもはや自己の権力だけによって地代収取を増強することができず、各種の地主層の力によって、村方支配の強化・新田増加をはかり、それを通じて年貢確保を期するようになったのである。

享保改革の経済政策

幕府財政の立て直しをめざす享保改革がもっとも力を注いだのは、新田開発の促進もさることながら、年貢増徴策であった。それは一七二四(享保九)年から開始されたもので、従来の検見取方式を改め、豊凶による減免を認めない定免制の採用を中心とするものであった。実施にあたっては、一七一四年から二三年に至る一〇カ年平均租率に若干の増を加えて定免率とし、以後三―五年毎に定免率の改訂引上げをはかった。その結果、幕府直轄領の年貢収入は一七一六―二五年の一〇年平均が一三九万石余であったのに対し、次からの一〇年毎に一四七万石余、一五八万石余、一六六万石余と順調に増加し、かつ単年の数値では一七四四年に一八〇万石をこえ、幕末までの最高額を記録した。こうして定免法への切替えは功を奏したといえるが、それは相当に強引なものであったから、一七二九年の陸奥国信夫・伊達二郡天領農民の強訴をはじめ年貢引上げに抵抗する農民闘争が各地に勃発した。

ところで、この頃幕府を深刻な窮地に追い込んだのは物価問題であった。それは米価とその他の「諸色」(諸物資価格)との関係が、従来とは変って米価安の諸色高となってきた新事態である。これでは年貢増徴も水の泡となってしまい、米を売り諸物資を買入れて暮す武士の生活は当然大きな脅威を受けることとなる。元禄改鋳ののち、新井白石の正徳の改鋳＝品位引上げによる通貨縮小・不況の中でこの事態となったから、打撃は深刻であった。幕府はそうした事態に対し、一七二四(享保九)年には一二品目の主要商品について物価引下げ令を発し、また米・木綿・繰綿・水油以下二二品目の重要商品を取り扱う江戸問屋商人に組合の結成を命じ、それによって価格統制を強化しようとした。さらに、一七三一(享保一六)年には、大坂の堂島米市場での米相場・米切手売買を許したり、これまで制限してきた酒造量の増加を認めたり、さらには大坂町人にこの年だけでも六〇万石に及ぶという多量の囲い米を命じ、米の市場出廻りをおさえて江戸米価の引上げを策した。しかしそれらの試みもさしたる成功を見ず、結果的には、問屋商人の統制強化のために許可した株仲間制度だけが残り、かえって独占の弊害が強められることとなった。江戸の蔵米を一手に取り扱う札差《ふださし》が一〇九の株を認められて株仲間を結成し、これを契機に巨利を積むようになったのも一七二四年のことである。

　こうして将軍吉宗以下の努力にもかかわらず物価は下がらず、江戸の市民は無理に高い米価をおしつけられたため、一七三三(享保一八)年にはついに江戸で最初の打こわしが勃発した。幕府はこれに対して三五年には米価の公定まで試みたが事態は好転せず、一七三六(元文一)年に至って、再び貨幣改鋳＝品位引下げに踏み切り、ようやく米価の上昇を実現させた。

　しかし、これによっても幕府財政と物価問題がただちに安定したわけではなかった。銅の産出量低下から長崎貿易用の廻銅の調達が思わしくなくなったため、三八年には大坂に銅座を開設し、諸国産銅の統制を強めなければならないという事態も発生した。享保改革は通常、農政に重点がおかれ幕藩制の本来的姿への回帰を指向したものと解せられているが、実際には商業・物価・貿易問題への取り組みが不可避の緊急性をもつものであった。

〔**参考文献**〕

脇田　修『近世封建社会の経済構造』(前掲)。
大石慎三郎『封建的土地所有の解体過程』御茶の水書房、一九五八年。
同　『享保改革の経済政策』御茶の水書房、一九六一年。
山崎隆三『地主制形成期の農業構造』青木書店、一九六一年。
松本四郎・林玲子「元禄の社会」(『講座日本史4』東京大学出版会、一九七〇年)。
作道洋太郎『近世封建社会の貨幣金融構造』塙書房、一九七一年。

3　幕藩制経済の動揺と「改革」

百姓一揆の続発

吉宗が享保改革に奮闘している頃から、百姓一揆の発生がにわかに目立ってきた。商品生産の発展にともなう農民的剰余の成立はすべての農民に均霑《きんてん》するわけではなく、これによって上昇するものの半面には多数の没落農民を生みだした。それに加えて年貢増徴は幕府よりもはるかに財政的窮乏の深刻な諸藩でいっそうきびしく追求されたから、一揆の発生はとりわけ諸藩領ではげしく展開したのである。

年貢の増徴反対や減免要求を主とする百姓一揆の発生件数は享保から寛延(一七一六—五〇)にかけて急増し、宝暦—明和期(一七五一—七二)にはやや沈静したものの、この間、天災と一揆が慢性化し、安永—天明期(一七七二—八八)に入るとまた爆発的に増加した。安永一—二年は全国的な凶作・疫病流行の年であり、天明二(一七八二)年は全国的凶作、翌年は浅間山の大噴火、それにつづいて大冷害が北関東・東北地方を襲い、以来飢饉は四年ごしにつづいた。この間津軽藩では二〇万人の餓死者を出し、全国では餓死・疫病死等を中心に約九二万人の人口が減少したといわれる。そうした特殊な状況が農民をとりわけきびしい一揆蜂起に追い込んだことはいうまでもないが、それは偶発的な契機からだけではなく、根源的には幕藩体制の構造矛盾に根ざしていた。

この間の主な一揆の動きを見ると、一七四九(寛延二)年の会津藩の一揆は全藩的規模で蜂起し、年貢増徴と貸付金利息の徴収に反対、五四(宝暦四)年の久留米藩一揆は一万七〇〇〇人に近い農民が参加して年貢減免を要求、同年の美濃郡上《ぐじょう》藩の一揆は新徴租法に反対し、年貢減免を要求して幕府に越訴までしてついに藩主を改易に追い込んだ。これらの大規模な百姓一揆には米価高騰に反対する打こわしが広く随伴した。

また、この頃の幕領の農民闘争に石代納要求が掲げられたのも特徴的である。現米納入は輸送負担が大きかったため、とくに上層農民は代銭納＝石代を要求して各地で闘争・訴願を展開したのであるが、幕府は年貢増徴の立場からきびしくこれを抑制した。さらにこの頃から流通統制の強化にともなって、一七七七（安永六）年の摂・河・泉村々の繰綿延売買会所反対一揆、一七八一（天明一）年の上州絹糸貫目改所設置反対一揆などのような、幕藩領主の流通統制強化に反対する農民闘争も激発しはじめた。それは田沼意次《おきつぐ》の商業政策と対応するもので、次項以下で述べるところにかかわるが、全体として、各地各様の事情を契機としつつも、基本的には幕藩体制の支配原理そのものに対抗する一揆・打こわし・強訴・訴願などが多様な形態をとって展開したのが一八世紀後半の社会情勢であった。

田沼の経済政策

田沼意次が将軍家治の側用人となったのは一七六七（明和四）年、老中となったのが一七七二（安永一）年、まさに天災と一揆が幕藩体制の土台をゆさぶり動かしている時であった。吉宗の増徴政策によって一時は一八〇万石をこえた幕領の年貢収入は、七一年には一三〇万石に落ち込んだ。

こうした状況の中で登場した田沼の政策は、なによりも大坂市場の再編強化を目ざすものであった。すでにこれに先立ち一七六一（宝暦一一）年、幕府は米価下落を阻止するための買米代金として御用金を初めて大坂商人に賦課し、同時に大坂出油屋一三軒以外の絞油直買を禁じているが、それは明らかに特権商人への財政的依存と、そのための株仲間保護の意図を示すものであった。田沼はそれを引き継ぎ、一七六九(明和六)年、尼崎藩内の西宮・兵庫を直轄領として大坂町奉行の支配下に移し、兵庫の米仲買を株立てして大坂相場による売買を強制した。これが大坂米穀商人の保護と米価統制を目ざすものであったことは明らかである。

つづいて七〇年には大坂周辺の在方絞油業者を、七三年には在方綿商人を在方株に組織して大坂株仲間の系列下に位置づけた。幕府のねらいは、在方商人の自由営業＝脇売・直売によって価格統制がくずれるのを防ぐとともに、株立によって冥加金・運上金を徴収するところにあったのであるが、これは在方業者の反対にあって実現しなかった。またそれと並行して、大坂諸問屋・仲買・小売・積問屋や各種手工業者に対して広範に株仲間を結成させ、その数は田沼期に新設のものだけでも八〇を数えた。大坂の二十四組江戸積問屋の株仲間公認も一七八四(天明四)年のことである。在方業者の取込みばかりでなく、大坂の小規模業者までを株仲間に編成することによって、それらに対する統制と冥加・運上金収取をはかったのである。

同じようなことは関東でも進められた。江戸地廻り経済の発展につれて重要性を増してきた利根川水系諸河岸《かし》の問屋仲間を公認したり、上州・武州絹糸貫目改所を設けて改印の印料徴収を認めたりしたのがその例である。ここでも株仲間組織の編成を通じて流通統制・特権保護がはかられているのであるが、その仲間組織の外部には、商品生産の発展にともないたえず新興の生産者・商人が生れてくるため、それらとのあいだの対立はどの場合にもさけられなかった。

こうして田沼の政治は都市商人・在方有力商人との結合を強め、それを通じて幕府財政収入の増加を目ざしたが、他面、貿易利潤の追求にも力を入れた。一時廃止されていた銅座を復興して、長崎廻銅の確保をはかるとともに、銅の不足を補うため、中国(清)向け支払い手段としての俵物の集荷組織を整え、その一環として蝦夷地交易を幕府主導で推進した。総じて田沼の経済政策は、年貢増徴策がもはや壁にぶつかっている局面で、現実に急展開しつつある商品流通組織の再編＝株仲間化を通じて幕府財政の改善をはかったものといえるが、前述のような天災・一揆の頻発の中で、期待通りの成果をあげえず、一七八六(天明六)年、将軍家治時代の終りとともに意欲は失脚した。

寛政改革

田沼の後は、松平定信の寛政改革に引き継がれた。定信の政治は一七八九(寛政一)年棄《きえん》捐令を発して、約一二〇万両におよぶ札差の債権を破棄したことにもっともよく示されるように、田沼時代を通じて深みにはまった幕府と株仲間特権商人との結びつきを断ち切り、幕府の主導権を回復しようとするところに主眼があった。田沼時代に乱立された諸株仲間のうち、幕府直属の人蔘座・鉄座・真鍮座や、大坂の繰綿延売買会所、江戸の綿実問屋・菜種買問屋などは解散させられた。同時に流通組織の再編を目ざして、ようやく発展してきた江戸地廻り経済圏の掌握に力を入れた。

しかし定信が直面した最大の課題は、農村の荒廃と、それらから発生した流民の江戸への大量流入といった事態の解決である。江戸市民の底辺を構成する日雇・雑業層や流民は、物価高に追い込められてしばしば打こわしの主体となった。定信が物価引下げ令を発し、また石川島に人足寄場を設置して無宿者を収容したり、町入用の節減によって七分積金江戸町会所を設立させて貧民の救恤にあたらせたりしたのは、みな江戸の社会不安をとり除くという観点からであった。

定信はそのため江戸への流入民に対し旧里帰農令を発し、本貫地への人返しに力を入れた。これも江戸の治安維持とかかわるが、そればかりでなく、とくに北関東・東北や山陰地方の農村では大量の手余地《てあまりち》と流民が発生し、労働力の不足と本田畠の荒廃が深刻となっていた事態の打開のための施策であった。そうした観点からこの時期にとられた農政の主なものは、出稼ぎ禁止(陸奥・常陸・下野を対象)、間引き堕胎の禁止、囲い米奨励と郷倉の設立など、農村労働力の確保と生活安定策などであった。東北・北関東・越後・山陰などをはじめとする地帯では、まだ商品生産者としての立場を形成しえなかったままに貨幣経済にまき込まれた下層農民が、広範に質地地主小作関係に陥り、さらに質地取戻しのできないまま経営破綻から流民化することが広く展開していたのである。ほかならぬ定信自身が藩主だった白河藩のごときはその代表的な地帯で、当時同藩の流民は数万に及んだといわれる有様であった。

藩政改革

幕府が享保・田沼・寛政と、次第に深まる商品経済のもたらす矛盾への対応を軸として幕政改革の努力を重ねているころ、幕府に比べてはるかに脆弱な経済基盤しかもたなかった諸藩では、「改革」がいっそう切実な急務となっていた。

諸藩の改革はすでに享保期からいくつかの藩でその動きが見られるが、比較的商品経済が早くから展開した西南諸藩では概して宝暦から明和・安永期に、後進的な東北諸藩では概して天明から寛政期に取り組まれているということができる。その内容を経済政策の面に限っていえば、第一は、藩内検地の施行などを前提とする年貢増徴である。長州藩では宝暦期の検地を通じて三八一二町余、石高にして四万一五一二石を踏み出し、これを藩の直轄分支配にくりこんでいるが、熊本・佐賀・鳥取などかなりの藩では徴租法を定免制に切り替える試みも、その際同時に進めている。

第二は、一八世紀以降の藩政改革のもっとも中核的な政策といえる国産奨励と藩専売制である。長州藩は一七世紀以来、紙・蠟・塩・銅・布木綿などの特産物を産出していたが、なかでも蠟・紙・布木綿は一八世紀以降大坂への登せ高が大きかった。このため藩もそれらの技術改良・生産拡大・商品化などに指導と統制を強め、紙は早い時期から、また蠟原料の櫨実は一七五三(宝暦三)年に専売とした。肥後藩では櫨実を専売にするとともに搾蠟そのものを藩営で行い、鳥取藩も藩政改革の一環として「木実方」をおき、櫨実を国産奨励・藩専売の中心にすえている。藩専売は各地の条件に応じた特産物を中心とし、阿波藩の藍、姫路藩の木綿・塩、土佐藩の紙、薩摩藩の樟脳・黒砂糖、上田藩の絹織物などその例は多く、かつ流通統制・専売の方式は藩の直接買占め型から間接統制型まで多様であった。総じて藩専売制は、藩権力が豪農層と特権商人を通じて一般生産者農民の生産流通にきびしい統制を加えるため、阿波藩の藍作の場合に典型的に現われたように、一般農民はかえって窮乏を強いられるという傾向が強く、しばしば専売制に反対する藩一円に及ぶ大規模な一揆を誘発する結果となった。これに対して、商品生産のおくれた東北地方では国産奨励に力が注がれた。秋田藩の木綿、米沢藩の絹織物などはその代表的なものであるが、会津藩では特産の櫨実＝蠟にとどまらず、福島・川俣(福島県)から養蚕・絹織物の技術を導入したり、酒・塗物などの生産奨励を行ったりしている。

藩政改革の内容としてあげるべき第三の点は、全国市場とのかかわりで、藩財政の増収をはかり、また藩経済の自立を強める方向である。姫路藩の木綿専売は藩による領外移出の独占で、大坂市場への送荷＝従属という従来の関係を断ち切り、江戸や国産奨励によって綿織物が盛んになった諸藩に直接原料として直売する態勢を整えることによって、藩経済の自立を推進した。また長州藩は、検地で打ち出された財源をもとにして撫育局を設け、干拓・製塩などに資金を投下するとともに、その一部門として越荷方を赤間ケ関に置き、ここを通過する商船に対して、融資・倉庫貸、あるいは藩米売却などを行った。これは地理的位置に恵まれたことにもよるが、全国流通網の一環に藩経済を独自な形でリンクさせることによって藩庫収入の増加をはかるものであり、幕末における長州藩の幕藩体制からの自立をもたらしたものである。

また第四には、藩財政の窮乏と専売制に関連する藩札の発行である。藩札発行は幕府の通貨発行権や藩経済圏の自立度の問題とからむ政治的性質をもっていた。そのため一七〇七(宝永四)年幕府はその発行を禁止したが、三〇(享保一五)年には通貨縮小・米価調節とのかかわりでまた許可されるという経緯をたどっていた。そして藩政改革期には専売商品の買上げ手段として広く発行されるようになった。しかし藩札が領内で円滑に流通するには、藩財政への信用と幕府正貨への兌換の保証が必要であるが、その点で諸藩はいずれも多くの問題を抱えており、加賀藩の如きは藩内での正銀の流通を禁じて銀札を用いさせようとさえした。そうしたことから、藩札をめぐっては藩権力と民衆との間にしばしば紛争や一揆が引き起こされており、加賀藩の銀札もごく短期のうちに発行を中止した。

一八世紀後半に入って活発に行われた藩政改革は、およそ以上のような方向において、藩財政の行き詰りを打開しようとするものであった。それは結果的には多くの場合、上からの国産奨励や藩専売と結びつき、特権的豪商および豪農層と藩権力との癒着を強め、一般農民層をかえって窮乏に陥れたという点で、藩経済の体質を強化することには結びつきにくかったといわなければならない。しかしこの過程で採用された諸藩の自立的な流通政策は、三都を軸として編成されてきた幕府のにぎる全国市場・流通組織に一定の圧迫を加えたことは事実であり、その面から幕藩体制の動揺を深化させる意味をもっていた。

〔参考文献〕

林　基『百姓一揆の伝統』正・続、新評論社、一九五五・七一年。
中井信彦『転換期幕藩制の研究』塙書房、一九七一年。
堀江英一『藩政改革の研究』御茶の水書房、一九五五年。
新保　博『封建的小農民の分解過程』新生社、一九六七年。
松本四郎「商品流通の発展と流通機構の再編成」(『日本経済史大系4　近世下』東京大学出版会、一九六五年)。
同　「宝暦―天明期に関する研究史と問題点の整理」(『歴史学研究』三〇四号、一九六五年)。
竹内　誠「寛政改革」(岩波講座『日本歴史12』一九七五年版)。
吉永　昭「藩専売制度の基盤と構造」(前掲『日本経済史大系4　近世下』)。

4　幕藩制経済の危機

江戸地廻り経済の発展

一八世紀後半から一九世紀初葉の頃になると、江戸地廻り経済の発展がいちじるしくなった。練馬の大根、目黒の筍などのような近郊蔬菜は比較的早くから商品化が進んでいたが、この頃になると、その外側地帯の江戸西郊では次々に畠作を中心とした新田村が発達して雑穀生産を高め、さらにその外郭の北関東各地では絹織物をはじめとする商品生産が展開していった。

桐生に西陣の高機《たかばた》とそれにともなう技術が導入されたのは一七三八(元文三)年といわれており、同地ではこのころから高級絹織物の製織が可能となって急速に生産力を高め、やがて西陣を圧迫するようになった。その主たる生産形態は、問屋支配下に広く賃織が行われる問屋制家内工業であったが、一八世紀末頃以降には、多数の雇傭労働力によって、染色・製織の全工程を、自営の作業場における分業に基づく協業によって進めるといった、一部の有力な織元によるマニュファクチュア経営も発生した。この頃上州では西部が養蚕、中央部が製糸、東南部が絹織といった形で絹業三工程を地域的に分化させ、木綿織から出発し絹綿交織に進んだ足利や伊勢崎などもふくめ、上州絹織物の江戸市場進出はめざましかった。また初め農家の副業としてわずかばかり行われていた八王子の絹織物も、桐生から高機技術を取り入れて発展した。武蔵の絹織は八王子のみならず、秩父をはじめ北武蔵一帯に広く行われ、すでに天明年間には二五カ所の絹市が立ったといわれている。

木綿織も一八世紀後半から下野・常陸・武蔵などで広く行われるようになった。原料の繰綿は地元産のものばかりでなく、江戸問屋を経て大坂・三河などからも移入され、中でも真岡《もうか》をはじめ下館・古河《こが》などが綿織物の有力な産地となった。これは農家副業として織り出された生《き》木綿を晒屋で晒木綿に加工したもので、一七八九(寛政一)年の江戸白子組木綿仲間の関東木綿仕入高は一四万六七一六反に及んだ。

江戸の消費に結合して発展したものには紙もある。武蔵小川を中心とする比企・男衾《おぶすま》・秩父郡にまたがる村々が主産地で、一八世紀後半に生産高が急増し、江戸に直売するものもふえて紙問屋仲間との間に紛争を引き起こすようになった。また先にもふれた野田・銚子の醤油は一九世紀に入るとますます発展し、上方醤油を圧倒して、江戸の需要をほとんど独占するほどに発達した。さらに江戸地廻りの菜種油も生産を高め、文政末―天保初年には江戸の年間需要の四分の一―三分の一をまかなう水準に達した。このほか、行徳《ぎょうとく》の塩、川口の鋳物、狭山の茶、武蔵・相模山間部の材木・薪炭なども、それぞれ産地が地域的に集中し、商品生産としての発展の高さを示すようになった。

こうして、従来、その大半を上方に依存してきた江戸の需要物資も、この頃には相当部分が地廻りの生産物でまかなわれるようになってきた。そのことは、一八世紀半ば以降、江戸市場の安定を経済政策の中核として推進してきた幕府の期待が実現されたものではあるが、半面からすれば、伝統的な三都市場を機軸とする全国市場の構造が大きく転換をとげ、大坂市場の地位が相対的に低下しはじめたことをも意味しており、幕藩制経済の解体に向けての重要な構造的変化であった。

幕藩市場構造のカナメをなす大坂の地位をさらに鋭い形で揺るがし危機に陥れたものに、文政期を中心に展開された一連の国訴がある。一八二三(文政六)年五月、摂津・河内の一〇〇七カ村(初め七八六村、ついで二二一村が加わる)の綿作農民・在郷商人は大坂の三所実綿問屋の一手買占めに反対して、実綿の自由売買、他国商人への直売・直船積を要求し、大坂奉行に向けて国訴を起こした。国訴そのものは合法的な訴願形態ではあるが、これほど広範な村々の関係者が連帯行動を起こしえたこと自体がかつて例のないことであり、商品生産・販売の共通利害関係によって民衆が地域的に広く結ばれるに至ったことを示すものである。この国訴の原因は、寛政以降、幕府が三所実綿問屋の独占権を強化するために、三郷綿屋仲間が綿作農民から買付けた実綿の一手販売権を三所実綿問屋に認めたばかりでなく、無株の在郷商人まで綿屋仲間の下部組織化し、綿作農民の実綿自由取引を抑制する体制を強化したところにあった。これに対し農民側は、他国綿商人への直売・直船積を主張して譲らず、強力な法廷闘争の結果、その主張を奉行所・問屋側にも認めさせた。

株仲間と在郷商人・農民の対抗

またこの国訴の直後、摂・河・泉一一〇七カ村の菜種作農民も、脇売禁止に反対し、絞油屋への直売を要求する国訴を引き起こし、翌二四年には参加は一三〇七カ村に広まり、運動はいちだんと高まりを示した。これも幕府が菜種作農民に対し、種物は在方株の絞油業者以外には売ってはならないとしたことに端を発したものであった。

要するにこの二つの国訴は、ともに幕府が統制を直接に原料生産者農民に向け、その生産物を大坂株仲間に集中的に売り渡させる形の流通統制を強化しようとしたこと、また生産者・在郷商人がそれに対して自由売買を要求したこと、を契機とするものであった。菜種作農民の国訴では要求はただちには認められず、さらに天保期にわたって闘わなければならなかった。しかし、このような国訴の要求は、明らかに大坂株仲間の独占体制に対して戦いを挑むものであり、これを契機に在郷商人が簇生し力をのばしたことにもっとも端的に示される通り、大坂株仲間による全国市場独占体制を根底から動揺させるものであった。

さらに大坂株仲間の流通独占を解体に導く動きは、このような大坂周辺の生産者・在郷無株商人の国訴ばかりではない。前述した姫路藩の木綿専売＝江戸直送に見られるような諸藩の動きもその一つであるが、木綿・菜種ほか、何れにせよ諸藩の流通統制に入らない各地の農民的商品が増大し、大坂を経由しないで需要地との結合を強めてきたのである。尾西綿織物地帯は結城縞・桟留《さんどめ》縞など縞木綿の有力な産地であるが、その中心の起《おこし》村では、一八四五(弘化二)年には総戸数二六三戸のうち四四戸が織屋を営み、そのうち約半数は四―六台の織機をもち、他人労働を雇傭するマニュファクチュア経営を行っていた。こうした農村工業は、生産形態の面では、事情によって家族的小営業にとどまるものもあれば、その上に問屋制支配が発展する場合もあり、また尾西や桐生織物のようにマニュファクチュア経営が展開する場合もあって、画一的なものではない。しかし全体として農民的商品生産が幕藩領主的流通支配に対抗して成長し、多様な形で大坂市場の独占をつきくずしていったことは疑いない。表12は木綿関係商品の大坂への移入量の推移を示すものであるが、化政期から天保期にかけて各商品の大坂移入量が急減することは、このような大坂市場の動揺と地位低下を如実に物語るものである。

表12　綿商品の大坂への移入量の推移

商　　品	1736 (元文1)	1804–1830 (文化文政)	1840 (天保11)
毛　綿(万反)	121	800	300
実　綿(万貫)	16	150	97.717
繰　綿(万貫)	4.8	200	134.3

〔備考〕『大阪市史』第1巻，769–79頁，同第5巻，639–86頁による.

ブルジョア的発展とその限界

商業的農業・農村工業の発展は農村における社会分業の展開と局地的市場圏の形成を促した。尾西の起村には表13の通り、一八四五(弘化四)年の時点で四四戸の織屋の他、賃織・綛糸《かせいと》賃繰・紺屋など四二戸の綿業関係の営業者があり、穀屋・豆腐作り・味噌溜り・うどん賃打などの食品関係、ふるい作り・水車作り・木履作りなど木工関係から風呂屋・髪結・医師、それに日雇などをふくめ、農外の職業にかかわるものが実に二一三戸に達している半面、専業農業は五二戸にすぎなかった。起村は街道筋にあたり事実上都市的発展を遂げている場所であるが、ここでは起村を中心に周辺の村々をふくめ、先に示した元禄期の富田林の職業構成(表10)と比べて

表 13　1845 年尾張国起村の職業分化

職業	戸数
農業専業	52
織屋	44 (3)
賃織	7 (3)
綛糸賃繰	7 (3)
綿賃撚	7 (7)
綿賃打	5 (5)
在中買出し	5 (2)
結城桟留商綛糸	3 (2)
紺屋	5 (3)
繰綿	1 (1)
茶染	2 (1)
(綿業)	86 (30)
ふるい作り	1 (1)
水車	1
大工	8 (3)
木挽	2
木履作	1
傘挑灯張	2 (2)
仕立物	1
材木商	1
薪・石薪	3
雑品	7
(手工業・雑貨)	27 (6)
穀物	5
穀物青物	1
穀物肥料	1
穀物質屋	1
豆腐作	2
駄菓子	6 (1)
菓物	2
味噌溜り	2
うどん賃打	1 (1)
煙草	1
(食品・肥料)	22 (2)
本陣問屋	3
旅宿・茶店	14 (3)
往還挊他	41 (10)
(交通業)	58 (13)
日雇挊	3 (1)
油屋挊	1
出挊	4 (4)
出奉公	3 (3)
(日雇・賃挊)	11 (8)
風呂屋	1
髪結	2 (2)
医師	2 (2)
尾張藩士	1 (1)
出奔	1 (1)
真宗寺院	2 (2)
(その他)	9 (8)
(小計)	213 (67)
合計	265 (67)

〔備考〕 1) 塩沢君夫・川浦康次『寄生地主制論』(御茶の水書房, 1957 年)74-76 頁のデータを加工して石井寛治氏が作成したもの. 同『日本経済史』29 頁より引用.

2) ( )はうち農業から全く離脱している戸数.

も、社会的分業の深化は歴然であり、ここに局地市場圏が成立していると見るべきであろう。局地市場圏の成立には、木綿のような主力商品の生産を担う小営業・マニュファクチュアの発展、それにともなう労働者・日雇の増大などを背景に、日常的な食料の加工販売・購入関係までが広く展開するような条件が必要であるが、尾西のみならず摂・河・泉の綿業地帯の村々でもそのような状況がひろく出現していることは、個別事例研究からも確認できるのである。

しかもここで注意すべきことは、そのような局地市場圏成立のもっとも基礎的条件には、稲作生産力の上昇があり、米の商品化が同時的に進行していた点である。表14の、Ⅰは畿内およ び瀬戸内綿作地帯、ⅡⅢは自給農業地帯の状況を示す。これによれば、畿内綿作地帯の五例の米の段当収量は標準石盛をはるかに上廻る二・三石―二・八石という高い水準を示しており、自給農業地帯の信濃・飛驒、あるいは中国地方山間部の場合といちじるしいひらきがある。石盛を上田一石五斗とした場合、Ⅰの地帯では年貢米の比重は相対的に低下し、米の商品化率は五〇%前後に達するのである。こうした条件が整えば米と木綿の組合せによる富農的経営が、安定した農民的剰余を掌握しうることは明らかであろう。Ⅰの地帯に属する河内国新家村の今西家は一八四二(天保一三)年には九町八段余、一八六四(元治一)年には三七町三段に及ぶ耕地を所持する最上位の農民であるが、一八四二年時点で年季奉公人六名と日雇労働力により三町四段を自作し、米・木綿を主力とする富農的経営を展開している。この例からもうかがえるよう

表 **14**　近世後期の稲作生産力と商品化率

地		域	家名	年代	保有段別	内米作段別	収穫高	販売高	段当収量	商品化率
					町	町	石	石	石	%
I	A	摂津 下大市村	彦兵衛	1775(安永 4)	(1.75)	(1.10)	28.0	14.5	2.55	51.8
	B	〃 西昆陽村	氏田家	1792(寛政 4)	3.10	1.90	45.1	20.7	2.37	45.9
	C	〃 下坂部村	沢田家	1865(慶応 1)	?	3.50	80.4	45.2	2.30	56.2
	D	河内 八尾木村	木下家	1842(天保13)	2.56 } *1.33*	1.23	31.6	17.5	2.57	55.4
	E	安芸 下黒瀬村	土井家	1839(天保10)	(1.12)	(1.05)	29.4	(13.0)	2.80	44.2
II	F	信濃安曇郡上一本木	清水家	1803(享和 3)	?	(3.00)	50.4	21.9	1.68	43.5
	G	飛驒吉城郡半田村	渡辺家	1809(文化 6)	?	(2.50)	47.4	12.8	1.90	27.1
III		備後恵蘇郡田原村	壱右衛門	1865(元治 2)	1.65	1.39	20.7	0	1.49	0

〔備考〕 1) 岡光夫「農村の変貌と在郷商人」(岩波講座『日本歴史 12』1975 年版，68 頁)より引用.
2) 斜体数字は小作地.（　)内は換算による推定.

に、局地市場圏の成立と農民層の分解にともなう富農層のブルジョア的発展とは表裏関係をもって進行するのである。

しかし、そのような富農層に見られるブルジョア的発展にはさまざまの面からの限界があったことも見逃せない。一つは、肥料および労賃の高騰に代表される経営条件の問題である。摂津国武庫郡西昆陽《こや》村の富農で米・木綿・菜種を中心とする氏田家の経営では、一七八四（天明四）年の粗収益に対する肥料費の比重は一六・八％であったが、一八二九（文政一二）年には二四・八％に上昇している。また一年季奉公人の給銀は一七八六―八八年には銀一一〇―一二五匁であったが、一八一三（文化一〇）年には一七五匁、三二（天保三）年には二二〇匁に、また日雇労働者による田植賃・菜種もみ賃なども寛政―天保期に三―四割かた上昇しているのである。この間物価はむしろ低落傾向にあったから、労賃の比重の上昇は無視できない。そうした肥料・労賃の一般物価を上廻る急騰は、富農経営にとって大きな圧迫要因となった。それに加えて生産物の商品化過程には、幕藩領主・特権商人の流通独占による圧迫があり、他面、局地内市場の大きさにも限界があった。

そのような制約条件が複合されて富農的発展が壁にぶつかると、かれらは経営を拡大するより、土地貸付・金融などに重点を移し、あるいは特権商人との結びつきを強めつつ、現地における仲買商人化する方向に進むことが多くなる。概していえば富農層の寄生地主化の動きであり、機業地帯ではおなじような意味で、マニュファクチュア経営が経営拡大に進みえず、問屋制前貸資本として零細生産者に寄生し、これを支配する道に旋回してゆくのである。研究史上いわれるところの、商品生産を通じてブルジョア的発展を示しつつあった「摂津型」農業経営の「挫折」、あるいは富農・マニュファクチュア経営の行き詰りと「上昇転化」の問題である。

河内市場村のＩ家では一八三二年の時点で、一〇町五段の所持地のうちわずか三筆＝二段五畝の手作分を除いて、残りすべてを小作地に貸出し、手持資金は旗本領主に対する貸付に運用している。このケースは、当時一方にはなお一部に富農的経営が存続しながらも、すでに寄生地主化する方が有勢となりつつあった事実を示すものである。

社会矛盾の激化

こうして、富農層の「上昇転化」が進行することは、村落上層民の寄生地主化しつつある階層と小前貧農層との対立が尖鋭化することであり、村方騒動激化の要因であった。文化文政から天保期にかけて、村役人の不正を追及し、庄屋をリコールするなどの動きが畿内を中心とする先進地域の村々で頻発するようになり、あるいは米屋・質屋・問屋などを襲撃する打こわし型の闘争が目立つようになった。従来の幕藩領主に向けての年貢減免要求や専売制反対を中心とする戦いから、闘争のホコ先が村役人・質屋・高利貸など村落内部の経済的支配層に向けられるに至ったことは、社会矛盾がそれだけ深化してきたことを意味するものである。

そのような社会条件の下で、一八三〇(天保一)―三一年は不順・不作、三三年は低温・多雨・洪水などで凶作がつづき、それから数年にわたる大飢饉となった。そのスケールは天明の大飢饉と比肩されるほどのもので、東北地方はもとより、被害は全国に及んだ。この間、長州藩・姫路藩などで大規模な百姓一揆が起こり、また打こわし・強訴の類も各地で激発した。とくに一八三六(天保七)年八月には甲斐郡内地方の貧農・日雇などが米価騰貴に反対して蜂起し、穀屋を打こわし、一万八〇〇〇―一万九〇〇〇の大勢力となって国中《くになか》(甲府盆地)に向い、米の買占め商人や質屋を襲撃した(郡内騒動)。つづいて同年九月には三河加茂郡・額田郡にわたって百姓一揆が蜂起し、穀屋・酒屋・質屋などを打こわして挙母《ころも》(現豊田市)城下に進撃、米価引下げを要求した(加茂郡一揆)。

翌一八三七(天保八)年二月には大塩の乱が起こった。大塩の檄文が「摂河泉播村々」の「庄屋年寄百姓並小前百姓共」に呼びかけ、米価騰貴にもかかわらず、幕府が江戸中心の物価政策を強行し、また「汚吏貪商」が権力に結びついて民衆に対する収奪を強めていることを糾弾していることからも明らかなように、これは都市貧民と村々の小前貧農の上にしわ寄せられた矛盾を的確にとらえ、かれらの蜂起を促したものであった。乱そのものは数時間の戦いで鎮圧されたが、その直後からつづいて起こった備後三原の一揆、越後の生田《いくた》万《よろず》の乱、摂津能勢の一揆などはいずれもこれに触発され、「大塩門弟」「大塩味方」などと称していることからも、この時点での社会矛盾の深刻さと一揆の連鎖性を可能とする条件の形成がうかがわれる。

天保改革　幕藩体制の構造的危機の深まりの中で登場した水野忠邦は、一八四一(天保一二)年、天保改革の第一弾として株仲間解散令を発した。まず江戸菱垣廻船積十組問屋が解散を命ぜられ、翌年にかけて大坂菱垣廻船積二十四組問屋以下すべての問屋仲間も解散させられ、問屋の名目や符帳取引など一切が禁じられた。従来株仲間を通じて流通統制・物価調節を行ってきた幕府としては極端な政策転換であるが、ねらいは物価引下げにあり、株仲間を「諸色高直」の元凶と見たのである。幕府はこれによって大坂への諸物資移入量がふえることを期待し、株仲間と結びついた在方株までを廃止した。また四二年には諸藩に対して藩専売制を禁止した。これも諸藩が大坂問屋への送荷を抑え需要地に直送する方向を強めていた状態を打破し、大坂への入荷を増加させようとするものであった。

しかし、結果的には従来の集荷・流通組織にいちじるしい混乱を呼び起こしただけで、大坂への入荷が急増し物価が下がるということはなかった。この間、大坂町奉行阿部正蔵は、大坂への入荷の減少と物価高の真因は諸藩の買占めや在方生産者・商人の直売によると見て、独自に在方の木綿売買に統制を加え、幕府の方針とは異なる政策をとった。

こうして株仲間解散は期待した効果をあげえなかったが(株仲間は一八五一年＝嘉永四年復興された)、水野は引き続き江戸の物価引下げ令・質素倹約令・人返し令などを次々に打ち出すとともに、貨幣改鋳による財政再建、江戸・大坂周辺上知令など、矢継ぎ早に改革政治を強行した。なかでも江戸・大坂周辺上知＝江戸・大坂一〇里四方(また一説には江戸一〇里四方、大坂五里四方)収公は、幕府の財政や流通統制上の理由からばかりでなく、一八四〇(天保一一)年に勃発した阿片戦争や三七年のモリソン号事件など、にわかに緊張を高めた対外関係をふまえた軍事的配慮をもふくむものであったと解されるが、大名・旗本・商人・農民など諸方面からの反対にあって撤回を余儀なくされ、これが水野の権威失墜、失脚の要因となって、天保改革はわずか二年ほどのうちに挫折に終った。

一方、諸藩でもこの時期に藩政改革に乗り出すものが少なくなかったが、とくに明治維新に向けての道を開く意義をもったのは西南雄藩の改革である。

長州藩の天保改革は一八三八(天保九)年に村田清風の主導の下に開始された。清風は九一石(のち一六一石)取りの中士下層の出身であったが、三二(天保三)年国政改革草案を上申してから登用された。それは三一年瀬戸内沿岸を中心に専売制反対・年貢減免を要求する大一揆が起こり、これが藩当局の危機意識を高めたためであった。清風は改革の手初めに、塩・紙・櫨以外の専売を廃止し、年貢減免も行うなど一揆の要求をある程度受け容れる柔軟な姿勢を示す一方、藩士の負債を藩が引き受けるとともに、徹底的な緊縮と藩債三七年賦返済という方針を打ち出した。当時長州藩の藩債は銀八万貫、歳入の二二倍にも及ぶといわれる巨額に達していたから、これはまことに強引というほかはないものであった。また藩財政の強化のため、越荷方を拡充し、物産惣会所を設けて領外商人に対する貸付を行い、利殖をはかり、他方では「作人力田」というスローガンのもとに小農民経営の維持政策を採用した。

このような長州藩の改革は、一面では小農民経営を基礎に封建的土地所有体制を再編強化しようとするものであったが、半面では発達した商品経済の支配方式の再編でもあり、それなりの効果をあげた。一八四六(弘化三)年時点で早くも藩債の大部分を消却することに成功したことは、それをもっともよく示している。明治維新への過程でこの藩が「諸隊」=農兵の編成や物産惣会所を通じて新興商人層との結びつきを強め、総じて下からのブルジョア的発展を汲み込んだ藩政の方向を打ち出しえたのも、この改革を前提として初めて可能であったといえる。

薩摩藩でも側用人調所広郷《ずしょひろさと》が中心となって藩政改革に乗り出し、文政末年で五〇〇万両といわれる巨額の藩債を二五〇年賦返済という乱暴きわまる条件で、事実上その棚上げを強行した。それとともに奄美大島などで特産の黒砂糖の専売制をいちだんと強化し、三島砂糖惣買入れ制度によって、農民にその生産を強制するとともに、全生産物を極端に安い価格で藩がことごとく買上げる方式を整えた。自然的条件が極端に悪くもともと農業生産力が低い上に、門割《かどわり》制によって農民の安定的土地保有権すら保証しない特異な体制のもとでは、年貢増徴は期待薄であった。これに加えて台風にも強い占城米系の長粒種「赤米」を主として作付していた当地方の産米は、中央市場での商品性も低い。そうしたことから藩は、櫨をはじめとする諸物産については早くからきびしい統制を加え専売制を施行していたのであるが、この三島砂糖惣買入れは、そのもっとも徹底した姿であり、生産者農民に対する高度の農奴制的支配の上に実現された。またこのほか琉球の密貿易の拡大による利潤追求も推進され、それらの結果、財政収支の改善は予想外に早く現われ、財政改革開始以来数年で、多少の余裕金も生ずるに至った。薩摩藩の場合は、長州藩のような下からのブルジョア的発展をふまえ、これに対応することを基本姿勢とした藩政改革とはいえず、強烈な農奴制的支配体制の維持のままに藩権力が藩内特産物を一手に掌握・商品化するという方式をとったのである。この点、維新に至るまで一件の百姓一揆も許さなかった強固な封建支配が、それなりの改革を成功させたといえるだろう。

天保期の藩政改革としては、このほか西南日本では寄生地主制の拡大を阻止するために「均田法」を採用した佐賀藩があり、東日本では水戸藩が土地改革に取り組んだ。北関東に位置する水戸藩では農村荒廃がきびしかったため、質地地主小作関係や商人地主の土地集積を抑え、小農民経営の安定をはかるための「限田」を目ざし、一八三九(天保一〇)年から検地を実施し、貧農に対しては減高などの手心も加えて負担の軽減をはかった。しかしその効果が十分あがらないままに幕末の政争に突入し、薩長両藩のように改革の成果を藩軍事力の強化にまで結びつけることはできなかった。

〔参考文献〕

古島敏雄『日本地主制史研究』岩波書店、一九五八年。
古島敏雄・永原慶二『商品生産と寄生地主制』東京大学出版会、一九五四年。
山崎隆三『地主制成立期の農業構造』青木書店、一九六一年。
塩沢君夫・川浦康次『寄生地主制論』東京大学出版会、一九五七年。

山田　舜『日本封建制の構造分析』未来社、一九五八年。
津田秀夫『封建経済政策の展開と市場構造』御茶の水書房、一九六一年。
同　　『封建社会解体過程研究序説』塙書房、一九七〇年。
矢木明夫『日本近代製糸業の成立』御茶の水書房、一九六〇年。
林　英夫『在方木綿問屋の史的展開』塙書房、一九六五年。
伊藤好一『江戸地廻り経済の展開』柏書房、一九六六年。
佐々木潤之介『幕末社会論』塙書房、一九六九年。

5　研究史上の問題点

本章が対象としてきた時期が封建社会の動揺・解体期であることに異論はないとしても、少なくとも次のような諸点は、この時期の社会構成史的位置づけの上で重要な問題をふくんでいる。

第一は、この時期に展開する地主小作関係の性格と評価の問題である。それは、中間的収取関係を一切排除しようとした幕藩制社会の第一段階から見れば明らかに異質の土地所有関係の出現というべきであるが、それを幕藩領主的土地所有との関係でどう位置づけるべきであろうか。佐々木潤之介は、江戸時代の地主の基本的性格を「質地地主」と規定し、それは幕藩領主にとって望ましいものではないが、本来「地主」(質置主＝質地小作人)と「金主」(質取主)との間の私的関係であり、村請制のもとで村全体として封建的搾取関係が実現されているかぎり、それは新しい反封建的な性格をもつ社会関係と見ることはできない、したがって質地地主小作関係は幕藩領主的土地所有と根本的に対立するものでない、と述べている。

この理由づけはともかく、本書も大筋としてその規定には賛同しているのであるが、東日本の自給農地帯と、米の段収も高く木綿栽培も広く行われて農民的剰余の成立が顕著な畿内とでは、農業生産力の格差が大きく、後者では質地小作とは異なる永代売買も広く行われていることを考慮する必要がある。畿内先進地域においては領主取り分を上廻る地主取り分の成立さえ見られるのであるから、農奴制の解体＝事実上の農民的土地所有の成立とまではいうことができないにしても、佐々木の把握はすべてを質地地主小作関係で一元的に処理しすぎているように思われる。

この点が、第二の問題として、この時期を通じて展開する富農的経営・マニュファクチュア経営の評価にもつらなるところである。それはたんにブルジョア的ウクラードの量的比重の問題ばかりでなく、そもそもその基本的性格をどう評価するかという問題である。佐々木は、従来「富農」経営・「マニュファクチュア」経営といわれてきたものが、商品生産者でありながら基本的には幕藩制的市場関係によって規定されており、前期的・高利貸的性格を否定しえず、その点ですべて「質地地主」的範疇によって処理しうると見て、そのブルジョア的本質の評価にいちじるしく消極的である。すなわち佐々木は、この時期の商品生産は基本的には「質地地主」の一側面にほかならず、そうした「商品生産」と「質地地主」を一身に体現したものとして「豪農」範疇を提起している。かつて服部之総が「地主ブルジョア」としてとらえ、あるいは藤田五郎が「上昇転化」として受けとめた内容を、佐々木はその「前期性」を強調することによって「豪農」ととらえ直したわけである。

たしかに、いかに「ブルジョア的発展」が見られるにせよ、幕藩体制が存在するかぎり、「富農」経営や農村「マニュファクチュア」はそのまま直線的に近代的関係として自己展開を遂げることはできない。むしろ初発から佐々木のいうような前期的性格をその体質の一部として保持していると見る方が妥当であろう。また「ブルジョア的発展」→「挫折」というとらえ方が、図式的説明にすぎるという弱点をもっていることも否定できない。しかし、佐々木のように幕藩体制下におけるブルジョア的発展の可能性についてあまりに悲観的であれば、そもそも封建社会の体内に発展するブルジョア的ウクラード展開の道筋はどこに求めたらよいのだろうか。佐々木が「貧農半プロ層」を幕藩制解体期の変革主体ととらえるのは、「豪農」をその対極に位置づけ、本質的に封建的搾取者と規定するからであり、これでは「豪農」のもつブルジョア性は否定されることになる。

この点が、第三の問題ともなる。佐々木の論理では、「豪農」に担われた「商品生産」を本質的にブルジョア的なものとは見ないから、封建制の胎内に形成される農民的小商品生産以外に、この段階までにはブルジョア的ウクラードの存在を認めないことになる。そのため佐々木の論理構成は、社会構成論的視点からする「富農」「マニュファクチュア」などのブルジョア的ウクラードそのものの追究より、「貧農半プロ層」という変革主体の問題に焦点が移され、そこに視点が集中されている。たしかに幕藩制社会のもとでは、幕末段階においてもマニュファクチュア・ブルジョアジーの広範な形成は認められず、封建制から資本制への移行期の変革主体としてのブルジョアジーの存在はイギリス革命におけるような意味ではほとんど問題にならない。しかし、「挫折」「上昇転化」を反復的に随伴しつつも徐々に形成されてくるブルジョア的ウクラードと、佐々木のいう「豪農」の中に〝前期性〟と同時的に存在する〝ブルジョア性〟とを析別して、前者の展開を積極的に追究することが、発展の契機の把握という観点からは重要である。畿内綿業地帯における富農層や農民的在郷商人に「生産者が資本家になる道」の萌芽を見出すことによって、質地地主・商人・高利貸という性格だけには帰結しない発展の可能性を見出すことは、まったく不可能ではないだろう。そうでないと、維新変革の契機は、一元的に「貧農半プロ」層の「世直し」的階級闘争だけにしか求めえなくなり、「富農」「マニュファクチュア」「在郷商人」等をもふくめた全民衆と幕藩体制との矛盾＝闘争という階級配置が理論的にとらえにくくなると思われる。

〔参考文献〕

佐々木潤之介『幕末社会論』(前掲)。
同　「幕末の社会情勢と世直し」(岩波講座『日本歴史13』一九七五年版)。
服部之総『服部之総著作集』全七巻、理論社、一九五四―五五年。
藤田五郎『藤田五郎著作集』(前掲)。
堀江英一『堀江英一著作集』全四巻、青木書店、一九七五―七六年。

第七章　明治維新と本源的蓄積

1　視点

天保改革が挫折に終ってから一〇年の後、一八五三(嘉永六)年、ペリーが浦賀に来航して開国を求めるアメリカ大統領の国書を幕府に提出した。そして、一八五八(安政五)年、日米修好通商条約が締結され、つづいてオランダ、ロシア、イギリス、フランスとも同様の条約が結ばれた。日本はここに、欧米諸国の前に開国し、資本主義の世界市場の一環に組み込まれることとなった。

本章は、このときから明治維新を経て一八八〇年代の終りまでを対象とする。政治史的には幕藩体制の崩壊から一八八九(明治二二)年の大日本帝国憲法発布頃までの時期であり、一九世紀後半の帝国主義前夜の国際環境の中で、日本がいかにして民族的自立を確保しつつ近代国家の体制を整えるかという問題を国民的課題とした時期である。

経済史の面からいえば、それは資本主義の本源的蓄積期であった。すでに天保期までの国内史的過程で、小商品生産が広範に展開し、部分的にはマニュファクチュア経営も出現しつつあったが、開国によって状況は一変した。開国にともなう激しい経済変動の中で、一方には製糸業の急激な成長があり、他方には農民層の分解が加速度的に進行し、本源的蓄積の第一歩が踏みだされるが、明治維新政権の成立とともに、民族的自立のためのもっとも緊急の課題として、資本主義育成政策が国家の手によって推進される。本源的蓄積は、元来国家権力が媒介役を演ずるものではあるが、後進国日本の場合、それはとりわけ積極的であった。

本章はそのような意味で、国際的条件からの規定性を強く受けざるをえなかった日本の封建制から資本制への移行過程の具体相と特質の把握を主題としている。明治維新史の時期区分としては、一八七七(明治一〇)年の西南戦争を下限とするのが普通である。士族反動の敗退によって明治維新にともなう政治的変動が幕をおろし、それ以降は国会開設に向けての自由民権運動が政治史の主舞台となるという意味で、維新史に区切りがつけられているのである。しかし経済史的視点からするなら、廃藩置県・地租改正・秩禄処分という封建的領有体系の解体、農民的土地所有創出の過程と、殖産興業・「松方デフレ」・農民層分解の過程とは、資本主義の本源的蓄積過程として不可分離の関係にある。そして下限は、経済史的には大日本帝国憲法・国会開設に求めるより、「松方デフレ」が終熄し、いわゆる「企業勃興」に入る一八八六(明治一九）年で区切る方がより厳密ではあろうが、ここではとくにその区分自体にはこだわらぬこととする。ほぼこの辺りの時期から、日本の資本主義は本格的な形成期に進み、産業革命の過程に入ったということができるであろう。

〔参考文献〕

服部之総『服部之総著作集』（前掲）。

遠山茂樹『明治維新』岩波書店、一九五一年。

堀江英一『堀江英一著作集』（前掲）。

古島敏雄編『体系日本史叢書12　産業史Ⅲ』山川出版社、一九六六年。

古島敏雄・安藤良雄編『体系日本史叢書14　流通史Ⅱ』山川出版社、一九七五年。

楫西光速・大内力他『日本資本主義の成立』全二巻、東京大学出版会、一九五四―五六年。

同　『日本資本主義の発達』全三巻、東京大学出版会、一九五七―五九年。

下山三郎『明治維新研究史論』御茶の水書房、一九六六年。

石井寛治・海野福寿・中村政則編『近代日本経済史を学ぶ』(上)明治、有斐閣、一九七七年。

2　開国の影響

開国と不平等条約

日本が開国した一八五〇年代は、産業革命を一八三〇年代までに完了して「世界の工場」といわれるほどの生産力を生みだしたイギリス、それにおくれながらもこの時点ではそれぞれに資本主義を確立したフランス、ドイツ、アメリカなどが、その商品輸出と原料・食糧輸入のための市場を求めてアジアに殺到した時期であった。

イギリスは一八四〇年の阿片戦争の結果である南京条約(一八四二年)によって香港を割譲させるとともに上海・広東など五港を開港させ、ついで五八年にはアロー戦争の結末として天津条約を締結させた。また五七年にはセポイの叛乱を鎮圧し、五八年にはインドの植民地化を完成した。五八年は安政条約締結の年である。フランスは一八六二年、サイゴン条約によってベトナムからコーチシナを割譲させ、ロシアは一九世紀初め以来、沿海州・カムチャツカ・千島列島・樺太に進出した。アメリカは一八四八年、メキシコからカリフォルニアを奪って太平洋に進出、イギリスと競争する形で中国貿易に乗り出した。

こうした先進諸国のアジアへの進出の動きの中で、日本の開国は必至となった。最先進国イギリスよりも、アメリカが日本の門戸を開かせる最初の国となったのは、イギリスがインド・中国市場に全力を投入していたのに対し、アメリカは中国貿易と太平洋捕鯨船のための寄港地として、まず日本の開港を求めざるをえなかったのである。しかし、日本がひとたびアメリカとの修好通商条約を結ぶと、ただちに他の国々に向けても同様の内容をもって対応せざるをえなかったことは、右のような欧米諸国のアジア進出状況からして不可避的なことがらであった。事実、安政条約は、アメリカについでただちにオランダ、ロシア、イギリス、フランスとも相次いで締結され、翌五九年から発効した。

この条約は、横浜・長崎・箱館・新潟・兵庫の開港、片務的な領事裁判権(治外法権)、協定税率(関税自主権の欠如)、最恵国条項などを主たる内容とする不平等条約であった。綿製品・羊毛製品の輸入税率は、日米条約では従価二〇%とされていたが、日英条約では従価五%とされ、一八六六(慶応二)年の改税約書では大部分の商品の輸入税は従価五%を基準とする従量税という形に引き下げられた。安政条約の輸入税率では五%、二〇%、三五%の三段階が設けられていたのが、このように五%にまで引き下げられたことは、日本も天津条約(輸入・輸出税とも従価五%を基準とする従量税)にならわされたことを意味していた。「自由貿易」の原則に立った安政条約の下で日本が押しつけられた条件は、こうして文字通り「半植民地」的なものであったといわなければならない。ただ天津条約が外国人の国内通行の自由を認めていたのに対し、安政条約はそれを認めていないという点だけが、清国と日本の相違であった。

幕末貿易と国内経済の激動

開港後の一八六〇―六五年の貿易動向を見ると、輸出は横浜からが全国輸出額の七〇―九〇%を占め、そのうちの六〇―八〇%は生糸であり、第二位の茶は一〇%前後であった。一方輸入では、横浜は全国輸入額の五〇―七〇%で、輸入品としては綿織物・毛織物・金属・綿糸などが大きな比重を占めた。また全国輸出入額に、輸出は一八六〇年＝四七一万四〇〇〇ドル、一八六五年＝一八四九万ドルであったのに対し、輸入は一八六〇年＝一六五万九〇〇〇ドル、一八六五年＝一五一四万四〇〇〇ドルで、大幅な輸出超過が続いた。しかし一八六七年から入超に転じ、それ以降明治初年にかけて「輸入防遏《ぼうあつ》」が大きな国家的課題となってゆく。ここに見られる原料品や食料の輸出、完成品の輸入という形は、完全に後進国型の貿易パターンであり、年とともに、イギリス以下の先進資本主義諸国の商品が怒濤のように流れ込みはじめるのである。

綿織物の大量輸入は、幕末段階における商品生産としてはもっとも先進的な展開を示していた国内綿業にとりわけ深刻な打撃を与えた。和泉・河内・大和・尾西などでは、マニュファクチュアや資本家的家内労働に基づく専業的な商品生産が小営業とならんで広く行われていたから、安い外国綿布がもたらす打撃は自給的な農家副業型の生産形態をとっている場合よりも決定的であった。その結果、マニュファクチュア・小営業の多くが壊滅し、小生産者の没落がひろく起こり、あるものは問屋制家内工業下の従属的経営に転落した。それでも綿糸が輸入品の第三位に姿を見せてくることが物語るように、原料を安い外国綿糸に切り替え、没落した貧農半プロ層の安い労働力で生産を再編確保し、輸入綿織物に対抗していく動きがあったことは、明治以降の展開とのかかわりで注目すべきことである。

これに対して、生糸は一躍輸出品の第一位となった。貿易形態としては、居留地商館の外国人商人が日本人売込商のもたらす生糸についてきびしい品質・量目検査を行い、一方的に価格を決定するもので、国際価格の五〇―六〇％程度に買い叩くのが通例であった。それでも、従来「登せ糸」として西陣に送られたり、関東の機業地で原料糸とされていた上州・甲信地方の生糸の多くは、江戸問屋の手を経ることなく、現地商人から直接、横浜に送り込まれるようになった。

こうして開国とともに、それまでの市場構造・流通機構には大変動が起こった。しかも開国と同時に通貨の大混乱、金貨の大量流出という予期しない事態も発生した。安政条約は内外貨幣の同種同量交換を取り決めており、当時アジアにおける国際通貨としての地位をもっていた洋銀（メキシコドル）一枚と一分銀三箇とが交換されることとなっていたが、国際金銀比価が一五対一であったのに対し、日本では五対一程度で銀が断然高値であった。そのため外商は洋銀を一分銀に替え、これを金貨に替えれば労せずして巨利を得ることができたから、金貨の猛烈な国外流出が生じた。これに対して幕府はおくればせながら金貨の悪鋳によって金銀比価を国際水準に近づけて流出を阻止するための手を打った。だが、それは当然インフレーションを誘発せざるをえない。それによって昂進した物価高にあおられ、生糸をはじめとする諸物資は横浜に集中的に送り込まれた。そのため西陣・桐生など国内機業地は生糸不足・生糸高値という二重の打撃をこうむり、また江戸では物資不足から社会不安が高まった。幕府は一八六〇（万延一）年、五品（雑穀・水油・蠟・呉服・生糸）江戸廻令《まわしれい》を発し、生糸の横浜直送を禁じ、在来の江戸問屋を中心とする流通組織を再編強化しようとし、またそれにつづいて内外貨の同種同量交換を停止し、以後時価相場で通用させることとした。

これによって金貨流出はようやく食い止められたが、五品江戸廻令は荷主・売込商の猛烈な反対によって、とくに生糸の場合効果があがらなかった。マユ・生糸は価格変動が激しいため、養蚕農家・製糸家にはつねに大きな危険がまつわりついており、この時期を通じても、富農的養蚕農家や製糸マニュファクチュア・小経営の上下分解は激しく進行した。またこの過程で東山養蚕・製糸地帯の生産力は上昇し、信州諏訪地方などでは製糸マニュファクチュア経営も発展したが、その半面、小生産者の没落が広く進行した。一方、横浜売込商の中には原善三郎・茂木惣兵衛のように急速に蓄積を進めて産地生産者を資金面から支配する関係も進展した。

民族的矛盾と階級的矛盾の激化

開国にともなう経済の混乱は、豪農・豪商層までをまき込んで、尊攘運動を高揚させた。その中で一八六一（文久一）年ロシア軍艦による対馬の一時占領事件、六二年生麦事件、六三年下関における長州藩の外国船砲撃、薩英戦争、六四（元治一）年四国連合艦隊の下関攻撃など、対外武力衝突事件が相次ぎ、イギリス、フランスは居留民保護の名目で横浜に軍隊を常駐させるに至った。また生麦事件のための薩摩藩の対英賠償金は一〇万ドル、下関戦争の賠償金は三〇〇万ドルに及んだ。

一方、外国資本の日本への進出も次第に本格化した。横浜・神戸・長崎などの居留地内には輸出用の茶の大規模な再製加工を行う外国人経営の工場が設立された。長崎には英国商人グラバーをはじめとする多数の外国商人が来て軍艦・兵器の売込みに活躍し、佐賀藩が軍艦代金の担保として高島炭鉱をグラバーと共同経営したり、長崎で造船業(小菅ドック)を開始したりするような状況も進んだ。

尊攘派が攘夷から一転して尊王倒幕に旋回する中で、西南雄藩とイギリスとの結びつきが深まる一方、イギリスと激しく競りあうフランスは幕府を支持し、一八六五(慶応一)年幕府との間に横須賀横浜製鉄所建設の契約を結び、また北海道開発にかかわる利権を担保とする対幕借款の準備を進めた。

このようにして開国は、たんなる貿易や幣制上の問題ばかりでなく、列強の軍事面・資本面における対日進出を促し、それが幕府対西南雄藩のあいだの国内政争と結びついて、民族的矛盾を急速に高めていった。

他方、国内的には階級的矛盾が激成された。開国にともなう経済変動の中で小農民経営の分解が進み、半プロ化した貧農層が大量に発生した。かれらは完全に脱農民化したわけではないが、もはやかれらのかかえる矛盾は村落共同体の内部で解決されるようなものではなくなっていた。いまや幕藩領主階級対農民一般という基本矛盾と不可分な形で、寄生地主・豪農・商人、高利貸と貧農半プロ的下層農民とのあいだの社会矛盾が複合的に激化し、百姓一揆はそのような矛盾の構造に規定されて体制変革を指向し、政治性を強めていった。

そうした情勢の中で、百姓一揆は天明・天保期につづく第三の高揚を示し、一八六六(慶応二)年にそのピークに達した。この年、百姓一揆は東北・関東・東山・畿内に中心をおきつつもほとんど全国化し、同時に西宮・大坂・兵庫・江戸などでは打こわしが起こり、「世直し」を主張して、全体として「革命情勢」とさえいいうるような状況が出現した。なかでも「武州一揆」はその代表的なもので、この年六月秩父郡から蜂起した一揆は、武蔵・上野にわたって参加者一〇万人に及び、代官所・村役人・米穀商・質屋金貸・地主・生糸商人を軒なみ襲撃した。開港にともなう米価騰貴によって生活が急激に苦しくなった貧農層が、生糸輸出によってにわかに大きな利益を握った商人をふくめ、幕藩体制下の末端支配機構や地主・高利貸を一体として攻撃目標としているところに「世直し」としての特徴があった。

幕府倒壊の決め手となった薩長同盟の成立は、この一八六六年一月のことであり、幕府はその年六月に開始した第二次長州征伐の失敗によってその権威を完全に失墜し、翌六七年十月の大政奉還、幕府滅亡へと歴史は急展開した。

〔参考文献〕

石井　孝『幕末貿易史の研究』日本評論社、一九四四年。
山口和雄『幕府貿易史』中央公論社、一九四三年。

中村　哲「開港」(『講座日本史5』東京大学出版会、一九七〇年)。
同　『明治維新の基礎構造』未来社、一九六八年。
海野福寿『明治の貿易』塙書房、一九六七年。
佐々木潤之介編『村方騒動と世直し』上・下、青木書店、一九七二・七三年。

3　明治維新の経済過程

新政権と当初の経済問題

一八六七(慶応三)年十二月、王政復古のクーデターによって明治維新政権が出現した。そして翌年一月、鳥羽伏見戦争を発端として戊辰の内乱が開始された。大政奉還以来、幕府・将軍との関係でどのような路線が選択されるかきわめて鋭く微妙な抗争が続けられたが(公議政体派と討幕派)、結局討幕路線が実現したのである。まだなんらたしかな権力基盤ももたない維新政権としては、内戦を勝ち抜くことによって力を飛躍させることにすべてを賭けたことは明らかである。徳川慶喜を鳥羽伏見戦争に追い込んだのは、まさしくそうした計算に立つ新政権側の挑発であった。

しかし諸藩をそのままとし、旧幕領からの収取体制も確実でない新政権の財政は、初発の局面ではゼロに近い状態というほかなかった。そこで新政権はまず御用金穀調達のため、為替方《かわせかた》の豪商三井・小野・島田に緊急の献金を求めた。そして福井藩出身の三岡八郎(由利公正)を、京都に設けた金穀出納所の取扱方として財政対策の立案にあたらせ、「会計基立金《もとだてきん》」三〇〇万両の募債と太政官札の発行の方針を定めた。会計基立金は為替方三者をはじめ三都の御用商人や株仲間、さらに地方の商人・地主に至るまでに広く呼びかけ、一八六八(慶応四)年二月から約一年で五六五四人から二八五万両余の醵出を得た。また太政官札は六八年五月から十二月末までに二八〇〇万両、六九年までに四八〇〇万両を発行した。なんらの正貨準備もなしに乱発されたこの金札は当然流通難で、正貨との交換比率は一〇対四程度にとどまり、多くの問題を引き起こした。

新政権の第二の課題は、経済的安定をはかるための全国流通機構の再編であった。そのため三岡(由利)の方針に従って六八年閏四月、商法司を設置して、諸藩に石高割りで太政官札を貸付け、産業振興・流通機構の再編にあたらせ、貸付金は正金で返還させることとした。しかしその成果はあがらず、六九年三月、商法司は廃止され、その機能は外国貿易振興を目的として前月に設置された通商司に次第に吸収され、外国貿易に結びつく国内商業・金融面の業務がここで統轄されるようになった。そして通商司の政策の実施機関として通商会社・為替会社を東京・大阪・京都・横浜・神戸・新潟・大津・敦賀に設立し、それぞれその地の豪商の出資を求め、それを通じて全国の商業・貿易機構を掌握しようとした。それは太政官札をめぐる外国との紛議を抑えるとともに政府の財政難を打開しようとする意図に立つものであったが、通商司は七一(明治四)年七月廃止、それによって各通商・為替会社も次々に不振に陥って解散していった。

新政権の第三の問題は、統一貨幣制度の整備であった。これは幕府発行の各種通貨と諸藩発行の藩札類の統一という国内問題であると同時に、安政条約との関係における対外問題でもあり、幣制改革は諸外国との協議を経なければならなかった。その結果、一八七一年五月、新貨条例が制定され、一アメリカドルと同位同量の一円金貨が基本貨幣として発行されるとともに、香港ドルと同位同量の一円銀貨も鋳造され、事実上金銀複本位制の形で、国際通貨とも対応する統一幣制が打ち出された。

こうして新政権は、大隈重信・伊藤博文・井上馨らが中枢部にいた民部・大蔵両省を軸として、経済分野における集権化・近代化のための政策を推進した。しかし、諸藩はまだそのまま存続し、中央国家の財政はきわめて脆弱な基礎しかもちえておらず、そこに廃藩置県に向けての動きが不可避となる理由があった。

廃藩置県　幕藩体制の解体過程を通じて、諸藩は財政難に、その下級家臣や旗本御家人の多くはきびしい窮乏に悩んだが、幕藩領主階級の封建的土地所有権の一部が商人・地主に売却されるというような形は一切現われなかった。それは幕藩体制下の身分的土地所有体制の強固さを示すものであり、他国の封建的土地所有制の解体史と比べると重要な特徴であった。しかし、幕末の経済変動と戊辰戦争を経過した段階での諸藩財政や実力にはいちじるしい格差が生じており、弱小藩や幕府側について敗者となった東北諸藩などでは藩財政は壊滅的な状態にあった。それは天保の財政改革に成功し、幕末において諸藩相互間の交易や独自の外国貿易を通じて経済力・軍事力の強化につとめていた西南雄藩などとは雲泥の相違であった。したがって、このように跛行的展開を遂げながらもなお身分制的土地所有体制が持続されている状態を克服するためには、政府は一方では巨額に達している藩債を肩替りし、他方では自立・割拠性の強い藩権力とその支配を一挙的に解体し、経済的・政治的中央集権化を実現しなければならなかった。

その有力なステップは、一八六九(明治二)年一月の薩長土肥四藩主の版籍奉還上奏、六月の諸藩主の版籍奉還である。それは中央集権を指向する維新官僚によってリードされたものであるが、藩主をそのまま知藩事に任命するという点で過渡的かつ穏和な措置であった。しかしそれでも、版籍奉還が実現すると政府はただちに禄制改革を指令し、知藩事の家禄は藩実収高の一〇分の一に、藩士の家禄もそれに準じて削減させることとし、翌年には府藩県が外債を起債することを禁じ、藩債償却や藩札兌換等に関する規定を定め、藩経済の自立性の解体を進めた。

そのうえで、廃藩置県は一八七一(明治四)年六月に断行された。こんどは薩長土三藩兵よりなる親兵一万を結集して、天皇が廃藩を命ずるという手続によってこれを強行した。これに先立つ六九年から七〇年にかけては、各地で農民一揆が蜂起し、社会不安が再び高まっていた。他方、対外的には政府は、榎本武揚がプロシャ人ゲルトナーに貸与した蝦夷地七重村三〇〇万坪の租借権や、幕府の一老中がアメリカ公使館員ポートマンに認めた江戸―横浜間の鉄道敷設権などをおさえて民族的自立の確保のための努力を試みているが、そのような内外の緊迫した情勢が、廃藩と中央集権化の遷延をもはや許すことのできないところまでおしつめていたのである。

廃藩置県によって、二六一藩が廃され、知藩事は免ぜられ、中央派遣の知事が任命された。その結果、統一国家財政が成立し、諸藩の年貢は政府の手に入るようになったが、政府は諸藩藩債の大部分も引き継ぎ、旧藩主・藩士の家禄支給の責任を負わなければならなかった。諸藩藩債の総額は、内国債合計七四一三万余円(その内訳は、一八六八―七二年の「新債」一二八二万円余、一八四四―六七年の「旧債」一一二二万円余、「官債」六四三万円余、一八四四年以来の「古債」一二〇二万円余、「棄債」一四九七万円余)、外国債四〇〇万円余であった。これを諸藩の年間実収高と比べると、三〇〇%をこえるものが五六藩、他のほとんど全部がそれ以下ではあるが、各一〇〇%をこえる額に達していた。このような藩財政面からも、廃藩はもはや不可避であったわけであるが、政府は中央集権体制実現の代償として巨額の負債を背負い込まなければならなかったのである。この点は一八七一年十月—七二年十二月の租税収入総額が二一八四万円余であったことと対比しても、その負担の大きさは明らかであろう。

政府は、廃藩置県を実現すると、そのすぐ後の九月田畠勝手作りの許可、十二月在官者以外の華士族卒の職業自由の許可、七二年二月田畠永代売買の許可、同年八月農民の職業自由の許可、七三年株仲間解散と、一連の封建的諸制限の撤廃＝自由化を相次いで推進した。

地租改正

廃藩置県に続いて、明治維新変革の核心をなす地租改正は、七二年七月の地租改正局の設置、壬申地券の交付開始から実現に踏みだし、七三年七月(七二年十二月太陽暦への改暦が決まり、明治五年十二月三日が明治六年一月一日と改められた。したがって本書の記述も、七三年より太陽暦による)の地租改正条例の発布によって本格的実施に進んだ。

地租改正条例は、(1)新たな丈量＝一筆調査によって確定された土地面積に応じて従来の農民的土地保有者(石高所持者たる本百姓)に地券を交付し、これを所有権者とする、(2)石高制を廃し、算定地価の一〇〇分の三を地租とする。地価は一段の平均収穫米代から種籾肥料代・地租・村入費を差し引き、これを一定の利子率(「地租改正検査例」に示された自作地の場合は六%)で資本還元して算定する、(3)地租はすべて金納とする、の三点にあった(表15参照)。

この条例は農民に土地所有権を付与する点では画期的であった。とくにその準備段階で提起されていた一案「分一税法案」のごときは、一つの土地に領主側の権利と農民側の権利とを認

表 15　地租改正「検査例」に示された地価算定方式

第 1 則（自作地）

$$x(\text{地価})=\frac{P(\text{収穫米}\times\text{米価})-0.15\,P(\text{種肥代})-\left\{\frac{3x}{100}(\text{地租})+\frac{x}{100}(\text{村入費})\right\}}{0.06(\text{利子率})}$$

第 2 則（小作地）

$$x(\text{地価})=\frac{0.68\,P(\text{小作料})-\left\{\frac{3x}{100}(\text{地租})+\frac{x}{100}(\text{村入費})\right\}}{0.04(\text{利子率})}$$

め、そのそれぞれに地券を発行し、相互の売買関係の中で所有権の一元化を進めるという、領主の地主への転化の道を保証するものであったから、それに比べれば、これはそれなりに進歩的な性格をもっていた。またこの条例に先立つ七三年一月、地所質入れ書入れ規則を制定して、質流れ後も旧地主(質入主)が取戻し権を主張する旧来の土地慣行を否定し、所有権の移動の明確化をはかり、それを前提として土地商品化の条件をつくりだした点も、近代化政策としての前向きの側面を示すものである。

しかし、地価の算定方式やその一〇〇分の三という地租の高率性には多くの問題があった。地租改正事業は、条例の発布後、七五年三月に地租改正事務局を設置して細部にわたる指導を行ったが、その過程で地価算定＝地租額確定については当初の農民側からの申告方式を改め、府県単位に地租目標額を定め、田畠の地位等級制度を編成し、それによって基準段当収穫米を上から押しつけるようになった。これは当然、実態に即した収穫米を上廻るものであった。また地租は地価の一〇〇分の三という数値は、政府自身も〝本来は一〇〇分の一にもすべきもの〟と認めていたようにいちじるしく高率であり、かつ検査例第一則(自作地)の算定方式では農器具代や労賃が一切計上されていなかった。結局、地租は従来の封建貢租額を下廻らないように確保する、というのが実施場面における政府の目標とされたのである。

このようにして政府は、権力による強制と村落共同体秩序を利用して、事実上村単位に割り出した地価を農民に押しつけた。したがって、これに対しては広範な農民側の抵抗がまき起こされた。一八七六(明治九)年には、和歌山・石川・山梨・山口・静岡・茨城・三重・愛知・岐阜・堺などの諸県で地租改正反対一揆や地租軽減嘆願運動が起こった。なかでも茨城県真壁郡を中心とする一揆(真壁暴動)と、三重・愛知・岐阜・堺(奈良)の諸県にわたる伊勢暴動とは、とくに激しくかつ大規模であった。しかも、後者の一環である愛知県春日井郡の一揆は、村で最大の地主であり区長でもあった林金兵衛が中心に立ち、七郡にわたった福井県の一揆でも地主・豪農層が指導的役割を演じた。地価算定方式や地価引下げをめぐる闘争は、その性質上、村落支配層をも国家権力に向けての戦いに立ち上がらせたのである。相次ぐ士族叛乱とこれら反対一揆に挾撃された政府は、一八七七年一月、地租を地価の一〇〇分の三から、一〇〇分の二・五に引き下げた。西南戦争勃発一カ月前の時点である。

表16　全国総生産米の国家・地主・小作人への配分比率

	地租改正法検査例	1873(明治6)	1881-89(明治14-22)平均	1890-92(明治23-25)平均
	%	%	%	%
合　計	100	100	100	100
国　家	34	48	22	13
地　主	34	10	36	51
小　作	32	42	42	36

〔備考〕　丹羽邦男「地租改正と秩禄処分」(岩波講座『日本歴史15』1962年版)より引用．73-92年の数字はすべて現石換算に基づく．

では地租改正はどのような影響をもたらしたであろうか。表16が示すように、新たに確定された地租＝国家取り分は、その後の西南戦争インフレーションを通じて相対的に低落するが、やはり高率であり、かつこれをすべて金納しなければならないため、余裕のない下層農民ほど割損に換金しなければならず、また米穀市場の発達がおくれている地域では金納地租は一般に農民の負担を大きくした。他方、地所質入れ書入れ規則によって、質入れのみならず書入れの際の債権も保証されるようになったから、土地所有権の移動は急激になった。それに加えて、地租改正に続いて行われた山林原野の官民有区分は、従来村落共同体の共同用益に委ねられていた山林原野の多くを官収し、しばしば農民の用益さえも締め出したため、それらを通じて農民層の分解は広範かつ加速化された。その意味で地租改正は、農民的土地所有権の創出、土地商品化とともに、農民の土地所有の喪失――本源的蓄積の一側面――の重要な画期をなすものといわなければならない。

地租改正による農民的土地所有権の法的承認は、裏を返せば封建的土地所有権の否認である。秩禄処分はまさにそのような意味で、幕藩制的土地所有体制を最終的に解体する措置であった。

秩禄処分

すでにふれた一八六九(明治二)年の禄制改革は、家禄削減によって幕藩制的土地所有体制解体の一歩を踏みだしたものであり、その後も一時賜金などの形で家禄の削減が進められたが、廃藩置県直後の禄高は四九二万石に及び、その支給責任を負った政府の負担は莫大であった。一八七一年十月から七二年十二月までの歳入合計は五〇四四万円余、歳出合計は五七七三万円余であったが、そのうち家禄および王政復古の行賞たる賞典禄などの支払い総額は一六〇七万円余に達し、支出費目の第一位で、歳入総額の三一・八%を占めていた。

政府は、一八七三(明治六)年十二月、家禄税を設け、家禄・賞典禄の奉還制度を定めて、秩禄処分の本格的推進に乗りだした。家禄税は家禄高五石—六万五〇〇〇石受給者に対し、累進税率をもって賦課することとしたものであり、これによって家禄総額の一一%が縮小された。また奉還制度は家禄一〇〇石未満の小禄者に対し、奉還を願い出た場合は家禄六年(終身禄は四年)分を現金および八分利付秩禄公債で支給するというものであった。これによって家禄支給高・家禄受給者数とも約二〇%以上が減少した。この間、地租改正にともなって地租の金納化が決定的となったため、家禄の貨幣支払いも不可避となった。そこで政府は、一八七六年八月、秩禄処分の最終措置として、家禄支給を停止し、その代りに家禄の種類(永世禄・終身禄・年限禄)に応じて、五—七・五年分ほどの五—七分付公債を交付し、最終的に家禄支給を打ち切ることとした。

この措置によって金禄公債を交付されたものの総数は三一万三二六三人、金額総計は一億七四五六万円余、このために国が支払わなければならない利子額は毎年約一〇〇〇万円であった。階層別受給状況を見ると、金禄元高一〇〇円未満のものが二六万二二九六人で、この層の一人当り平均受給額は四一五円にすぎなかったのに対し、最上層の金禄元高一〇〇〇円以上層は受給者五一九名、一人平均六万五二七円であった。すなわち、大多数の一般士族は少額の金禄公債給付で事実上失業させられ士族授産の対象に転化したのに対し、旧公家・大名など一握りの上層部分は利子生活者として十分生活しえたうえ、この公債をもととして地主・資本家に転生することもできたのである。国立第十五銀行は主として旧大名・公家の金禄公債を資本転化したいわゆる華族銀行であり、鉄道・紡績業へのかれらの出資も少なくなかった。

こうして金禄公債給付高には極端な格差があり、下級士族を急速に没落させる一方、旧大名・公家などの支配層を社会的に温存することとなり、それは明治天皇制の社会基盤を特徴づける一つの重要な要素となった。またこの秩禄処分の在り方を全体として見ると、それは封建的土地所有権を無償廃棄でなく、相当に高価な有償方式で解消したものであり、利払いをふくむそのための財源は、すべて地租を中核とする租税に依存するほかはなく、国家財政への圧迫は大きかった。その点からすれば、日本の封建的土地所有の克服方式は、旧特権支配層に対しては妥協性が強く、地租負担民衆の犠牲において実現されたものといわなければならない。

〔参考文献〕

沢田章『明治財政の基礎的研究』復刻版、柏書房、一九六六年。
千田稔・松尾正人『明治維新研究序説――維新政権の直轄地』開明書院、一九七七年。
丹羽邦男『明治維新の土地変革』御茶の水書房、一九六二年。
福島正夫『地租改正の研究』有斐閣、一九六二年。
近藤哲生『地租改正の研究』未来社、一九六七年。
関順也『明治維新と地租改正』ミネルヴァ書房、一九六七年。
有元正雄『地租改正と農民闘争』新生社、一九六八年。
丹羽邦男『形成期の明治地主制』塙書房、一九六四年。
大石嘉一郎『日本地方財行政史序説』御茶の水書房、一九六一年。

4 殖産興業

初期の官営事業

明治維新政権は、きびしい国際的・国内的条件のもとで、国内統一と民族的自立を急速に実現・確保しなければならないというさし迫った課題を背負っていた。そのため新政権は初発から先進工業の移植につとめなければならず、一八七〇(明治三)年閏十月には早くも工部省を設置して、工業・鉱山・鉄道・燈台・電信など、富国強兵を機軸とする殖産興業の歩みを官営事業中心に進めはじめている。

しかし、そうした新政府の殖産興業の歴史的前提には、幕末期の幕府・諸藩による「近代」的工場建設があった。幕府のものとしては関口大砲製作場・石川島造船所・長崎製鉄所・横須賀横浜製鉄所などがあり、水戸・佐賀・土佐・長州・薩摩・福井藩なども、それぞれに武器・船舶・火薬・鉄などの製造のための「近代」的工場を設立、蒸気機関や工作機械も導入した。なかには薩摩の鹿児島紡績所のようなものもあったが、その大部分は、幕末の対外緊張と諸藩の自立的動きの中でとられた富国強兵策に基づく軍事工場であった。

工部省の迅速な初期の殖産興業政策推進は、このような幕末の経験を継承して可能となったものである。工部省は設置から廃止(一八八五年)に至る一五年間に、総支出約四六〇〇万円、うち官営事業のための支出約二九〇〇万円、その中では鉄道に約一四〇〇万円、鉱山に八八九万円が支出された。一八七〇年、イギリスの技術・車輛等の一切を導入して新橋—横浜間、神戸—大阪間に鉄道敷設工事が起工され、前者は七二年、後者は七四年に開業、大阪—京都間も七七年に開業した(東海道全線の開通は一八八九年)。鉱山経営では一八七二年「鉱山心得書」、七三年「日本坑法」を定め、高島炭鉱のような外国資本の進出を排除し、官収・官営の基本方針のもとに大葛金山・小坂銀山・院内銀山・阿仁銅山など主要な金・銀・銅山を直営とした。

しかし、初期の殖産興業政策も官営事業ばかりであったわけではない。前述の商法司を通じての府藩県への太政官札貸付も、民間産業対象ではあるが殖産興業をめざすものであった。また一八七二(明治五)年十一月の国立銀行条例制定も、一面では政府の不換紙幣消却をねらうものであるとともに、半面では民間産業のための金融組織の整備をめざしたものといえよう。ただそれは兌換銀行券の発行条件がきびしかったため、予期に反して設立は四行だけに終った。

こうして初期の殖産興業は、結局工部省が中心の官営事業機軸の展開にとどまり、財政負担を大きくする一方、民業振興には効果を発揮できなかったため、大久保利通によって興業政策の転換がはかられることになった。

殖産興業政策の展開

一八七三(明治六)年五月、欧州視察から帰った大久保は、同年十一月に設置された内務省を参議兼内務卿として掌握し、工部省推進の勧業政策が軍事工業ないしその基盤の育成を中心としていたのに対し、民業の保護育成に重点をおいた勧業政策を推進した。

その際大久保がもっともさし迫った課題として認識していたのは、「輸入防遏、輸出振興」であった。表17が示すように、開国以来の貿易収支は、一八六七年に赤字に転じ、以後多少の例外はあっても大勢としては連年大幅入超となっていた。内外のいちじるしい技術水準・生産力格差と不平等条約というきびしい条件のもとでそのような状態がさらに続けば、半植民地的経済構造に陥って抜けだせないことはさけられない。大久保はその点を基本認識として、在来産業の育成をはかろうとしたのである。

そうした方向の先駆は、すでに一八七二年四月の堺紡績所の買収とその勧業寮への移管、同年十月の官営富岡製糸場の開業(はじめは大蔵省所管)によって進められていた。とくに富岡製糸場は七〇年二月に設立方針が決定され、養蚕・製糸業の盛んな群馬県富岡の地を選び、先進技術の伝習普及のための模範工場として、フランス人技師ブリューナーの指導のもとに三〇〇釜という、当時としては群を抜いた大規模な設備を整えた。大久保はこうした路線を受けとめ、七四年には新町屑糸紡績所(群馬県)を設立、以後、千住製絨所・愛知紡績所・広島紡績所などの官営工場を相次いで設立していった。これらはいずれも原料生産における在来産業を基礎としつつ、先進技術・機械の導入によって加工過程の近代化を

表17 幕末・明治初期の輸出入額(単位千ドル)

年	輸出額	輸入額
1859	891	603
60	4,714	1,659
61	3,787	2,365
62	7,918	4,215
63	12,208	6,199
64	10,572	8,102
65	18,490	15,144
66	16,617	15,771
67	12,124	21,673
68	20,435	15,000
69	11,486	17,357
70	15,143	31,121
71	19,185	17,746
72	24,295	26,188
73	20,660	27,443
74	20,165	24,227
75	17,918	28,174

〔備考〕『横浜市史』第2巻,同資料編2より引用.

進める拠点づくりというねらいをもつものであった。

農業部門では、内藤新宿試験場・三田種育場・下総牧羊場などが設立され、内外諸品種の農作物栽培・実験、外国農具の導入試用、養蚕・製糸・製茶技術の改良のための試験などが行われた。紋鼈《もんべつ》製糖所は砂糖の輸入防遏を目ざすものであり、在来産業としての綿業・糖業などの保護育成のため、政府は綿糖共進会・勧業博覧会などにも力を入れた。また開拓使のもとでの北海道の開拓の推進、札幌農学校の設立(一八七六)年による大農法技術の研究などの試みも、農業部門における勧業政策の一環であった。

一方、このような内務省主導の勧業と並行して、工部省の勧業もこの段階で新しい展開を見せている。釜石鉱山と三池炭鉱に代表される鉄と石炭生産の近代化への注力が本格化するのである。それは初期の鉄道・電信などの直接移植型から、近代産業の基盤育成への転換といってよい。また機械製作の赤羽、造船の兵庫・長崎、セメントの深川、ガラスの品川工作分局など、基礎的諸産業の育成も同じような意味をもって開始された。

さらに、勧業資金の面で大きな意味をもったのは、政府の「準備金」の貸出しである。それは府県・銀行・会社・個人など諸方面に供給され、一八七五年から八〇年前後にかけて融資額の総計は五二九九万円余に及んだ。会社では三菱会社に海運助成で貸出されたケース、上毛繭糸改良会社に生糸直輸《じき》出資金として貸出されたケースなどがよく特徴を示しており、個人では五代友厚・渋沢栄一・川崎八右衛門のような政府と緊密な関係をもつ人々が主な借り手であった。

これに対し、地方の群小企業者たちに資金供給の道を開いたのは、一八七六(明治九)年の国立銀行条例改正であった。これは秩禄処分によって発行された巨額の金禄公債を資本に転化させる目的から行われたもので、資本金の八〇%を公債で供託すれば同額の銀行券を発行してよいことになった。そのため旧大名・公家の取得した五分利付公債は九二%余がこれに投入された。また国立銀行は銀行券発行条件の大幅緩和によってきわめて有利な事業となったため、地方の有力地主・商人も競ってこれを設立するようになり、一八七九年末までには一五三行が出現した。それらの中には製糸工場をはじめとする地方的・農村的企業の設立資金や、生糸輸出の荷為替資金のような形で殖産興業に一定の役割を果すものも少なくなかった。

在来産業の動向

ここで在来産業の動向を殖産興業政策との関連で見ておこう。もっとも早い時期に属する一八七四年の統計によると、この年の職業別人口構成は表18のような状況で、農業者が七七・八%と高い比重を占める半面、商工業者は合せて一〇・二%にとどまっている。この点は「府県物産表」に基づく表19の示すように、農工生産価額の面からもたしかめられるところで、主穀生産額が五〇%に近く、工業生産額は三〇%どまりであった。

工業生産額の内訳をやや立ち入って府県別に見ると、総生産額に対する工産物額の割合が高

表 18　1874 年職業別人口構成

	人	%
農業者	15,262,887	77.8
雑業者	1,819,365	9.3
商業者	1,301,678	6.6
工業者	708,095	3.6
雇人	383,303	2.0
漁業者	15,308	0.1
その他	121,508	0.6
有業人口計	19,612,144	100.0

〔備考〕 安良城盛昭「地主制の展開」(岩波講座『日本歴史 16』1962 年版)より引用.

表 19　1874 年の農林水産価額と工業生産価額

	千円	%
全生産額	354,736.9	100
農林水産額	247,189.6	69.8
(ウチ米麦雑穀)	(168,349.6)	(47.5)
工業生産額	107,547.1	30.2

〔備考〕 安良城盛昭「地主制の展開」(同上)より引用.

いのは一位大阪六五・四%、二位京都五三・五%、三位東京四八・一%、四位栃木四三・一%の順であるが、その工産物は、大阪では食品・織物・陶器・油類、京都では染物・織物・醸造・小間物・金属細工、東京では履物・化粧具・醸造・指物・雑貨、栃木では織物が圧倒的に大きくあと醸造・油類・生糸・食品となっている。以下の諸県でも上位を占める主要工産物は、ほとんど醸造・織物・生糸・油類であって、それらはいずれも原料農産物の加工による「工産物」であったといってよい。

このような在来産業の一般状況を見ると、殖産興業による工業化の推進が、在来産業とほとんど隔絶した場で行われていたことは否定すべくもない。内務省主導の興業政策は、たしかに工部省のそれとちがって、在来産業育成に目標を置いていた。しかし、在来産業の中核をなす綿織物業にしても、第一位の大阪府の場合で織物の比重は大阪府総生産額の七・五％にすぎず、全体として諸府県に分散的である。生産地の集中性が見られないそうした状況は、国内綿織物業の生産形態の幼弱性を示すものにほかならない。綿糸紡績でも、当時臥雲辰致《がうんたつむね》によって発明され、三河を中心に急速な普及を見たガラ紡が、従来の手紡に比べて数倍の生産性を高めたとはいえ、産業革命を経たイギリスの機械紡績の生産力に太刀打ちできるものではなく、太番手糸生産という特定分野でようやく一定の生命を永らえただけに終った。そのため、政府がいかに国内綿業保護政策を打ち出しても、在来紡績・織布業に直接近代的機械設備を接ぎ木する形では成功するわけがなかった。在来綿業の近代工業化をねらうのに適した立地条件を選んだ愛知・広島紡績所が期待に反して成果をあげえなかった一つの原因も、そうした両者間の乖離状況にあったであろう。その意味で、綿業近代化は在来綿業と別の場から出発せざるをえず、原料綿も後述するように、国内生産の壊滅と中国・インド綿への全面依存というドラスティックな転換の上にしか展開できなかったのである。

これに対して、殖産興業政策による在来産業の改良・育成が成功したのはやはり製糸業の場合である。外商のきびしい買叩きと激しい相場の変動にさらされながらも海外市場に恵まれて急速に発展した製糸業は、一八七〇年代に入ると器械製糸マニュファクチュアが長野・岐阜・山梨などを中心に展開する。その規模はせいぜい数十釜以下が大半で、「器械」も木製、動力も水力という水準であったが、「器械」の構造・作業形態などについては官営模範工場富岡製糸場のもたらした影響が大きく、品質と生産力の向上に大きく貢献した。

こうして、殖産興業政策の進行は、(1)官営中心の軍事工業の突出的先行、(2)「輸入防遏」のための近代紡績業の移植、「輸出振興」のための製糸業の育成が、戦略産業として国家権力のバックアップの下に重点的に行われ、(3)半面、在来の木綿・砂糖農業は壊滅の道をたどらされ、大農法導入の試みも失敗し、(4)その他の諸産業の近代化は見捨てられ、全体として産業諸部門間にいちじるしい発展の跛行性をもたらした、ということができるであろう。

〔参考文献〕

大江志乃夫『日本の産業革命』岩波書店、一九六八年。

石塚裕道『日本資本主義成立史研究』吉川弘文館、一九七三年。

小山弘健『日本軍事工業の史的分析』御茶の水書房、一九七二年。

田中時彦『明治維新の政局と鉄道建設』吉川弘文館、一九六八年。

川浦康次「殖産興業」(『講座日本史5』東京大学出版会、一九七〇年)。

近藤哲生「殖産興業と在来産業」(岩波講座『日本歴史14』一九七五年版)。

山口和雄編『日本産業金融史研究・製糸金融篇』、『同・織物金融篇』東京大学出版会、一九六六・七四年。

安良城盛昭「地主制の展開」(岩波講座『日本歴史16』一九六二年版)。

5　政商資本と地主制の形成

明治政府は、維新以来、外国資本の侵入に対抗しつつ、富国強兵・殖産興業政策を推進してきたが、その主要な財源は、⑴不換紙幣、⑵地租、⑶金禄公債の資本への転化にあった。それは、きびしい国際的条件のもとで短兵急に遂行されなければならなかった国家主導型の本源的蓄積の過程にほかならず、多額の資金撒布はインフレ傾向を助長せざるをえなかった。しかもそれに加えて、一八七七(明治一〇)年には西南戦争が勃発し、その戦費も不換紙幣によってまかなわれたため、この年以降インフレーションはきわだって昂進した。玄米一石当りの東京相場は、七七年十二月五円一五銭、七八年十二月六円二〇銭、七九年十月八円二一銭、八〇年十二月一一円四二銭と、うなぎのぼりであった。

財政危機と紙幣整理

インフレは物価騰貴によって民衆の生活を圧迫したばかりでなく、金利高騰によって産業を圧迫し、貿易収支を悪化させて正貨の流出を促した。そうした状況の中で、自由民権運動が高まった。この段階の運動は幕末以来急激な商品生産の進展を見た養蚕製糸地帯においてとくに高揚し、その発展を阻害する高額地租に対する不満が、広く豪農層をも運動にまき込む契機となっていた。

こうした内外の要因から、政府としては不換紙幣の整理によってインフレを抑え、財政危機を克服することが緊急の課題となった。当時の財政担当者大隈重信は、一八七八(明治一一)年から「公債及び紙幣償還」の立案実施に乗りだし、殖産興業政策の中で乱立された官営工場の民間払下げ、横浜正金銀行設立による輸出金融の整備と直輸出の拡大、酒造税の引上げなど間接税の増徴による国庫収入増加、地方税増徴による国の支出の地方への転嫁などを推進した。このうち官営工場払下げは一八八〇(明治一三)年十一月「官営工場払下げ概則」を制定し、後述するように逐次払下げを実施した。また横浜正金銀行もこの年、資本金(三〇〇万円)の三分の一は政府引受けで創設され、政府資金の預託によって直輸出のための荷為替および貸付など貿易金融に積極的役割を演ずることになった。八一年、横浜生糸売込商の原善三郎・茂木惣兵衛らが外商の不正・横暴と闘った横浜連合生糸荷預所事件は、こうした新しい条件のもとではじめて可能となった民族的抵抗の一形態といえる。

ところでこの大隈は、一八八一(明治一四)年の「開拓使官有物払下げ事件」にからんで罷免され、松方正義が参議兼大蔵卿となって、財政再建・紙幣整理の事業を引き継ぐこととなった。しばしば、大隈と松方との間には財政方針に大きな相違があるかのように理解されがちであるが、紙幣整理は大隈以来すでに取り組んできた問題であった。ただ松方は、紙幣整理・財政再建と殖産興業を並行して推進する決め手として、八二年日本銀行を創設し、貨幣運用と金融機能の中央集中の強化をはかるとともに、八五年からは従来の政府紙幣を、正貨準備をもつ兌換紙幣としての日銀券に漸次切り替えていく政策を進めた。かくして紙幣整理と日銀券への切替え過程は、七九年から見られる政府紙幣の縮小・消却が八四年までにピーク時(七九年)の七〇%以下におし進められており、八五年からは日銀券の発行が開始されている。またこれによって、一時は銀貨と紙幣の間に生じた大幅な打歩《うちぶ》も解消し、近代的貨幣制度・信用制度はようやくここに軌道に乗せられるのである。

官業払下げと政商資本の形成

財政再建にともなう官業払下げは、およそ表20のような状況であった。官業として莫大な資金を注ぎ込んだ釜石鉱山・品川硝子・兵庫および長崎造船所などの多くが経営的には赤字であった。払下げは資金の評価額を基準として行われたが、評価額が低いうえに、無利息長年賦であったから、払受人にとっては断然有利であった。長崎造船所は四五万二〇〇〇円、二五年賦で払下げられたが、実際は九万一〇〇〇円の一時払いで三菱の手に入った。兵庫造船所も一八万八〇〇〇円、五〇年賦であったが、五万九〇〇〇円の一時払いで川崎正蔵の手に入った。

払受人は三井・三菱のほか、いずれも政府首脳と密接な関係をもつ政商であった。深川セメントの浅野総一郎は渋沢栄一の支持をえていた人物であり、川崎は松方と特別の結びつきがあった。大倉喜八郎は江戸で武器商を営んでいたが、戊辰戦争のとき官軍御用達となり政府と深

表 20　官業払下げの状況

払下年月	物件	官業時投下資本(1885年末)	財産評価額(1895年6月末)	払下価格	払受人	譲渡年次および譲渡先
		円	円	円		
1874.12	高島炭鉱	393,848	—	550,000	後藤象二郎	1881 三菱へ 90万円で
82. 6	広島紡績所	50,000	—	12,077	広島綿糸紡績会社	1902海塚紡績所
84. 1	油戸炭鉱	48,608	17,192	27,944	白勢成熙	
84. 7	中小坂鉄山	58,507	24,380	28,500	坂本弥八他	廃止
84. 7	深川セメント			61,742	浅野総一郎	
84. 7	梨本村白煉化石	101,559	67,965	101	稲葉来蔵	
	深川白煉化石			12,121	西村勝三	
84. 9	小坂銀山	547,476	192,000	273,660	久原庄三郎	
84.12	院内銀山	703,093	72,993	108,977	古河市兵衛	
85. 3	阿仁銅山	1,673,211	240,772	337,766	古河市兵衛	
85. 5	品川硝子	294,168	66,305	79,951	西村勝三 磯部栄一	1892 廃止
85. 6	大葛金山	149,546	98,902	117,142	阿部潜	1888 三菱
86.11	愛知紡績所	58,000	—	—	篠田直方	1896 焼失
86.12	札幌醸造所	—	—	27,672	大倉喜八郎	1887 札幌麦酒 1895 札幌製糖
87. 3	紋鼈製糖所	258,492	—	994	伊達邦成	浅羽靖
87. 6	新町紡績所	130,000	—	150,000	三井	
87. 6	長崎造船所	1,130,949	459,000	527,000	三菱	
87. 7	兵庫造船所	816,139	320,196	553,660	川崎正蔵	
87.12	釜石鉄山	2,376,625	733,122	12,600	田中長兵衛	
88. 1	三田農具製作所			33,795	岩崎由次郎他	東京機械製造
88. 3	播州葡萄園			5,377	前田正名	
88. 8	三池炭鉱	757,060	448,549	4,555,000	佐々木八郎	1890 三井
89.12	幌内炭鉱・鉄道	2,291,500	—	352,318	北海道炭礦鉄道	1899 三井
93. 9	富岡製糸所	310,000	—	121,460	三井	1902原合名会社
96. 9	佐渡金山	1,419,244	445,250	1,730,000	三菱	
96. 9	生野銀山	1,760,866	966,752			

〔備考〕　小林正彬「近代産業の形成と官業払下げ」(『日本経済史大系5　近代上』)より引用.

く結びついた。古河市兵衛は元来小野組の番頭であった人物である。かれらがこの官業払下げを梃子として、資本蓄積を飛躍的に進めたことは、その後の発展からも明らかなことである。

こうして官営工場などを安価に入手した人々は、すでに維新以来、政府との固い結びつきの中で成長してきていた政商であった。とくに地租金納にともなう官金取扱いと、殖産興業における豊富な政府資金の融資とが、かれらの政商たるゆえんであり、飛躍のバネであった。政商と呼ばれるものの中には、江戸時代の両替商・呉服商であった三井のようなタイプもあれば、岩崎(三菱)などのように幕末維新以来、政府首脳との人的結合によって急激に進出してきたものもあり、おのずからに経緯は異なるが、三井における大蔵省・開拓使との結びつき、三菱における台湾出兵・西南の役の軍事輸送にともなう国家との結びつき、そして官業払下げ、といった大筋は共通しており、基本的には国家財政への吸着が、政商の資本蓄積の条件であったことは明らかである。のちにさらなる飛躍をとげる財閥の起点は、この段階において形成され、官業払下げによって確立されたといってよい。

農民層分解と地主制の形成

紙幣整理の強行と他方における増税および朝鮮問題の緊張にともなう軍備増強は、通常「松方デフレ」と呼ばれる深刻な不況を引き起こした。米価・糸価の暴落は激しく、米価は一八八一(明治一四)年から八四(明治一七)年までの三年間に約五〇%下がった。商品生産の発展・地租金納・インフレーションによって貨幣経済に深

表21　1883–85年の耕地売買抵当の動向

	1883年 2府21県計	1884年 2府36県計	1885年 3府30県計
耕地売買率	3.8%	5.0%	5.2%
年間地所書入れ質入れ率	11.2	11.6	10.8
年末現在書入れ質入れ地現在高率	13.3	18.4	19.0
地価100円当り売買価	110円68銭	99円53銭	90円55銭
年間書入れ地地価100円当り貸付金	92　27	88　81	80　15
売買地価100円当り書入れ貸付高	83　36	89　12	88　51

〔備考〕　古島敏雄『資本制生産の発展と地主制』500頁より引用.

く足を踏み出していた農民の受けた打撃は痛烈であった。米価の下落によって、農民の実質的地租負担は高まった。地租と地方税中の地価割・地租割・段別割の合計が段当収穫米の中で占める比重は一八八一年には一五・七%だったが、八四年には実に三四・一%に上がったと推定される。

表21は、松方デフレの農村への影響がもっともきびしく現われた三年間の土地売買・書入れ質入れの状況を示すものである。すなわち、連年一五―一六%の土地が売買・書入れ質入れの対象とされ、年末現在の書入れ質入れ率が増加し、請戻しは連年困難さを増すとともに、売買価格も年間書入れ質入れ貸付金高も法定地価を下廻っている事情が明らかである。ここから読み取れるのは、ひどい地価の下落、割り損な貸付額にもかかわらず、毎年全耕地の一五―一六%を売ったり書入れ質入れしたりしなければならないという農民の空前の窮状である。

農民の地租滞納による強制処分は一八八三(明治一六)年から八七年の五年間に三〇万人をこえ、「身代限」(破産)は八二年―

表22　地方別小作地率の推移　　（単位：%）

	1873年推定	1883・4年	1887年	1892年	1907年	1916年
東　北	14.6	25.1	29.9	32.3	39.8	41.8
関　東	23.6	35.2	36.8	38.7	45.7	46.0
北　陸	39.6	46.3	49.9	49.2	48.2	51.3
東　山	31.1	36.5	40.7	41.6	46.6	47.4
東　海	33.7	39.1	40.9	42.4	46.8	47.7
近　畿	33.0	40.2	45.5	43.7	49.2	50.2
四　国	41.0	41.9	44.0	42.6	44.3	40.7
山　陽	23.9	34.3	38.9	40.9	46.5	42.2
山　陰	42.7	47.9	51.9	51.5	54.1	53.8
九　州	26.3	35.4	37.9	37.1	41.2	42.7
全府県	27.4	35.9	39.5	40.2	44.9	45.3

〔備考〕 古島敏雄『資本制生産の発展と地主制』191頁より引用.

八五年には毎年一万件以上、とくに八四年には二万件以上に達した。零細農民の没落はいうまでもないが、土地売買などは中小地主層にも広く及んだ。東北地方では、二町・三町という大きな単位で土地を手放して没落してゆくものも少なくなかった。小作地の全耕地に対する割合は、一八七三年には二七・四%と推定されるが、八三年には三五・九%へと急増した。書入れ質入れ地はまだ小作地として計算されていないから、実質的な小作地率はさらに高まるわけである(表22参照)。

このような激しい農民層分解を通じて、地主小作関係が飛躍的な展開を遂げ、小作地率は、一八八七(明治二〇)年には三九・五%に達した。厳密にいうと小作地率の高まりだけをもって地主制の成立とすることは妥当でない。江戸時代のように年貢が小作料に対し、量的にもまた収取権の序列においても優越しているような場合は、幕藩領主が小作料収取を事実上認めているにしても、地主制の安定的成立とはいえない。幕藩制下の質地地主小作関係はそのような意味で不安定であり、地主的土地所有＝小作料収取が地主に確実に保証されているとはいえないのである。それに比べると畿内のように段当収量が高く、経営の安定度も高かった地帯では、年貢が優先的に存在していても、小作料がそれに匹敵もしくは上廻る水準で安定的に確保され、またそれを前提として質地とは異なる永代売買によって地主的土地所有権が事実上保証されているから、そこでは地主小作関係は前者に比べ安定していたといえる。

このような点をふまえると地主制の本格的成立の第一階梯は、やはり農民的土地所有権が法認される地租改正であり、これによって封建年貢が解消するとともに地主取り分も体制的に保証されるようになった。ただこの時点では地租額が封建年貢を下廻らない水準で設定されたから、国家取り分と地主取り分は、地租改正検査例第二則では半々(国家取り分三四%、地主取り分三四%、小作取り分三二%)であり、そのような関係が現実に存在するかぎりでは、地主的土地所有は経済的にはかならずしも有利ではない。しかし、実際はインフレーションの過程で地租が相対的に低下した上、地価も固定されたから、国家取り分は急速に地主取り分を下廻り、地主制の基礎条件が法的のみならず経済面からも形成された。

その点からすると、デフレ過程ではまた国家取り分の比重が上昇し、地主取り分が圧迫されるし、小作料滞納も増大して小作料収取は安定性を失うから、松方デフレ期には地主制を体制的に安定させる条件はない。しかし、この時期に土地の喪失と集中が急展開したことを前提として、紙幣整理の完了、景気回復にともなう米価の上昇、国家取り分の低下（表23参照）、という一連の局面で、地主は小作料取得者としての立場を本格的に確立しえたのである。政治体制との関係では、各府県別に直接国税納入上位十五人の互選で多額納税貴族院議員を選出するとともに、衆議院議員の選挙権・被選挙権も地価を基準として認める制度が実現した国会開設期が、地主層を国家体制の中に明確に位置づけた画期としてもっとも重要である。

表23　水田1段当りの収穫米平均米価における地租の比重（推計）

1881-83（平均）	13.7％
1884-86（〃）	18.2
1887-89（〃）	16.6
1890-92（〃）	9.4

〔備考〕丹羽邦男「地租改正と農業構造の変化」（『日本経済史大系5　近代上』）に加工.

小作人と労働者

地主制形成の半面は広範な小作農民・自小作農民の出現である。一八八三―八四（明治一六―一七）年にわたる三府二六県の調査結果では、調査対象三九〇万四二四九戸のうち、自作三七・三％、自小作四二・九％、小作一九・七％であって、全国的にもほぼ同様な傾向が想定できよう。また一八八八年の農事調査に基づく三八府県の農民経営規模の構成を見ると、一町五段以上経営は一五％、八段以上経営は三〇％、八段未満経営が五五%である。この二つのデータに従えば、一八八三―八八年頃の農民の六二%以上がなんらかの形で地主小作関係の下にあり、それらの大半は零細家族経営を行っていたと見ることができる。この段階の一町五段以上経営は年雇労働力を雇傭する豪農経営といってよいものであるから、小作・自小作層の大部分は八段未満経営層に属すると見られるのである。

ところでこの時期の全国平均の小作料は、一八八五(明治一八)年の場合、一段の収穫米平均一・六七二石に対し、〇・九七〇石、すなわち収穫米の五八%であった。水田小作料はこれ以降、昭和期に入る頃まで収穫米の五〇%を上廻るのが一般的状況である。したがって、小作農民はこの高額小作料のために、同一経営規模から得る粗収入は自作農の半分にしかならず、自作農民経営が専業農家として自立しうる規模の二倍を耕作しなければ、小作経営は専業農家として自立しえないわけである。しかしそれは労働力の点から不可能であった。それゆえ完全な小作経営はいちじるしく困難かつ不安定であり、自小作経営でなければ、農民として自立経営を維持することは事実上きわめてむつかしかったといわなければならないのである。全国農家戸数は一八七三(明治六)年=約五六四万戸から一八九一(明治二四)年=五四九万戸へと減少しているが、その減少分の多くは、こうした不安定な小作ないし自小作下層農民の経営破綻、挙家離村によるものと推定される。

こうして、自小作下層および小作農民の大部分は、高額小作料の圧迫によって安定的な農業経営条件を確保することができなかった。収穫の五〇％をこえる高額小作料は、そもそも小経営の生産力水準の低さ、経営の自立性の欠如を基礎要因としていたが、地租改正＝農民的土地所有権の法認過程を通じても、小作権や小作料などにはなんら法的保証・改善が加えられなかったため、小作権は所有権に対して、劣弱な状態のままに置き去りにされていたことも重要な原因であった。ここでは小作人は地主の一方的土地取上げや小作料引上げの脅威にさらされており、それによって両者の間には身分的隷属関係が支配しつづけていた。それこそ、地主小作関係の半封建的性格にほかならない。

他方、この段階では、まだ都市の労働力市場は狭隘である。官営工場を中心とする移植型の近代的工場の必要とする労働力は、従来からの都市職人層から転生したものが主力をなしていた。鉱山には囚人労働や人身売買型の労働力が投入されたほか、農家次三男出身の不熟練労働力も使用されたが、全体として、貧農・没落農民を大量に挙家離村させるほど吸引力は大きくなかった。また経営破綻によって挙家離村し、都市に流入した人々にしても、ただちに近代的工場労働者家族に転化したものは少なく、多くは都市底辺の雑業層を構成するほかなかったであろう。そうした条件に規定されて、貧農層は家計補助・口減らし的意味をもって、農村工業的色彩の濃い製糸・織物業や発展しつつある綿糸紡績業に年少女子労働力を送り込まないかぎり、小作人層の経営・生活は再生産不可能であったのである。

これらの事実を本源的蓄積の一側面たる労働者階級の創出という点から見れば、松方デフレの過程が日本における本源的蓄積の総仕上げの局面であったにもかかわらず、それはイギリスにおけるエンクロージャーに見られるようなドラスティックで広範な「農民追放」を伴わなかったということである。一八八四(明治一七)年の民間「工場」調査による総工場数一九八一のうち、紡織関係「工場」数が一二〇六を占めることから見ても、また当時の労働者の主力が出稼型の若年女子労働者であったことから見ても、「労働者階級」の相当部分の現実が小作貧農層の家族から完全に切り離された存在ではないことは明らかである。労働者の創出がそのような特徴をもったのは、一方では幕藩制段階における大規模な都市の発展を通じて、広範な職人・日雇層が形成されており、それが明治以降の移植型近代工場労働者に転換しえたこと、他方ではこの時期の「工場」の主力が紡織関係であり、男子熟練労働者を大量に必要としなかったことなどによるだろう。さらに、一般問題として、日本の場合、移植型近代工場は産業革命を経過した以後の機械を導入しているため、有機的構成が高く、マニュファクチュア段階のような大量の労働力を必要としなかったということも考えられなければならない。これらの点が本源的蓄積における労働力創出の面の特色である。

自由民権の敗退と天皇制の確立　松方デフレの過程は自由民権運動激化の諸事件が続発した時期である。中でも一八八四年の秩父事件は広範な中・貧農が、借金据置き・長年賦返弁・公租公課の軽減・質地返還などを要求する困民党の運動と、政府顚覆・国会即時開設・財産平均などのスローガンを掲げる秩父自由党員の指導とが結合して激しく闘われた事件である。それは、国家権力と政商・華族などが一体となって強引に推し進める上からの本源的蓄積に抵抗する小ブルジョア・貧農半プロ層の戦いであった。自由民権運動が一貫して国会開設・条約改正とともに地租軽減を基本要求として掲げたことも、経済的には小ブルジョア的生産者の下からの発展条件を確保するための運動でもあることを示しており、それが本源的蓄積の強行過程で急進化し、貧農半プロ層と結合しつつかれらを実力的行動に立ち上がらせるに至ったのである。

それゆえ、「激化」型の自由民権運動は、紙幣整理が完了、景気が回復し、いわゆる企業勃興期を迎える一八八六年頃までには鎮静させられ、結局八九年の大日本帝国憲法体制＝近代天皇制国家が確立することになる。この間、天皇制の直接の物的基礎として、明治初年六〇〇町歩程度にすぎなかった皇室御料地は、一八八五年には三万二〇〇〇町歩、一八九〇(明治二三)年には実に三六五万四五〇〇町歩(うち耕地一万二〇〇〇町歩)と、驚くべき勢いで増設された。また皇室財政には日本銀行と横浜正金銀行の株式計三万五〇〇〇株、払込三五〇万円、日本郵船株式五万二〇〇〇株、払込二六〇万円も設定された。これによって、皇室は日本最大の地主・資本家となり、法的・政治的に権力を集中したばかりでなく、経済的富の面でも圧倒的な地位を築き上げた。

政府はまた一八八六(明治一九)年、華族世襲財産法を公布し、華族の家産確保の措置を構じ、「皇室の藩屏」の動揺を予防した。秩禄処分において平均六万円を上廻る巨額の金禄公債を手に入れ、その後第十五銀行を設立した華族層は、さらに、日本鉄道会社・大阪紡績会社の設立にも中心的出資者となり、政商とともに、本源的蓄積過程に大きな役割を演じてきたのであるが、ここに至って、巨大地主とともに貴族院を構成する議員身分も与えられた。天皇制を支える支配階級は、こうして経済的にその地歩を固めるとともに、国家・政治体制の中においても特権的位置づけを与えられたのである。

日本における本源的蓄積過程は、かくして、小生産者が資本家になる道を閉ざし、特権的政商・華族が資本家になる道(「商人が資本家になる道」)を優越的な路線として明らかにしつつ、天皇制国家の確立をもって完了した。

〔参考文献〕

松井清編『近代日本貿易史』第一巻、有斐閣、一九五九年。

柴垣和夫『日本金融資本分析』東京大学出版会、一九六五年。

安岡重明『財閥形成史の研究』ミネルヴァ書房、一九七〇年。

旗手　勲『日本の財閥と三菱』楽游書房、一九七八年。

宮本又次『小野組の研究』全四巻、大原新生社、一九七〇年。

加藤幸三郎「政商資本の形成」(『日本経済史大系5　近代上』東京大学出版会、一九六五年)。

古島敏雄編『日本地主制史研究』(前掲)。

山口和雄『明治前期経済の分析』東京大学出版会、一九五六年。

隅谷三喜男・小林謙一・兵藤釗『日本資本主義と労働問題』東京大学出版会、一九六七年。

隅谷三喜男『日本賃労働の史的研究』御茶の水書房、一九七六年。

6　研究史上の問題点

本章の範囲には研究史上、多くの論争的問題点がふくまれている。

第一には、「寄生地主制論争」がある。幕末期の農民層分解が、封建的小農民の両極分解、一方における上昇する富農経営の順調なブルジョア的発展、他方における没落農民の脱農・プロレタリア化という、資本制生産様式のための資本家と賃労働者という二大階級の形成に直接向わず、富農経営の挫折と「寄生地主制」の展開に帰結するのはなぜか、それは日本の特殊性か、絶対王制形成期の世界史的法則性として理解すべきものか、という問題である。それは実証研究上だけの問題ではなく、経済史学の理論問題として大塚久雄・吉岡昭彦・岡田与好・大石嘉一郎・山田舜らを中心として追究され、その過程で大塚の「局地市場圏」理論なども提起されながら深められていったところである。本書では、封建制が政治的支配体制として存在するかぎり、富農層のブルジョア的発展が直線的に進行することは法則的にもありえず、小ブルジョア富農層や在郷商人が蓄積基盤を前期的諸関係に移行させる方が当然だと考えた。その点ではむしろ、明治維新以降のブルジョア的変革の推進過程において寄生地主制が体制化したところに、日本的特質が集中的に現われているというべきであろう。

第二は、幕末経済段階をどう見るかという問題である。それは日本が世界資本主義市場に組み込まれてゆく際の主体的条件如何という問題であり、一九世紀後半におけるインド・中国・日本の民族的自立をめぐる運命的分岐の要因の問題として古くから論ぜられ、戦前には服部之総の幕末「厳マニュ(「厳密な意味でのマニュファクチュア」)段階」説が多くの支持をえていたが、戦後、「分散マニュ」説などを経て、堀江英一が幕末「小営業段階末期」説を提唱して以来、今日においてはこれが通説的位置をもっている。イギリス革命におけるマニュファクチュア資本家層の積極的役割などと対比した場合、幕末維新期におけるそれらの活動はほとんど欠如しているといってもよく、その点からも幕末「厳マニュ段階」説には無理があるといわなければならない。本書はその点、堀江説の理解に従った。

第三は、明治維新変革の社会構成史上の性格をめぐる問題である。これは戦前の日本資本主義論争のもっとも中心的な争点であり、周知のように「講座派」の絶対王制成立説、「労農派」のブルジョア革命説が提起されていた。戦後はソビエト歴史学界から「未完成のブルジョア革命」説が提起され、また一九六〇年代以降は、それ以前の方法が概して一国発展段階論的視角に限られていた弱点に対する反省をふまえ、〝帝国主義前夜の世界史の中での明治維新〟という視角を重視する芝原拓自・大石嘉一郎らの新しい見解が提起された。それは、(1)明治維新が絶対王制の成立でありながら、国際的条件に規定されてブルジョア的変革を集中的に遂行する点で、古典的絶対王制範疇からでは問題をとらええないという特殊性の重視、(2)またそのような条件のもとでの近代化＝資本主義形成の特殊性の追究を主要な視角としつつ、一九六〇年代までに到達した諸研究を総括したものである。

この点が第四に、おのずから、本源的蓄積の日本的特質は何か、という問題をめぐる争点ともなるのである。幕末社会における豪農と貧農半プロ層との対抗から問題を追究した佐々木潤之介、国際的契機を念頭におきつつ地租改正と秩禄処分の問題を掘り下げた丹羽邦男、貿易構造の性格から問題を追究した海野福寿、製糸・織物業の金融構造から問題に取り組んだ山口和雄・石井寛治らの諸研究は、いずれもこれに関連する。半封建的農業を基底とする農民的生産物（生糸・茶）の輸出、それを前提とする軍事工業・キイ（鍵）産業（綿紡績業）における近代的機械技術の輸入・移植という、対抗的関係の中で造型されてゆく本源的蓄積の日本独自の型の解明は、これらの諸研究を通じて多角的に深められているが、その具体的様相は次章にもかかわるところである。

〔参考文献〕

本節に関する問題はそれぞれ長期の研究史・論争史をもち、文献がきわめて多数にわたるため、列挙することはさけざるをえないが、下山三郎『明治維新研究史論』(前掲)のようなすぐれた研究史整理を手引きとすることができる。また先に掲げた石井寛治・海野福寿・中村政則編『近代日本経済史を学ぶ　(上)明治』(前掲)は、論争史とからむこの時期の問題の所在を的確に示している。さらに、寄生地主制論争、幕末発展段階論争、明治維新の性格論争などについては、塩沢君夫・後藤靖編『日本経済史』(有斐閣、一九七七年)および永原慶二編『日本経済史』(有斐閣、一九七〇年)もそれぞれ解説・文献を掲げているので参照されたい。

第八章　日本資本主義の成立――その展望

1　視　点

小商品生産の発展による自給的小農民経営の変質・分解過程で、資本主義経済の基本要素たる資本と賃労働が創出される本源的蓄積は、地租改正から松方デフレに至る間に集中的に遂行された。それを通じ、資本主義社会の成立、すなわち資本主義的ウクラードが支配的地位を占めるまでに発展し、国民経済の全体が資本主義的に編成されるには、この本源的蓄積の最終段階において、技術革新が進行し、機械制大工業がマニュファクチュアにとって代ることが不可欠の条件である。いわゆる産業革命である。

日本の産業革命は、松方デフレが収束した一八八五(明治一八)年末頃から八六年にかけて展開したいわゆる「企業勃興」期に本格的に始動し、ほぼ一九〇〇(明治三三)年頃までに綿業・絹業部門において資本主義的生産様式が確立し、一つの局面を達成する。しかし、産業革命を消費材生産部門の問題にのみ限定することには難点があり、もう一つの局面として生産手段生産部門や運輸部門における機械制大工業の展開の問題を無視するわけにはゆかない。軽工業＝第一次産業革命、重工業＝第二次産業革命という段階的なとらえ方もあるが、この問題は本来産業革命の二つの局面として一体的・構造的にとらえるべきであろう。その場合、生産手段生産部門の機械制大工業化が全般的に展開する時期を問うならば、それは第一次世界大戦以降にまで引き下げなければなるまい。しかしここでは、鉄鋼業と機械制大工業の基礎技術が国際的な水準に到達し、生産手段の国内生産の見通しが立つことによって、一国経済の自立的基礎が固まる日露戦後の時期をもって、日本の産業革命は完了し、国民経済の資本主義的編成が軌道に乗った、とする山田盛太郎の見解に従いたい。

そこで本章では、このような産業革命の理解と時期区分を念頭において、その進行の具体的様相を考察するとともに、日清・日露と相次ぐ大戦争の遂行が産業革命にどのような特徴をもたらしたか、さらにそのような特徴は日本資本主義の再生産構造そのものにどのような特質をもたらしたのか、という問題を考察の焦点にすえることとしたい。産業構造の特質、資本主義と地主制の構造的関連、貿易構造の特質、資本主義の確立が同時的に帝国主義に転化してゆく問題等々、戦前における日本資本主義の主要な問題はほとんどこの点と関連しているのである。

しかしながら、これらの諸問題を立ち入って吟味することは、初めにふれた本書の本来の目標をこえるものである。この書物にとっての本章は、これまでの考察の結びとして位置づけられており、問題の大筋を展望することで満足しなければならない。

〔参考文献〕

山田盛太郎『日本資本主義分析』岩波書店、一九三四年。
大江志乃夫『日本の産業革命』岩波書店、一九六八年。
大石嘉一郎編『日本産業革命の研究』上・下、東京大学出版会、一九七五年。
安藤良雄『近代日本経済史要覧』東京大学出版会、一九七五年。

2　産業革命の展開

軽工業

日本の産業革命の主導部門は綿紡績業であった。綿業は江戸時代の産業の中ではすでに中心的な地位を占めていたが、開港以来外国綿業と鋭く対抗・競合せざるをえず、したがってこの部門の近代化がいかに推進され、外国綿製品の「輸入防遏」に成功するかが、民族的自立の経済的基礎の確保の上でもっとも重要な意味をもっていた。

それゆえ政府も殖産興業の重要な一環として、堺・広島・愛知に官営の近代的紡績工場を設立し、続いて二〇〇〇錘紡機一〇基を買入れ、これを無利息一〇年賦で民間に払下げ（いわゆる十基紡）、さらにその他の形でも近代綿紡績業の展開を援助した。しかし綿商・地主などによって進められたそれらの経営のほとんどは容易に軌道にのらず、軒なみ不振に陥ったが、一八八二(明治一五)年、渋沢栄一が組織者となって設立した大阪紡績会社は、綿商・華族などの資本を糾合し、当時としては破格の一万錘規模・蒸気力導入・二四時間操業などの思い切った経営方針の採用によって初めて成功を収めた。これは在来綿糸紡績への接ぎ木的発想を払拭し、近代的工場制度・技術の徹底的移植を試みたところに成功因があったといってよい。

企業勃興期に入ると、この成功に刺激されて、一八八六(明治一九)年から九〇(明治二三)年にかけ、東京紡績・鐘淵紡績・平野紡績・浪華紡績・尾張紡績・摂津紡績・尼崎紡績などをはじめとする近代的紡績工場が、綿商を中心とする資本によって相次いで株式会社組織をもって設立された。それらはいずれも一万錘をこえる規模をもち、紡績機もミュールに代って女子労働主力の新鋭リング機を採用し、八九年には生産高において早くもガラ紡を圧倒した。そして九〇年には機械制工場が三九工場、三五万八〇〇〇錘余、生産高約五一三万貫に達し、兼営織布も行われるようになった。国内綿糸の生産指数は一八八二年を一〇〇とするとき九〇年は実に一三九七に急騰した。しかし、この年輸入綿糸も約五一〇万貫に及んでおり、国内糸はそれとの競合から、早くも最初の資本主義的過剰生産恐慌に遭遇しなければならなかった。

この最初の資本主義的過剰生産恐慌に対して、紡績連合会(一八八二年組織、一八八八年大日本綿糸紡績同業連合会と改称、八九年規約改正して信認金徴収・制裁規定等を設け、カルテル的性格を強めた)は、操業短縮を実施して、この危機を乗り切った。そしてそれ以降、金融の確保、綿糸輸入の防遏につとめるとともに、一八九三(明治二六)年からは早くも朝鮮向け輸出を開始、九四年には紡連の運動によって綿糸輸出税の撤廃、九六年には綿花輸入税の撤廃を実現して、インド原綿による中糸生産に主力をおく生産体制を確立した。その際、インド原綿の安価な輸入のために紡連は日本郵船会社と提携し、ボンベイ直積取りのためイギリスのP・O汽船会社と激烈な海運競争を戦わなければならなかったが、それを戦い抜くことによって、コストダウンをはかるとともに、日清戦争後中国市場への輸出を急増させて、一八九七(明治三〇)年にはついに国内糸の輸出(六七二・六万貫)が外国糸の輸入(二五七・五万貫)を凌駕するに至った。ここに日本の近代綿糸紡績業は国際的地位を確立しえたのであるが、それは国内市場の狭さ、インド糸の駆逐、朝鮮・清国への輸出＝外国市場獲得への早熟な乗出しという一連の過程によってその在り方を特徴づけられていたといえる。

他方、生糸生産は輸出品の中心として、急激に発展し、一〇〇人以上の大規模工場は一八八四(明治一七)年二一工場、九二年一〇〇工場、一九〇〇(明治三三)年二三八工場と増加し、一九〇〇年代に入ると水力から蒸気へと動力の転換も進んだ。また生産形態の面でも一八九四年に器械製糸の生産高(七三万四〇〇〇貫)が座繰製糸のそれ(五六万二〇〇〇貫)を凌駕した。地域的には長野・山梨などが輸出糸の主産地となり、とくに長野県の岡谷を中心に片倉組・岡谷製糸など大規模な器械製糸工場が出現し、大量の資金を必要とする購繭代金は、横浜の大売込商(さらにその資金源泉たる横浜正金銀行)からの融資を受けて発展した。

しかし、主として国内市場向け生糸の生産を担った福島・群馬などを中心に、製糸業の分野では一八九六(明治二九)年で一〇人未満工場約一五〇〇、自家製糸戸数約四〇万の座繰製糸が併存しており、生産形態においても重層的構造を示していたことは見のがせない。製糸業の場合、器械製糸といっても、その「器械」の中心をなす繰糸部はもっぱら手労働に依存しており、綿紡績機械のように圧倒的な生産力を発揮しうるものでなかったことが、このような生産構造をつくりだしていたのであり、そうした生産性の低さは若年女子労働力に対する苛酷な搾取によってカバーするほかなかったのである。

さらに、織物業の場合は、絹織・綿織ともに、綿糸紡績・製糸に比べて、問屋制商人資本の支配下にある賃機が広範かつ根強く存続し、機械制工場の展開はおくれた。京都の絹織物業の一部で洋式織機ジャガードがとり入れられたのは比較的早く、一八七八(明治一一)年頃であったが、尾西・埼玉綿織物業や福井・石川の輸出用広幅羽二重生産にジャガード、バッタン機が導入されるのは一八九〇—一九〇〇年代であり、紡績工場の兼営織布(白木綿)以外は、一九〇〇年代に入っても絹・綿ともに五〇人未満の小規模工場が圧倒的に多かった。織物業の分野で力織機による近代的工場生産が本格的な展開を示すのは一九一〇(明治四三)年前後頃からと見なければならず、ここでも製糸業と同様、あるいはそれ以上に劣悪な労働条件の下における女子労働が、このような生産形態を可能にしていたといえよう。

重工業と鉱山業

次に産業革命期の重工業の指標として機械工業および鉄鋼業の動向を概観しよう。

機械工業では明治初年以来官営工場の中核として育成されてきた陸海軍工廠が、銃砲・軍艦などの兵器生産を通じて技術水準を高めるとともに、原料としての鉄鋼生産および工作機械の生産をも行った。また軍事的要求との結びつきが強い造船業は、一八九六(明治二九)年の造船奨励法による政府の手厚い保護のもとに発展し、三菱造船所は九八年、全鋼船常陸丸(六〇〇〇トン)の建造に成功した。三菱・川崎造船所は、工作機械・ポンプ・橋梁などの生産も行って機械工業の未発達を補ったが、八九年には工作機械専門の池貝鉄工所、九三年には電機専門の芝浦製作所が創立され、日露戦争期にはこれら重工業諸分野の発展もいちじるしかった。工作機械生産の基礎をなす旋盤の生産技術は、この頃ほぼ世界水準に到達した。また鉄道車輛の製造工場として、汽車製造会社も九六年に設立された。しかし、紡績機などは依然として輸入に頼っていた。

一方、鉄鋼業では、官業払下げによる田中長兵衛の釜石製鉄所が夕張炭を使ってコークス製鉄に成功し、在来のタタラ鉄の生産量を凌駕したのがようやく一八九四(明治二七)年であって、製鉄業の近代化は立ちおくれていた。その弱点を克服するため、日清戦後の九六年、製鉄所設立の方針が決定され、九七年官営八幡製鉄所建設が着工、九九年、原料はすべて大冶鉄鉱石によるという方針のもとに清国との輸入契約が締結され、一九〇一(明治三四)年に至って銑鋼一貫生産が始まった。しかしこれも技術的欠陥から、翌年にはいったん操業を中止し、日露戦争開始後の一九〇四年七月、生産はようやく軌道に乗った。

鉱山業では一八九〇年代以降、古河市兵衛の足尾銅山・阿仁銅山・院内銀山、住友の別子銅山、藤田伝三郎の小坂銅山など政商系の主力鉱山で、排水・鉱石搬出などの作業分野の電力利用による近代化が推進され、掘鑿分野での機械の使用も始まった。しかし産業革命の一環としてとくに重要なのは蒸気エネルギーの源泉である石炭業であった。石炭業は企業勃興期以降、工場用・鉄道用および輸出用としての需要が急激に増加し、筑豊炭田地帯を中心に麻生・安川など地元資本とともに、三井をはじめとする財閥系資本も進出し、排水・搬出などの電化を進めた。しかし、炭鉱にせよその他の鉱山にせよ、鉱山労働者は飯場制度・納屋《なや》制度などと呼ぶ苛酷な請負労働組織に編成され、肉体磨滅的な採掘労働を強いられたうえ、坑内安全設備の不十分さからする大事故の続発に脅かされつづけた。また足尾鉱毒事件や別子煙害事件に代表される公害問題も、鉱山業発展に随伴した見のがしえない一側面である。なお、電気事業では一八八三(明治一六)年に東京電燈会社が設立されたが、これは電燈用であり、水力発電による電力供給は日清戦争前後から軌道に乗り拡大した。

鉄道と海運

運輸部門はイギリスにおいては産業革命の仕上げ的意義をもって、その最終局面において飛躍的な発展を遂げた。後進国日本の場合、政府は貿易・軍事両面の必要から殖産興業期を通じて運輸部門の育成に力を入れていたが、企業勃興期に入るととくに鉄道の発達がめざましかった。一八八四(明治一七)年に一八二マイルにすぎなかった私有鉄道総路線は、八七年の私設鉄道条例によって保護が与えられると、九一年には一五社一一六五マイルとなり、この間払込資本金の総額は五一六万円から四四五七万円に増大、さらに日清戦争の軍事輸送を契機として九七年には六六社二八二マイルに飛躍した。しかしこの年、日清戦後の恐慌で中小私鉄の経営の悪化が深刻となり、日露戦後の一九〇六(明治三九)年、軍部・産業資本側の要望と加藤高明(外相)らの反対の交錯する中で、鉄道国有法が成立し、四億八〇〇〇万円の巨費を投じて、全路線の九〇%を買収、これを国有化した。これによって国家資本の構成的比重は大きく高まり、日本資本主義の一つの特質が明確な姿をとって立ち現われた。

他方、海運はとくに軍事的必要から国家の手厚い保護のもとに育成され、初期の三菱汽船と共同運輸会社が合併、一八八五(明治一八)年日本郵船会社が設立され、八七年以後毎年八八万円の政府補助金を受けた。同社は九三年初めて遠洋定期のボンベイ航路を開き、九六年以降ヨーロッパ、アメリカ、オーストラリアにも定期航路を開設した。また八四年、大阪の中小船主が合同して設立した大阪商船も毎年五万円の政府補助金を受け、大阪を中心に国内航路を主たる営業舞台とし、日清戦争を通じて発展した。日本の総保有船腹は、一八九三(明治二六)年四四七隻＝一六万トンであったが、九六年の造船奨励法・航海奨励法をバネとして一九〇二(明治三五)年には一〇三三隻＝六〇万四〇〇〇トンに達した。

なお、一八七二(明治五)年官営事業として出発した電信・郵便事業では、一八九〇年に民間一般電話の取扱い開始、九二年小包郵便の取扱い開始、一九〇〇年郵便法の制定などを経て、近代的制度の成立に向った。

産業革命期の財政・金融

以上、その概略を見てきたように、日本の産業革命は、産業諸部門間にいちじるしい発展格差をもちつつも、日清・日露の戦争期をはさんで展開を遂げた。

イギリスの場合、産業革命期は、産業資本間の自由競争が優先され、国家の経済への介入は後景に退けられる、いわゆる「安上りの政府」の時代であった。日本でもたしかに綿紡績業や製糸業においては、国家権力との直接的な結びつきがそれほど緊密にあったわけではなく、綿商・地主などがその担い手となり、それなりに民間企業として発展した。鉱山業なども官業払下げで政商が担い手となったとはいえ、これも私企業として新たに展開していった。鉄道・海運には国家の資金補助が莫大であったが、ともかく産業革命期にはこの部門でも民営事業の発展が顕著であった。そうしたかぎりでは、日本でも本源的蓄積期に比べれば国家の役割は一歩後景に退いたといってよい。

表 24　1890–1910 年の歳入・歳出(中央一般会計)

項目	1890 年度	1900 年度	1910 年度
	千円　%	千円　%	千円　%
歳入合計	106,469(100)	295,854(100)	672,873(100)
租税	(61.7)	(45.3)	(47.2)
官業官有財産収入	(8.3)	(13.5)	(19.1)
公債借入金	—	(14.8)	(0.5)
償金繰入	—	(10.6)	—
歳出合計	82,125(100)	292,750(100)	569,154(100)
行政費	(43.9)	(42.6)	(37.4)
国債費	(24.7)	(11.9)	(30.1)
軍事費	(31.3)	(45.5)	(32.5)

〔備考〕『明治大正財政詳覧』に拠って石井寛治が作成した(同『日本経済史』135, 137 頁) 2 つの表をまとめた.

しかし、日本の産業革命期は、日清戦争の準備期から日清・日露戦争が戦われた時期に一致しており、軍事力の強化の課題が国家の財政構造のみならず、産業構造の在り方をも決定づけるきわめて大きな影響力をもっていた。産業部門間の顕著な跛行性は、なによりもそれによってもたらされたものである。

表24は、一八九〇年を起点として日清・日露戦争と戦争を経るごとに急膨脹した一九〇〇年、一九一〇年度の中央財政(一般会計)歳入・歳出を示す。表には示されていないが、租税収入の内訳を見ると、地租が歳入に占める比重は、三七・三%、一五・八%、一一・三%と低下し、逆に酒税を中心とする間接税の比重が急騰している。この間、地租も一八九九年・一九〇四年などに増徴されているが、地

主・自作農の反対の強い地租増徴には限界があり、結局大衆課税的性格の強い間接消費税の増徴が行われているのである。他方、歳出では軍事費の比重が一八九〇(明治二三)年度でも三一%をこえ、日清戦後経営期に至っては四五%をこえる。また日露戦後には、戦費にあてた国債のツケとしての国債費が急膨脹している。なおこの一般会計のほか、臨時軍事費として日清戦争二億四七〇〇万円(うち五二%は公債)、日露戦争一七億一六四四万円(うち八二%は外債を中心とする公債・借入金)の支出があった。

このような財政構造が軍事産業を特殊に肥大させたことはいうまでもない。臨時軍事費はもとより、中央財政一般会計中の産業補助金も軍事目的優先で、鉄道・海運・造船を中心に支出され軍事産業の強化をもたらした。そしてそれが、上述のような産業構造の跛行性を生みだしているのである。またこうした過重な租税負担・軍事費負担が、半面では民衆の生活を圧迫し、国内市場を狭くしていたことも明らかである。綿糸紡績を中心とする過剰生産恐慌が、一八九〇年につづき、日清戦後の一八九七―九八年、一九〇〇―〇一年と相次いで発生し、さらに日露戦後の一九〇七年には諸部門にわたる深刻な恐慌を経験しなければならなかったことの根底には、この問題が横たわっている。

さらに、日本資本主義が早熟的に朝鮮・中国をはじめとする海外市場の獲得に乗りだしていった根拠も、ここから説明されるであろう。開港以来の生糸を中心とする輸出は、資本主義商品のための海外市場開拓というより、武器・軍艦や近代的機械購入のための外貨獲得という性質をもっとも切実にもつものであった。それに対して、一八九〇年恐慌を経て開始された綿糸輸出は資本主義的海外市場獲得という基本的性格を明確に示している。輸入綿糸・綿布の駆逐がほとんど短絡的に綿糸・綿布の輸出に連なってゆかざるをえない貿易構造・市場構造の中に、この段階の日本資本主義の在り方が集中的に示されているといってよい。

ところで、こうした財政面とともに、政府の金融政策も、産業革命の展開形態および日本資本主義の在り方に、きわめて大きな影響をもたらしている。さきに殖産興業資金創出を目的に設立がはかられた国立銀行は、一八七九(明治一二)年一五三行に達したところで設立許可が打ち切られ、以後二〇年を経た一八九九(明治三二)年をもって国立銀行券は通用停止とされた。この間、国立銀行の普通銀行への転換が進められるとともに新設も相次ぎ、一九〇一年には実に一八六七行に達し、なお高利貸金融的性格を脱却しえないながらも地方産業金融に一定の役割を演じた。一方、先行した三井・第一銀行のほか、日清戦後には安田・三菱・住友・鴻池など政商系大銀行も頭をそろえ、日本銀行からの借入金をふまえた豊富な資金量によって手広く産業・商業金融に乗りだした。さらに日本銀行の経済戦略上の役割は、さきにふれた貿易金融機関としての横浜正金銀行に対する資金供給などもふくめて事実上産業金融面にも巨大なものがあり、たんなる中央発券銀行というにとどまらぬ側面をもったことも見のがせない。政府はまた一八九八(明治三一)年から府県農工銀行を設立、不動産担保によって農村に資金供給を行い、九七年には日本勧業銀行、一九〇二(明治三五)年には日本興業銀行を設立し、後者には証券担保による産業貸付・外資導入を行わせた。これらの特殊銀行は、北海道拓殖銀行・台湾銀行などとともに、特定目的の金融機能を担当させることによって、国内・植民地をふくむ金融体系を国家主導型によってつくりあげようとするものであった。こうした日清戦後の金融体系整備の背景には、資本不足に悩む企業家たちの軍拡反対、賠償金による戦時公債の償還、それが不可能の場合は外資を導入せよとする要求が高まっている事実があった。

こうした事態の進行の中で、一八九七(明治三〇)年二億両《テール》(約三億六〇〇〇万円)におよぶ日清戦争賠償金を正貨準備にくりこんで金本位制を確立したことは、日本資本主義を国際経済に結合させる上できわめて重要な意味をもった。すなわち、日本は一八七一(明治四)年の新貨条例により金本位制を採用したが、貿易手段として円銀の無制限通用を認めて事実上銀本位に近い状態にあったため、銀の世界的低落傾向の中で為替変動が激しく、貿易上不都合が少なくなかった。銀本位制の下で銀の低落が進むことは、輸出には有利であるが、輸入には不利である。そのため政府・実業界にも二論があったが、結局イギリスを中心とする金本位制諸国に対応するため、本位金貨一円を、一五〇〇ミリグラムから七五〇ミリグラムに切り下げることによって、金本位制に移行したのである。

しかし、この金本位制は、ロンドンの在外正貨を支払準備とする点で、国内の金準備に基づく金本位制とは異なっていた。その上、日清戦後の貿易収支は慢性的に赤字であった。一八九四(明治二七)年七月、日清戦争の直前に、治外法権の撤廃・関税率の一部引上げに成功し、貿易形態でも外商をおさえて邦商の進出が目立ってきたが、日清戦後経営はとりわけイギリスからの鉄鋼・機械類の輸入を膨脹させたのである。そのため、ロンドンの在外正貨は一貫して減りつづけ、為替相場を維持するためにはたえず外債募集による外資導入をはからざるをえなかった。この点で、日本資本主義は金本位制の採用によって国際金本位制の一環に自己を位置づけたにもかかわらず、通貨制度の面ではなお不安定かつ非自立的な性格を克服しえなかったといわなければならない。

以上によって明らかなように、二つの大戦争をはさんで遂行された日本の産業革命においては、軍事力強化を至上命題とする国家の財政・金融政策が極めて大きな役割を演じ、それが直接間接に、産業諸部門間の跛行的発展、国内市場の狭隘性と早熟な海外市場および植民地獲得、戦略的産業保護を機軸とする国家主導型の金融構造、国際収支の不安と外債依存＝対外(欧米)従属性、などの日本資本主義の諸特徴を造型していったのである。

〔参考文献〕

石井寛治『日本蚕糸業分析』東京大学出版会、一九七二年。

山口和雄編『日本産業金融史研究・製糸金融篇』(前掲)。
同　『日本産業金融史研究・織物金融篇』(前掲)。
高村直助『日本紡績業史序説』上・下、塙書房、一九七一年。
神立春樹『明治期農村織物業の展開』東京大学出版会、一九七四年。
小山弘健『日本軍事工業の史的分析』御茶の水書房、一九七二年。
三枝博音・飯田賢一編『日本近代製鉄技術発達史』東洋経済新報社、一九五七年。
隅谷三喜男『日本石炭産業分析』岩波書店、一九六八年。
高橋　誠『明治財政史研究』青木書店、一九六四年。
加藤俊彦『本邦銀行史論』東京大学出版会、一九五七年。
長岡新吉『明治恐慌史序説』東京大学出版会、一九七一年。
石井寛治「日清戦後経営」(岩波講座『日本歴史16』一九七五年版)。

3　日本資本主義と地主制

農業生産の動向

イギリスにおいては産業革命に並行して農業革命が進行し、在来の三圃制農法が止揚されたことを通じて、農業生産力の飛躍的発展がもたらされた。それが工業部門における資本制生産の発展に対応して、農業部門においてもいわゆる近代的三分割関係(地主・借地農業経営者・農業労働者)に基づく資本主義的農場経営を生みだす基礎要因となった。これに対して日本の場合はどうであろうか。水田段当収量の推移を見ると、本源的蓄積期にあたる一八七八―八七(明治一一―二〇)年の一〇年間の全国平均では一・二七七石であった。これを一〇〇とするその後の増収指数を示すと、一八八八―九七年の平均は一一三、一八九八―一九〇七年の平均は一二六と、確実な上昇を示している。そのかぎりでいえば、日本の産業革命期にも農業生産力の一定の発展があったということはできる。

しかし、このような米の段当収量の上昇をもたらしたのは、一八八〇年代に試みられた欧米式大農法の導入が挫折し、伝統的な農法を基調とする「老農」(篤農家)主導の技術改善が進められた結果であった。それは多肥・多労働の集約経営に、土地改良＝乾田化と、それに基づく馬耕＝持立犂(無床犂)による深耕などの技術改良を加えたものであって、農業技術体系の抜本的な革新ではない。全国農家経営規模の推移を見ると、江戸後期以来の豪農層に属する一町五段以上層は、一八九〇―一九〇〇年代を通じ、東北・関東・北陸以外の諸地域では顕著にその数を減少させている。とくに近畿では一八八八年に三万九九七七戸あった一町五段以上層は一九〇八年には一万六二六三戸へと激減している。それについで山陽・四国・東海でも減少幅は大きい。これは乾田化による耕地利用率の高まりとともに、年雇・日雇の形をとった農業労働者の都市流入、それに伴う賃金の上昇や肥料費の高騰などによって、豪農型経営が不利になってきたことを示すものである。さきにも例示した尼崎の富農氏田家の場合でも、自作地の一段当り純収益は一八八二(明治一五)年には一四円七七銭であったのに対し、一八九〇(明治二三)年には早くも八円五三銭に低落している。これに対して、東北などの地域で経営規模一町五段以上層がむしろ増加しているのは、この地方では耕地利用率が低く(水田裏作を欠く)、また土地生産力も不安定かつ低位であった上に、他に就業機会が乏しかったからである。

ところで、この時期の農業生産の顕著な動向として、江戸時代以来の代表的商品作物である木綿が一九〇〇年前後頃までにほとんど壊滅してしまったことがある。木綿の全国作付面積は、一八八七年の九万八四七八町歩をピークとして、急速に減少しはじめ、一八九六年綿花輸入関税の撤廃を画期として決定的となり、一九〇三年には一万五五四六町歩、すなわちピーク時の一六%足らずに落ち込んでしまうのである。しかも米作との収益性の比較では、これに先んじ、一八八〇年の「綿糖共進会報告」が、大和・摂津・備中・常陸などの地域いずれにおいても、すでに段当収益で米が木綿を上廻っていることを示している。その時点で国内木綿の育成をめざして共進会が行われたのであるが、実際は成果をあげえないまま衰退に向っているのである。

国内綿が輸入インド綿花に圧倒される過程と並行して、菜種も輸入石油のために燈油原料としての地位を奪われ、藍もドイツから輸入される化学染料に圧倒され、一九〇〇年前後までには壊滅的状況に陥った。讃岐の砂糖産額は、「綿糖共進会」が行われ振興政策がとられた一八七九年に比べると、一八九七年には三〇%以下となった。こうして、江戸時代以来の商品作物の壊滅のあとは、大都市近郊の蔬菜栽培への転換を除いて、商品作物はすべて米作に転換した。すなわち養蚕＝マユ以外の商品作物はすべて外国の同種商品に圧倒されたのであり、米作一元化はその意味で、日本の農業が世界市場の中にまき込まれた結果を示すものであった。

地主制の確立

豪農経営の崩壊、商品作物の壊滅と米作一元化の方向が進行するなかで、地主小作関係は再び拡大の速度を早めた。さきにふれたように、一八八七(明治二〇)年の小作地率は三九・五％であり、一八九二年にも四〇・二％であったが、一九〇三年には四四・五％に急騰している。すなわち松方デフレ期につづいて、日清戦争をはさむ一〇年間の産業革命期に地主制は第二段的な拡大を遂げているのである。資本主義的商品経済の発展にともなう農民層分解の進行、豪農経営の解体が、その主要な原因である。

そうした動向に照応して、日清戦後には、しばしば地主的農政と呼ばれるような農業政策が活発に展開された。さきにふれた勧業銀行・府県農工銀行は結果的には地主層に資金を供給する役割を演じたが、国の補助金の交付を認めた一八九九(明治三二)年の農会法による系統農会は、事実上地主の農民支配組織として機能し、一九〇〇年の産業組合法に基づく信用・販売・購買・生産組合も同じような役割をもった。また農業基盤の強化をはかるための河川法・森林法・砂防法や耕地整理法なども、農業経営の安定化という一般的目的よりも、地主制のもとでは事実上小作料収取の安定・強化という結果にひきつけられていった。

表25　農家における収穫米の配分割合と商品化率

		1890年	1899年	1908年
地主（所有16.7町）		石	石	石
	小作米	130	139	154
	自作米	21	20	18
	計	151	159	172
	飯米	17	18	18
	販売分	134	141	154
	商品化率	89%	88.7%	89.5%
自作（1.4町）		石	石	石
	収穫米	27	28	29
	飯米	10	10	11
	販売分	17	18	18
	商品化率	63.0%	64.4%	62.1%
小作（経営1.2町）		石	石	石
	収穫米	18	18	21
	飯米	9.7	6.6	7.1
	小作米	6.2	9.9	10.2
	販売分	2.1	1.5	3.7
	商品化率	11.9%	8.3%	15.7%

〔備考〕　農業発達史調査会編『日本農業発達史』第4巻，52頁より引用．数値は28カ村調査の平均．

したがって、明治初年以来の水田段当収量の着実な増加にもかかわらず、生産物は地主・小作間では断然地主側に有利に配分されていた。表25は一八九〇―一九〇八年の収穫米の配分割合と商品化率を示すものであるが、地主取り分(小作料)の増加が顕著であり、小作人取り分は停滞ないし減少さえしている。地主的農政を通じて村落における地主の農業生産面での積極的役割が、こうした地主取り分の優位を保証したといえよう。

しかしそれにもまして重要な問題は、小作人の地位改善をはかるために一八九四年から準備された小作条例草按がタナ上げとなったのち、一八九八年施行の明治民法が、一八九〇年に公布された（施行されず）旧民法に物権と規定された小作権を債権に改め、小作人の地位を決定的に後退・固定させてしまった事実である。これによって、小作地は地主の意思によって何時でも解約できる関係が法的にも確定されたのである。そもそも近代的な社会＝法関係においては、小作地・借地などの現実の用益権が土地所有権に対抗できる法的地位をもつのが原則であり、イギリス近代農業における三分割関係においては、まさしく借地人たる農業経営者の地位が地主に対して優位に立ちえたからこそ、資本制生産関係が農業部門においても可能となったのである。それに対して日本では、前述のように地租改正時に近代的土地所有権の法認が行われながら、地主小作関係についてはなんらの改変も加えられず、小作権の保証のないままに高率物納小作料という旧幕時代そのままの形が存続せしめられ、それがさらに民法上の規定として確定されたのである。地主的土地所有関係を「半封建的」ウクラードと規定せざるをえない理由は、法的には何よりもこの点にあるといわなければならない。

地主はこのような諸条件のもとで、有利かつ安定した現物小作料収取者としての地位を確立し、前掲表25に見られるような米穀販売者としての性格を明確にした。小作農民の場合、販売米＝商品化率は一〇—一五％程度ときわめて低く、飯米にくいこむ窮迫販売的色彩が濃いのに対し、地主米は九〇％に近い商品化率を示し、両者は極端な対照性をみせている。松方デフレ過程の土地集積を通じて自己形成を進めた地主制は、産業革命期において小作料収取の安定、資金面からする農村支配の強化によって体制的確立を遂げたというべきであろう。

地主制と資本主義

このように地租改正期、松方デフレ期、産業革命期という三段階的展開を通じて確立した地主制は、それ自体は半封建的なウクラードであるが、さまざまの面から資本主義ウクラードと多面的に構造的なかかわりをもっていた。第一に、地主小作関係における地主の優位を直接保証したものが前述のような法的・社会経済的諸関係であるとしても、現実に小作貧農層が高率の小作料を支払いえたのは、出稼型労働者化した家族員の仕送りや、資本主義と都市の発展にともなって拡大された副業的農産物・同加工品(薪・炭等々)販売による現金収入などによってかれらの家計が補塡されたからである。さきの表25で見られるように、一町二段経営の小作層の場合、米の販売は二―三石にすぎないが、米価を一石およそ八―一〇円程度として計算しても、そこからえられる現金はせいぜい二〇―三〇円程度であって、いかに低い生活水準とはいえ、これではとうてい生活・生産を維持してゆくことはできない。山梨県の養蚕地帯は同時に地主制の高度に発達した地帯でもあるが、ここでは養蚕＝マユの販売収入が高率小作料の支払いを可能にさせている。マユは価格変動が激しく経営的にはリスクが大きかったし、肥料・設備などの点からも、自作中農層の方が有利であったが、小作貧農層もともかくマユの販売収入によって小作料の支払いを補完していたのである。

第二は、高率小作料によって小作貧農層の生活が極端に低い水準に押しとどめられていることが、資本主義のための低賃金労働力供給を保証する関係をつくりだしていることである。表26・表27が示すように、この時期の全労働者のうち、民間企業労働者はほぼ七〇％程度を占めるが、その約六〇％は一貫して女子労働者であった。また男子の民間・鉱山労働者などのうち多数の部分が農家の次三男で、これらも出身農家から生活面でもまだ完全に分離独立していなかったこともある。それらの人々が手に入れる賃金は、その意味で完全に脱農民化した都市労働者家族の一家を養う賃金とはその性質が異なるのである。一九〇一年における三菱長崎造船所の平均賃金(男子)が一日一〇時間労働で五四・四銭であったのに対し、関西紡績一六工場の場合、平均賃金は一一時間―一一・五時間労働で、男子一日三〇・四銭、女子一九・

表26　工場・鉱山労働者数

年次	民間工場	官営工場	鉱山	計
	人	人	人	人
1893	345,769	11,647	86,919	444,335
1897	437,254	21,681	160,539	619,474
1902	498,891	47,737	146,939	693,567
1907	643,292	123,382	214,435	981,109

〔備考〕『日本経済統計総観』『統計年鑑』『農商務統計表』による.

表27　民間工場労働者の男女構成

年次	男	女
1897	41.9%	58.1%
1902	37.2	62.8
1907	40.0	60.0

〔備考〕典拠は，表26に同じ.

三銭にすぎなかった事実は、まさにそのような性格を端的に示すものである。

第三は、地主の小作料収入の農外投資の問題である。地主層はそのスケールにもよるが、一般に一八九〇年代以降、余裕金を府県内の銀行に投資したり、公債を購入したりすることが多くなり、一九〇〇年代には電力・鉄道・紡績など中央の有力会社の株式にも投資するケースが急増し、小作料の資本転化という関係が進展する。資金運用の利廻りだけを比較すると、土地に再投資して小作料を得る場合の方が、株式・公債などに投資する場合よりもはるかに有利であったが、小作料収取には発生しはじめた小作争議のリスクも伴うし、凶作による小作料減免のリスクもあり、さらに小作地管理に必要な一般経費の増加も無視できない。それに比べると直接表面に現われた利廻りは低いにしても株式・公債投資は安定性の点では優れていた。

こうした株式・公債投資は、地主の家産管理面からすればたんなる利殖行為にほかならないが、資本の視点に立てば、半封建的地主制の中で搾出された剰余が資本に転化されることにほかならず、その意味で地主制と資本主義とは、資本面においても構造的な不可分性を形成していたのである。地主の経済的利害と資本の側の利害とは、一般的にいえば本来矛盾する側面が大きい。米穀販売者としての地主は当然高米価を要求するが、資本の側は賃金を低く抑えるために低米価をのぞまざるをえない。資本の側のそうした要求は、さらに資本主義が発展し、都市労働者階級の力が質量ともに高まった第一次大戦以降の段階では明確に打ち出されてきて、地主の要求との間の対立は表面化してゆく。しかし産業革命期では労働者の構成が前掲表26・27のような状態にとどまっていたために、その対立はなお顕在化せず、国家も地主層を介して農業生産の安定向上をはかるのを農政の基調としていたから、地主制と資本主義とは、いわば〝蜜月時代〟ともいってよい構造的結合関係を保っていたのである。そこに日本資本主義形成期のもっとも重要な特質があった。

帝国主義転化と地主制

第四に、資本主義と地主制との関連のもう一つの側面として、資本主義の商品市場としての農村の狭隘性の問題がある。この時期の農村は、資本主義商品の国内市場としてどれほどの位置を占めたであろうか。当時の有業人口の部門別構成を見ると、産業革命期はもとより、欧州大戦直前の一九一三(大正二)年時点まで下っても、第一部門(農林漁業)有業人口は六一%(明治初年の一八七六年では八五%)を占め、第二部門(鉱・工業)一九%、第三部門(交通・サービス業)二〇%をはるかにこえた重みをもち、そのかぎりではなお農業国としての相貌をもちつづけている。しかも農業従事者の大多数を占める零細経営農家経済は、前述のようになお自給的色彩が濃厚である。それら農家は綿布と肥料の購入者であるが、綿布は一八九〇(明治二三)年紡績部門中心に早くも資本主義恐慌が勃発したことに見うれるように、近代紡績業の発展にともなう急速な生産力上昇に比べてきわめて狭隘な市場でしかない。もともと近代紡績業は輸入防遏という国家的政策目標に従って戦略的に育成され発

表28　農工間不均等発展の様相(1894＝指数100)

年代	米(量)	麦(量)	生糸(量)	綿糸(量)	織物(価格)	造船(トン)	鉄(量)	石炭(量)
1894	100	100	100	100	100	100	100	100
1902	125.9	93	139.0	263.6	211.9	401.8	165.3	224.1
1910	140.7	104	228.2	388.1	403.0	632.9	345.9	368.1

〔備考〕『日本経済統計総観』による.

達した部門であるから、そのような矛盾がさけられないのは当然である。他方、肥料も購入品であるが、この段階ではカス類が中心であり、なお資本主義的商品とはいえない(化学肥料の普及は欧州大戦以降である)。

このような点からすれば、帝国主義の開幕期の世界史の動きの中で、軍事力の強化、戦争の強行を国家的至上命題とし、その要求に対応すべく、国家的に育成された日本資本主義は、少なくとも産業革命期において は、国内市場だけを主要な商品市場として位置づけえなかったといわなければならない。そしてさらに、その狭隘性は表28に見るごとき農工部門間の不均等発展によって相対的にはいちだんと拡大されたのである。

ここに日本資本主義が初発から対外依存性＝生糸輸出に見る対欧米従属性と、対外進出性＝綿糸綿布輸出に見る対朝鮮・中国進出性(軍事的侵略性)とを、その存立の基本条件とせざるをえない根拠があった。日露戦争をきっかけとして強く現われてくる、一方における外債依存、他方における資本輸出という相矛盾する動向の併存、あるいは日本資本主義の確立が同時的に帝国主義への転化の過程にほかならないという世界史上に例のない特徴も、すべてこの点から説明されると思われる。

〔参考文献〕

井上晴丸『日本資本主義の発展と農業及び農政』中央公論社、一九五八年。

古島敏雄『資本制の発展と地主制』御茶の水書房、一九六三年。

古島敏雄編『日本地主制史研究』(前掲)。

暉峻衆三『日本農業問題の展開』上、東京大学出版会、一九七〇年。

中村政則『近代日本地主制史研究』東京大学出版会、一九七九年。

永原慶二・中村政則・西田美昭・松元宏『日本地主制の構成と段階』東京大学出版会、一九七二年。

安良城盛昭「地主制の展開」(岩波講座『日本歴史16』一九六二年版)。

安孫子麟「寄生地主制論」(『講座日本史9』東京大学出版会、一九七一年)。

山田舜他『シンポジウム日本歴史17　地主制』学生社、一九七四年。

星埜　惇『社会構成体移行論序説』未来社、一九六九年。

あとがき

本書の執筆依頼を受けたのは一九七六年の秋ころだったと思う。日本経済史の講義は永い間本務としてきたことなので、この機会に自分なりの総括をしておこうと考えて引き受けた。

こうした書物の叙述の形はさまざまあろうが、「はじめに」で述べたような枠組みで、できるだけ多くの史実を、バランスをはかってとりあげつつ、理論的把握の明確な通史とすることを目標とした。しかし手がけてみると、研究の進展によって次々に積みあげられてくる厖大な素材の中から一定のものを選択し、とりあげた史実の意味を確定しながら通史に組み立ててゆくことは、予想をこえて困難な仕事であった。

そんなことで準備に手間どり、実際に執筆したのは一九七八年と七九年の夏休みであった。この間にも一人の手による通史叙述というものが、いかにたいへんな労苦と緊張とを要するものかを思い知らされた。しかしともかくもこうした形で多くの読者・同学の批判を受けることができるようになったことは、研究者としてこの上ないよろこびである。

本書の叙述にあたっては、通史というものの性格上、きわめて多くの方々の研究成果を利用させていただいた。考古学分野のように自分の能力の限界からごく限られた論著に集中的に依拠させていただいた場合には、その旨を章節の末尾に特記したが、他は余りに煩瑣にわたるため、主要な参考文献のほかは、典拠をほとんど省略せざるをえなかった。ここにお許しを乞うとともに厚く御礼申し上げる次第である。

岩波書店の中島義勝氏は私に執筆の機会をつくり、加藤亮三氏は忍耐強く励ましを与えられ、岡本磐男氏は上梓の世話を担当して下さった。また索引の作成には川島茂裕君が援助を与えてくれた。記して感謝の意を表したい。

一九八〇年三月

永原慶二

ら 行

わ 行

■岩波オンデマンドブックス■

日本経済史

1980年 5月23日 第1刷発行
2004年10月15日 第21刷発行
2017年 7月11日 オンデマンド版発行

著　者　永原慶二《ながはらけいじ》

発行者　岡本　厚

発行所　株式会社 岩波書店
〒101-8002 東京都千代田区一ツ橋 2-5-5
電話案内 03-5210-4000
http://www.iwanami.co.jp/

印刷／製本・法令印刷

ISBN 978-4-00-730635-8　　Printed in Japan

索　　引

あ 行

か 行

さ 行

た 行

な 行

は 行